JN243853

法人・富裕層への
生命保険
セールス術

CFP®
1級ファイナンシャル・プランニング技能士

嶋田雅嗣

近代セールス社

はじめに

　前著『プロがこっそり教える！　生命保険の新活用術』は、2003（平成15）年11月発刊以来、10年の歳月が流れました。

　この間、6回の増刷では部分改訂を行ってきましたが、社会・環境の変化、税制改正などに対応するため、2013年3月にタイトルを新たに新刊本として発刊しました。そして2015年2月、相続税等の税制改正に合わせて改訂新版を発刊することとなりました。

　前著と同様に、

・生命保険販売を始めたばかりのセールスパーソン、代理店
・生命保険をあまり得意としないＦＰ
・保険窓販を行う金融機関の行職員、証券マン

などを想定し、最新情報、ノウハウをできる限り分かりやすく解説するというコンセプトは変わりません。

　法人生保販売では、節税（損金）プラン全盛の時代から、中小企業の社長が求めるニーズと提案プランの乖離に警鐘を鳴らしてきましたが、利益誘導、節税のみを強調した話法も相変わらず散見されます。

　節税プランは、利益の平準化を目的に行うものであり、それ自体を否定するつもりはありません。節税プランに対する相次ぐ課税強化、法人実効税率の引下げ、景気の後退と復調の兆しなど、法人生保販売を取り巻く環境は大きく変化しています。

　"節税プラン一本槍の営業"から脱却する必要性を感じている読者も多いでしょう。本書が、皆様の生命保険提案の新たな視点追加に役立てればと思います。

　既契約の保全、決算書と生命保険の関係、事業承継、名義変更・払済保険への変更などを含む保険料仕訳など、ご要望の多かった事項についても解説しています。

　ご一読のうえ、ご感想、ご批評をお寄せいただければ幸いです。

　　　　　　　　　　　　　　　　　　　　　2015年2月　嶋田　雅嗣

CONTENTS

PART 3　相続・事業承継と社長の関心事

PART 4　資料集

ご注意いただきたいこと

①法令等の遵守について

　本書では、コンプライアンス（法令遵守）の観点から、生命保険募集にかかわる諸法令等には十分に配慮して執筆していますが、実際の生命保険募集活動にあたっては、読者の皆様が所属・委託する生命保険会社の指導に従ってください。

　生命保険募集活動においては、
・保険法
・保険業法、同施行令、同施行規則
・個人情報保護法
・犯罪収益移転防止法
・消費者契約法
・金融商品販売法
・金融商品取引法
・銀行法（信用金庫法）、同施行令、同施行規則
・各事務ガイドライン、法令解釈事例
などにおいて、お客様に的確な情報を正しく提供し、契約者保護を徹底することが要請されています。

　本書内の資料・図表等は、募集文書図画としては使用できません。また、本書の一部または全部をコピーその他の方法で、お客様に提示することもできません。本書はあくまでも、読者の皆様の理解を深めるために執筆・掲載しているものです。

　募集活動にあたっては、所属・委託する生命保険会社が事前審査・登録を行った適正な募集文書図画のみを使用してください。

　お客様に対する提案にあたっては、生命保険募集に関する禁止行為が定められた「保険業法300条第1項」に抵触することのないようにお願いします。

同条に違反した場合は、

〔行政処分〕

・業務改善命令〈保険業法第306条〉

・登録の取消し

・業務停止命令〈保険業法第307条〉

〔刑事処分〕

・１年以下の懲役または100万円以下の罰金（併料）〈保険業法第317条の
　２〉

を受けることになります。

　金融機関代理店においては、融資先募集規制（タイミング規制、担当者
分離規制、知りながら規制を含む）、小口規制、構成員契約規制など、特
有の規制については、本部・委託生命保険会社の指示・指導を遵守してく
ださい。

②保険会社・商品等の例示について

　本書は、特定の生命保険会社・商品を批判あるいは他との比較を目的と
したものではありません。生命保険の商品特性をより深く理解していただ
くことを目的に、商品シミュレーションを例示しています。

　シミュレーションは、「予定利率1.75％・無配当・標準体」商品を前提
にしています。生命保険会社・商品によっては、例示数値と異なります。

　2013年４月以降、標準利率の改定により、例示数値が異なることがあり
ます。

③税制について

　税制は、2015（平成27）年１月１日現在によります。実際の提案にあ
たっては、最新の税制、規定を必ずご確認ください。

PART 1

法人提案の基本＆商品知識

［1］中小企業が生命保険に加入する理由

1．リスクヘッジの手段として保険を活用する

　中小企業が生命保険に加入する本来目的は、「法人を取り巻く各種リスクに対して、法人が継続的に活動できるようにする＝保険をリスクヘッジの一手段として活用する」ことにあります。

　個人が事業を行う場合には、その人の死亡により事業の永続性が損なわれますが、法人が行う事業には"ゴーイングコンサーン"として永続性と発展性のある事業展開が期待されています。そのために、想定されるリスクを生損保、その他諸制度を活用してカバーします。

　個人事業主から法人成りして業績が安定してくると、保険本来の目的を逸脱し、「生命保険を活用した節税プラン」を中心とした契約構成となっている企業が往々にしてあります。中小企業の社長が強く望むことは少なく、生命保険のセールスパーソン、税会計事務所に勧められるままに加入しているケースが多くあります（図表1）。

■企業経営にとって利益の平準化は欠かせないが…

　節税プランが必ずしも悪いわけではありません。中小企業は毎年安定的に利益を出せるとは限らないからです。「税金を払うのはやぶさかではないが、安定的な収益を毎期確保したい。赤字決算期に利益を確保する手段として生命保険を活用したい」というのが、節税プラン加入の理由です。

　欠損金が出た場合は相殺が認められますが、繰越欠損控除は、過去欠損に対するものです。将来必ず利益が出るとは限らないため、利益の平準化を図ることは、永続性と発展性のある企業経営には欠かすことのできない

図表1　社長の生命保険加入目的（法人契約）　　　　（複数回答）

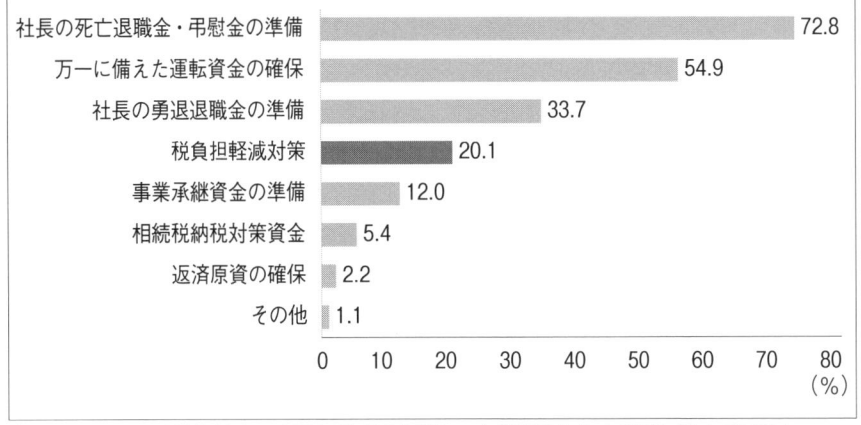

項目	割合（%）
社長の死亡退職金・弔慰金の準備	72.8
万一に備えた運転資金の確保	54.9
社長の勇退退職金の準備	33.7
税負担軽減対策	20.1
事業承継資金の準備	12.0
相続税納税対策資金	5.4
返済原資の確保	2.2
その他	1.1

出典：セールス手帖社保険FPS研究所「平成24年　企業経営と生命保険に関する調査」

方策ともいえます。

　行き過ぎた節税プランには税務当局も注目しており、たびたび、税制、適用規定が改正されています。長期平準定期保険、逓増定期保険（2回）、全額損金のがん・医療保険、長期傷害保険の税制取扱いの変更などは、記憶に新しいところです。

　税制改正により、提案した中小企業の社長からクレームが入らないような配慮も必要です。「今回の提案は〇年〇月現在の税制によります。税制は改正されることがありますので、最新の税制については所轄税務署に問い合わせてください」といったエクスキューズは最低限必要です。

　中小企業への提案では、社長を被保険者にした提案が中心となりますが、従業員の満足度を高めることも重要です。近年、従業員の内部告発が急増しています。時間外割増賃金の不払いなどは労働基準監督署に告発されますし、インターネットの投稿サイトには、目を覆いたくなるような会社批判が氾濫しています。退職者が社内情報を持ち出すこともあります。

　企業としては、従業員の満足度を高めるために、就業規則を整備するとともに、福利厚生制度を整備しておく必要もあります。

　ここではまず、中小企業の社長を被保険者とした契約について解説し、

従業員の福利厚生制度については「11. 福利厚生プランのハーフタックス養老保険（88ページ）」「12. 法人契約の医療保険を提案する（98ページ）」などで解説していきます。

2. 生命保険に加入する3つの理由

　法人が社長を被保険者とする生命保険に加入する理由については、保険会社によって説明の仕方が異なりますが、ここでは、最終的な保険金受取人を誰とするのかによって、3つに分類してみましょう。

①取引先への保障

契約形態	契約者：法人 被保険者：社長 死亡保険金受取人：法人
加入目的	借入金の返済原資確保
必要保障額	$借入金 \times \dfrac{1}{（1－実効税率36\%）} ≒ 借入金 \times 1.6倍$ ※借入金 ・短期債務…短期借入金＋支払手形＋買掛金 ・長期債務…固定負債≒長期借入金（固定資産購入時の借入など）
保険期間	借入期間相当
保険種類	定期保険（あるいは逓減定期保険、収入保障保険）

　法人が生命保険に加入する場合、最初に考えるのは「取引先への保障」です。「中小企業の信用＝社長の信用」といっても言い過ぎではありません。法人の"顔"である経営者、社長の死亡は取引先への信用力を低下させ、企業の資金繰りを著しく悪化させることがままあります。

　金融機関は、融資先企業の社長が死亡した場合、財務状況、後継者の経営資質、取引先減少の可能性等から判断し、将来に不安があれば借入金の早期返済を迫ってきます。

　社長が死亡しても、支払手形・買掛金等の営業債務の支払い、金融機関に対する返済がスムーズに行われれば、金融機関・取引先からの信頼感が高まり、その後の資金繰り、経営の安定につながります。

図表2　借入金返済に必要な保険金額

$$必要保険金額 ＝ 借入金 \times \frac{1}{1-実効税率（36\%）}$$

例）　借入金3,000万円　実効税率36%　→　4,800万円

・借入金の返済がスムーズに行われることで金融機関・取引先への信頼感が高まり、その後の資金繰り・経営の安定につながる
・相続放棄をしても「連帯保証債務」は残るため、夫人が借入金の保証人になっている場合は返済の準備が必要

　法人が受け取った保険金は「雑収入」となり、36%（実効税率）が税金として取られてしまいます。「返済原資はあるが当面の資金繰り（キャッシュフロー）のみ考慮する」という場合を除き、通常は保険金額を借入金の1.6倍とします。

　例えば、借入金が3,000万円の場合は以下のとおりです。

・保険金額　　　借入金3,000万円×1.6　　＝4,800万円
・課税額　　　　保険金4,800万円×36%　＝1,728万円
・残額　　　　　4,800万円－1,728万円　　＝3,072万円

　保険期間は借入期間相当とするため、5〜10年で検討します。法人の平均借入期間は7年程度ですから、できるだけ割安な保険料で大きな保障（借入金返済資金）を確保するために、短期の定期保険に加入します。

　「無解約返戻金型定期保険」は、保険料払込期間中の解約返戻金を0%とすることで保険料を低く抑えた商品です。借入金返済原資として加入する場合には検討してみましょう。

　中小企業の借入金は、経過年数に応じて減少していく点に注目し、提案されているのが「逓減定期保険」と「収入保障保険」です。保険期間はいずれも最低10年または20年、最長80歳というように、比較的長期となるため、中長期の借入金返済原資を確保する場合に適します。

　逓減定期保険では、契約当初の基本保険金額を借入金×1.6倍、収入保

図表3　社長夫人の連帯保証債務

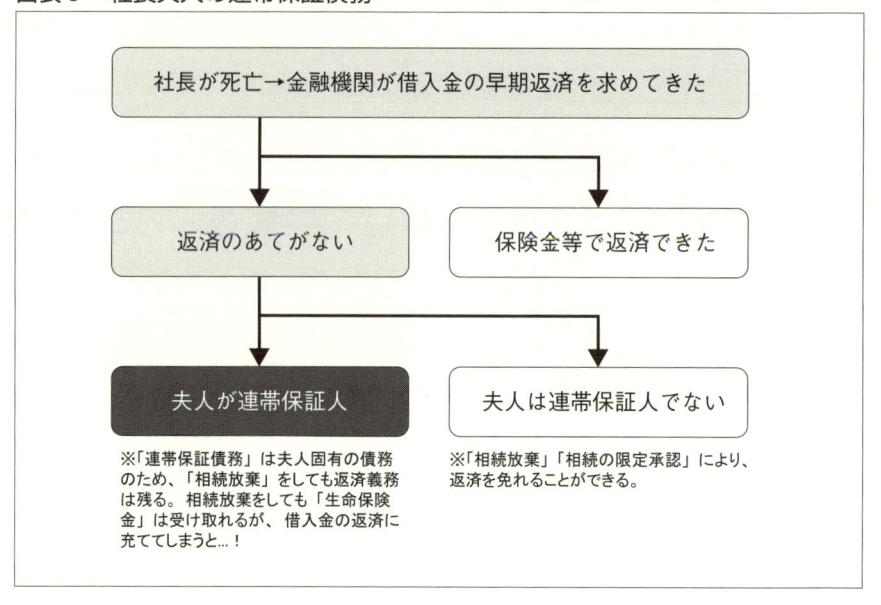

障保険は、当面の資金繰り（キャッシュフロー）を考慮しつつ毎月の返済金額をベースに契約金額を決定します。逓減定期は名前のとおり、経過年数に応じて死亡保険金額が毎年減少していくため、保険期間を通じて死亡保険金額が一定の定期保険に比べると保険料は割安となります。

　収入保障保険は、被保険者（経営者）が死亡した場合、毎月一定額が年金スタイルで死亡保険金受取人（法人）に支払われます。この年金を借入金返済原資に充てるほか、一括返済が必要な場合は、年金原価で割り戻した金額を一括受取することも可能です。逓減定期の死亡保険金を年金スタイルで受け取るイメージであり、保険料も割安となります。

■返済原資の準備不足が夫人にも影響

　法人が金融機関等から借入をする場合、社長が連帯保証人となりますが、多くの中小企業では社長夫人も連帯保証人となっています。社長が、借入金の返済原資として生命保険にしっかり加入すれば問題ありませんが（この場合は残された家族の生活費となる死亡退職金・弔慰金の準備について

確認する）、借入金の返済ができない場合には、社長夫人が返済を求められることになります。

　「連帯保証債務」は社長夫人固有の債務ですから、「相続放棄」や「相続の限定承認」を選択したとしても返済債務は残ります。相続を放棄しても「生命保険金」を受け取ることはできますが、連帯保証人である以上、借入金の返済に充ててしまうことになりかねません。

　図表3は、「連帯保証債務」の怖さとその対策をフローチャートにまとめたものです。社長は生命保険が嫌いで話をなかなか聞いてもらえないという場合など、連帯保証人となっている社長夫人にこのフローチャートを見せながら解説すると効果的です。

　社長夫人経由で会社契約の生命保険証券を入手し、リスク診断を行うこともできます。社長夫人経由で社長に生命保険加入を勧めてもらうことも多々あります。

②社長と家族への保障

契約形態	契約者：法人 被保険者：社長 死亡保険金受取人：法人
加入目的	社長の勇退（死亡）退職金準備
必要保障額	役員退職金＋弔慰金（死亡退職の場合）＋社長からの借入金 ＝最終報酬月額×役員在任年数×功績倍率（3） 　　　　＋ 　最終報酬月額×36ヵ月 　　　　＋ 　役員借入金（社長からの借入）
保険期間	長期平準定期保険（90歳超） 逓増定期保険（解約返戻率がピークになる時点＝勇退退職時期で設定）
保険種類	長期平準定期保険、逓増定期保険

　家族にとっても大黒柱の喪失（死亡）は、ライフプランの劇的な変化を意味します。残された家族の生活保障や相続税の納税資金、遺産分割を円滑にするための資金、また役員退職金・弔慰金を生命保険によって準備します。

　役員勇退退職金はいくらでも支払うことができますが、過大な勇退退職

金については課税されるため、税務当局に適切と認定してもらえる金額を支給するようにします。

　表②中の必要保障額は、その目安とされる金額算定式です。詳細な提案手法は「5. 長期平準定期を活用した社長の退職金準備」にて解説します（46ページ参照）。

■役員借入金の返済準備

　中小企業では、運転資金などが不足した場合、社長が個人で会社に貸し付けることがよくあります。それが常態化、社長への返済がなされず、疑似資本金のように取り扱われているケースもままあります。

　この状態で社長死亡となった場合、社長からの借入金は個人の相続財産となります。返戻されないまま相続人が引き継いだ場合、相続財産として評価はされていますが、現金化される目途も立たず、そのままでは納税できないため、大きな問題となります。

　こうしたケースでは、社長からの借入金を、（勇退）死亡退職時に、生命保険金・解約返戻金等を原資に返済し、清算するように提案します。

　勇退後の生活資金、相続時の納税資金として活用することができるようになります。

③従業員への保障

契約形態	契約者：法人 被保険者：社長 死亡保険金受取人：法人
加入目的	従業員の給与確保
必要保障額	（年間給与手当÷12）×3〜6ヵ月程度
保険期間	役員在職期間

　会社の繁栄は優秀な従業員の確保が土台です。社長の死亡という企業経営にとって不測の事態が生じ、一時的に売上が減少しても、従業員への給与支払いが滞らないようにする必要があります。従業員への保障とは、給与支払原資確保のために生命保険に加入するというものです。

　もっとも、企業の信用力評価の最大のポイントである金融機関からの借

入金返済をスムーズに行えれば、金融機関・取引先からの信頼感は高まり、その後の資金繰り、経営の安定につながることから、従業員の保障まで確保してあるケースは稀です。

　現実問題として、これら3つの保障をすべてカバーすると保険料が相当高額となり、零細企業では支払可能額を超えてしまうことがあります。生命保険会社によっては、付保基準として、「年商額あるいは社長の年収×20倍のいずれか低い額」と規定している場合もあります。企業の財務内容を把握して提案する必要があります。

　以上①～③の保障を合わせて一般的には「社長3つの保障」と呼ばれています。税理士の先生方は企業外に流出する部分（取引先への支払原資）と内部留保部分に分ける考え方をよくされますが、保障に対する考え方・金額に大きな違いはありません。

　中小企業の社長に直接提案する場合には、「社長3つの保障」「加入すべき保障の順位」という説明のほうが理解は早いようです。

［2］企業の成長に合わせて商品を選択する

1．目的を明確にして無駄のない契約を提案

「百年に一度の世界恐慌」とまで言われた先般の景気失速。欧米の金融機関が相次いで破綻あるいは公的資金導入を発表しました。バブル景気崩壊以後、日本の金融機関は財務体質を強化し、景気後退を直接のきっかけとして破綻した例はありません。中小企業の倒産も増加していますが、1965年の証券不況、1973年の第一次オイルショック、1978年の第二次オイルショック、1986年の円高不況、1991年のバブル崩壊、2008年のリーマンショック、2012年の対中韓緊張と、景気循環を考えるとほぼ5～8年ごとに不況に見舞われるものの、それを乗り越えてきています。

景気後退の影響をもろに受ける中小企業も多いのですが、想像以上に耐久力のある中小企業も多数存在します。

中小企業が生命保険に加入する本来の目的は、「法人を取り巻く各種リスクに対して、法人が継続的に活動できるようにする＝保険をリスクヘッジの一手段として活用する」ことにあると、前項で述べました。

生命保険を上手に活用し、不況を乗り切ってきた中小企業も多くあります。企業の成長に合わせ、目的を明確にして無駄のない契約を提案することが重要です。

中小法人の生命保険契約では、各企業のライフサイクルと経営実態に合わせて、適切な生命保険の種類と付保金額を設定しましょう。

①創業期……小さな負担で"当面の保障"を確保するという考え方で保険商品を選択します。

創業間もない企業、あるいは「業績不振で多額の保険料は支払えないが、金融機関からの借入金返済原資として生命保険には入っておきたい」という企業には、「10年定期保険」を提案します。中小企業の平均借入期間が、7年前後となっているためです。

　保険金額は、「中小企業が生命保険に加入する理由」で解説したように、以下の備えを考慮して、債務×1.6倍（法人実効税率36％）が目安となります。
・短期債務（短期借入金＋支払手形＋買掛金）への備え
・長期債務（固定負債≒長期借入金：固定資産購入時の借入など）への備え

■10年定期の保険料は全額損金処理が可能

　10年定期保険の保険料は、損益計算書（P／L）の販売費および一般管理費の「（生命）保険料」として全額が経費（損金）処理されます。

　自動車・火災保険の保険料は、企業に損害が生じた場合、支払われた保険金によって、賠償あるいは再建し企業経営を継続するための必要経費として損金処理されています。中小企業の信用＝経営者であるため、経営主宰者の死亡により企業が受けるダメージをカバーする目的として、10年定期保険の保険料も全額の損金処理が可能となっています。

　10年定期保険の代表例としては、以下のものが挙げられます。
・定期保険付終身保険（あるいはアカウント型）の10年定期保険特約
・法人会の「経営者大型総合保障制度」…大同生命の10年定期保険＋AIUの普通傷害保険
・TKC「企業防衛制度」…大同生命の10年定期保険
・10年定期保険

　問題はいつまでこの保険に加入し続けるかという点です。10年定期保険は、健康状態を問わず10年ごとに契約を更新することが可能ですが、保険料は更新ごとにアップします。

　具体的な契約例で見てみましょう。年払保険料の推移は、図表４－１の

とおりです。中小企業の社長の平均勇退年齢は、65〜75歳で平均70歳といわれていますが、この平均勇退年齢70歳時点では、総払込保険料2,396万3,000円に対して、解約返戻金はありません。

　企業業績が上向いてきたので勇退退職金の準備も始めたいという場合、10年定期保険に加入したままでは全く効果のないことが分かります。

　中小企業の借入金は、経過年数に応じて減少していく点に注目し、提案されているのが逓減定期保険と収入保障保険です。これらの保険に加入している場合は、生命保険会社のセールスパーソン、税会計事務所のアドバイスで加入しているケースがほとんどです。合理的な加入方法ですが、「企業の成長、財務状況の変化に応じ、付保金額、保険（保障）期間が適切であるか否かをチェックしてみましょう」と声かけします。契約以来、全くチェックしていないという例もあります。

②**成長期**……"在職中の保障"をメインに商品を選択します。

　創業後、5〜10年経過すると経営状態も安定し、一段の拡大を検討する時期に入ります。資金繰りも安定してきており、10年定期保険のように、途中で保険料が倍々に増えていくデメリットも見えてきます。

　在職期間中をフルカバーし、かつ保険料が10年ごとにアップしない70歳定期保険を見てみましょう。図表4−2のとおり、年払保険料は10年定期保険の最初の更新時（50歳時点）の保険料65万円に近い金額となります。40歳から70歳までの総払込保険料は2,057万1,000円と、約14％、金額にして339万2,000円も少なくて済みます。勇退年齢の70歳時点での解約返戻金はなく、あくまで中小企業の社長の死亡にからむリスク、借入金返済、死亡退職金・弔慰金の準備を目的とした保険です。

　保険料は、10年定期保険と同様に全額が「（生命）保険料」として損金処理が可能です。

　最近では、次に紹介する長期平準定期保険のメリットを勘案し、70歳定期保険をジャンプして長期平準定期保険を契約する例が多くなっています。無理のない保険料の範囲で長期平準定期保険に加入し、不足する金額を10年定期保険などでカバーするという手法です。

図表4　10年定期・70歳定期・長期平準定期の比較

1．創業期
契約例）被保険者：40歳男性
　　　　保険金額：1億円
　　　　保険種類：10年定期保険

保険料の推移	①40歳～50歳	28万900円	
	②50歳～60歳	65万円	①×約2.31倍
	③60歳～70歳	146万5,400円	①×約5.22倍 ②×約2.25倍
70歳までの総払込保険料		2,396万3,000円	
70歳時点での解約返戻金額		0円	

2．成長期
契約例）被保険者：40歳男性
　　　　保険金額：1億円
　　　　保険種類：70歳定期保険

年払保険料	68万5,700円
70歳までの総払込保険料	2,057万1,000円
70歳時点での解約返戻金額	0円

3．成熟期・事業承継準備時期
契約例）被保険者：40歳男性
　　　　保険金額：1億円
　　　　保険種類：長期平準定期保険（100歳定期保険）

年払保険料	192万1,900円
70歳までの総払込保険料	5,765万7,000円
70歳時点での解約返戻金額	5,600万円

図表5　役位別に見る役員退職慰労金の支給額

役位	支給額	退職時の年齢	通算役員在任年数	退職時の報酬月額
社長	5,184万円	66.6歳	17.5年	183.4万円
専務	3,556万円	62.5歳	13.9年	111.6万円
常務	1,483万円	64.9歳	12.7年	107.6万円
取締役	1,372万円	63.7歳	16.1年	64.7万円

出典：日本実業出版社 2010年7月調査をもとに作成

2．長期平準定期保険で退職金準備を検討

③成熟期・事業承継準備時期……“保障と退職金準備”を兼ねることができる商品を選択します。

　長期平準定期保険の場合、年払保険料は192万1,900円、70歳定期保険の68万5,700円に比べて約2.8倍も高くなりますが、70歳までの総払込保険料5,765万7,000円に対して解約返戻金は5,600万円になります（図表4－3）。単純返戻率は97.1％。実効税率36％とした場合の実質返戻率（節税効果を考慮した返戻率）は118.4％になります（詳細は次項参照）。

　70歳時点の掛捨保険料（払込保険料総額－解約返戻金）は、「5,765万7,000－5,600万＝165万7,000円」。保険期間は30年間ですから、月換算にするとわずか4,603円で、1億円の保障を買ってきたことになります。

　保険料支払余力さえあれば、中小企業の社長が長期平準定期保険への加入に積極的になるのは当然です。

　保険期間が長くなることにより、毎年の保険料負担は大きくなりますが、長期平準定期保険のメリットをまとめると以下のとおりです。
・高額の解約返戻金を勇退退職金に充当できる
・実質返戻率が高くなる
・実質返戻率が100％を割る時期が遅くなり（100歳定期保険では98歳頃）、勇退時期の変更にフレキシブルに対応できる
・解約返戻金を原資に、健康状態を問わずに終身保険に変更でき、相続・事業承継の原資に活用できる

　こうしたメリットから、どうしても全額損金処理できなければイヤだというケースを除き、大半の中小企業の社長が長期平準定期保険への切り替えを検討しています。

■保険料の２分の１が損金処理できる点も魅力

　払込保険料は、２分の１を「（生命）保険料」として損金処理できますが、残りの２分の１は「前払保険料」として、貸借対照表（Ｂ／Ｓ）の固

図表6　企業のライフサイクルと必要な備え

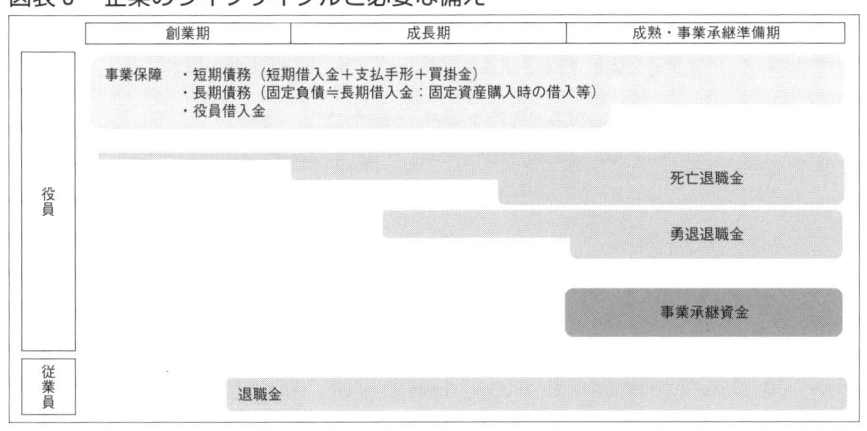

定資産・投資等で資産計上します。大きな解約返戻金があるにもかかわらず、払込保険料の2分の1が損金処理できるという点も、中小企業の社長にとっては魅力的です。

　保険会社によっては、98歳定期保険・95歳定期保険を扱っていますが、90歳超であれば、100歳定期保険に比べて致命的な欠陥はありません。

　コンサルティングのポイントは、10年定期保険（特約）・70歳定期保険・長期平準定期保険との比較にあります。「従来の保険と比べものにならないほど、保障内容が良くなった」ことに感嘆する中小企業の社長の行動は素早いので、提案もテンポ良く行いましょう。

　長期平準定期保険の優位性は十分理解できても、保険料の高さから加入をためらうケースがあります。この場合は、長期平準定期保険に10年定期保険あるいは70歳定期保険等をセットして加入を提案しましょう。10年定期保険・70歳定期保険はあくまでも「死亡保障を確保する掛け捨て保険」と機能を明確化させて提案します。

　10年以上継続している中小企業は、不況を経験しており、最悪の事態を想定しながらの慎重な経営を行っています。生命保険提案において、節税目的のみの商品はすぐに解約されますが、永続性と発展性を目的とした契約であれば、契約の継続のみならず、新規提案にも積極的に耳を傾けてくれます。

［3］ 損金話法による提案と
実効税率の考え方

1.「節税目的」のセールストークを検証する

　バブル景気華やかなりし頃、中小企業では、本来の目的であるリスクヘッジよりも、「損金作り」すなわち節税目的での保険加入が中心でした。バブル崩壊後は、多くの企業が財務体質の堅固な法人を目指すようになり、何が何でも「損金」という加入は減少しています。さらに、保険料の全額を損金算入できる商品に対する課税強化や、法人実効税率の引下げによる節税効果の減少によって、「節税プラン（損金話法）」のみで法人契約を提案することは困難になってきました。

　ところが、依然として「損金話法」をセールストークにアプローチしているセールスパーソンや代理店が多いのも事実です。バブル時代から法人向けセールストークとして多用された損金話法について、まず検証してみましょう。

■経費を増やし、利益を圧縮することで節税を実現

　中小企業が、「契約者：法人、被保険者：社長・役員・従業員、死亡保険金受取人：法人」という契約形態で定期保険に加入した場合、長期平準定期保険、逓増定期保険を除き、原則、保険料は経費として損金算入することが認められています。

　定期保険の保険料は、損益計算書（P／L）上、「販売費および一般管理費」の中で「（定期）保険料」として仕訳されます。その理由は、「経営者の死亡により会社経営を危うくすることを防ぐために、生命保険に加入し不測の事態に備える」という考え方に基づいています。法人契約の火災

保険や自動車保険の保険料も同様に、販売費および一般管理費に仕訳されます。

　経営が順調なとき、企業は利益の36％も毎年税金として支払っていますが、多くの経営者は「苦労して得た利益から支払う税金を少なくできないか」と節税策に考えを巡らせます。

　節税する方法は２つ。１つは売上を減らして利益を減らすことです。売上を減らすことは会社経営にとっては大きなマイナスです。そこで、売上を増やしながら節税も実現するためには、経費を増やして利益を圧縮するしかありません。

　分かりやすくするために、単純化したＸ社の例で見てみましょう。

前提条件）
・法人３税（法人税・住民税・事業税）を合算した法人実効税率を50％とする
・毎年、税引後当期利益2,000を継続して上げている
・保険料全額が損金算入でき、７年後に解約返戻金が発生する定期保険がある

Ａ．生命保険加入前

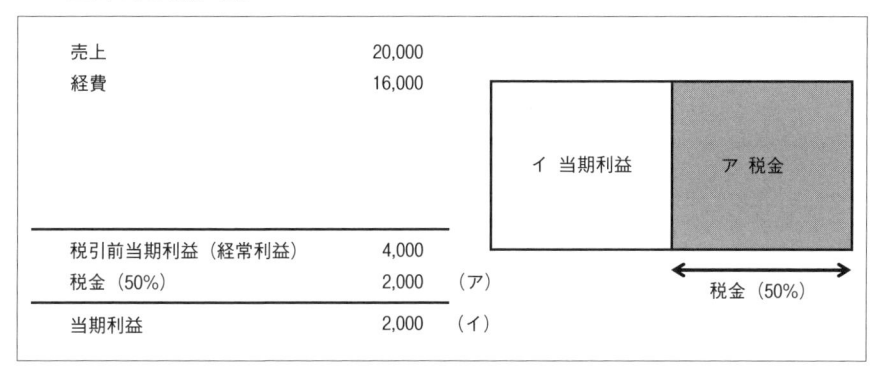

売上	20,000	
経費	16,000	
税引前当期利益（経常利益）	4,000	
税金（50％）	2,000	（ア）
当期利益	2,000	（イ）

　Ｘ社は、「税引前利益（経常利益）4,000、税引後当期利益2,000を毎年恒常的に上げています。

B．生命保険加入後

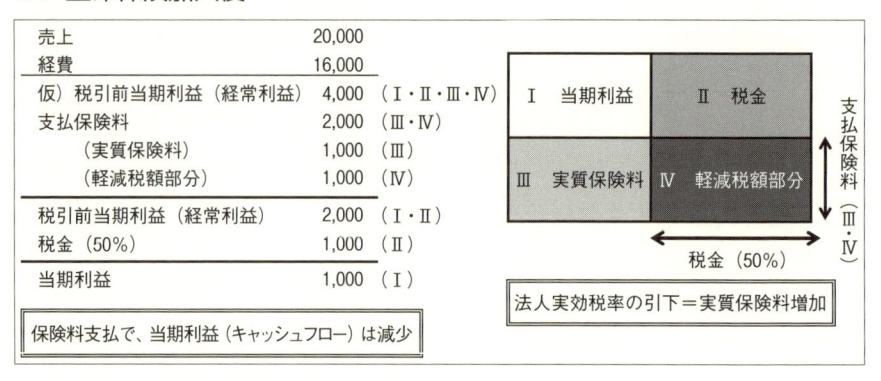

売上	20,000	
経費	16,000	
（仮）税引前当期利益（経常利益）	4,000	（Ⅰ・Ⅱ・Ⅲ・Ⅳ）
支払保険料	2,000	（Ⅲ・Ⅳ）
（実質保険料）	1,000	（Ⅲ）
（軽減税額部分）	1,000	（Ⅳ）
税引前当期利益（経常利益）	2,000	（Ⅰ・Ⅱ）
税金（50％）	1,000	（Ⅱ）
当期利益	1,000	（Ⅰ）

保険料支払で、当期利益（キャッシュフロー）は減少

節税のために、社長をはじめ複数の役員を被保険者として保険料を全額損金算入できる定期保険に加入しました。支払保険料（Ⅲ・Ⅳ）は「税引前当期利益」の範囲内、2,000です。

生命保険に加入していなければ、当期利益の50％（Ⅱ・Ⅳ）2,000を税金として納めていたことになります。生命保険料として支払えば、税金として納めるべきⅣ（1,000）の部分が節税できたことになりますから、Ⅳの部分を「軽減税額部分」と呼びます。

■保険加入が資金繰りを悪化させることもある点に注意

生命保険販売における極端な話法から言えば「税務署が、支払うべき保険料の50％（Ⅳの部分）を代わりに支払ってくれた」ということになります。結果、Ｘ社が本当に支払ったと認識する保険料部分はⅢ（1,000）だけになり、この部分を「実質保険料」と呼びます。

生命保険に加入しなければ2,000支払わなければならなかった税金が、1,000に節税できたことになります。節税したことによって「税引後当期利益」も減少しますから、剰余金すなわち自己資本への繰入額も2,000から1,000に減少しています。

単に税金を支払いたくないという理由だけで加入したとすれば、生命保険加入が逆に財務内容を悪化させ、資金繰りを厳しくしてしまうこともあり得る点には注意します。

C．7年後に解約した場合

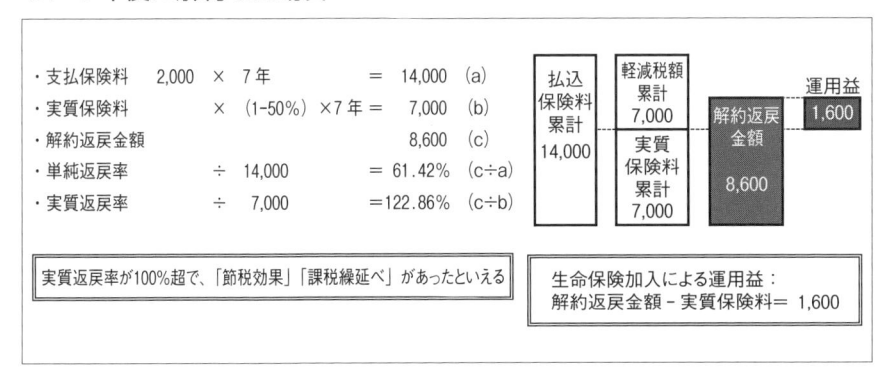

　X社は、7年経過した時点で加入している定期保険を解約し、解約返戻金8,600を受け取りました。7年間の総支払保険料は14,000（2,000×7）、解約返戻金額は8,600なので、単純返戻率は61.42%（8,600÷14,000）となります。

　毎年の支払保険料のうち、IVの部分は生命保険に加入していなければ課税される「軽減税額部分」であり、実質保険料III（1,000）の7年間累計額7,000（1,000×7）が実質保険料累計額となります。よって、実質返戻率（解約返戻金額÷実質保険料累計額）は、122.86%（8,600÷7,000）となります。

D．生命保険加入の効果

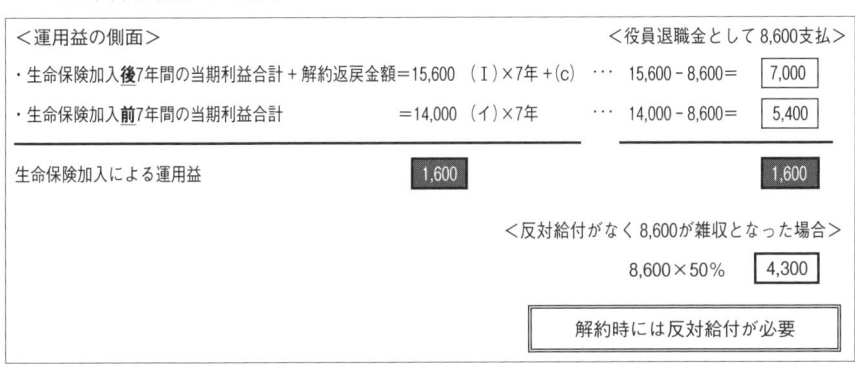

生命保険に加入することで、解約時点のキャッシュフローは、15,600（定期保険加入7年間の税引後利益＋解約返戻金額＝1,000×7＋8,600）となり、定期保険未加入の場合のキャッシュフロー14,000（7年間の税引後利益＝2,000×7）に比べると1,600（15,600－14,000）改善していることになります。

　定期保険加入期間の7年間は節税されていましたが、解約返戻金額は全額が課税対象となりますから、"利益の繰延べ"ができたことになります。ここでX社は、同一事業年度内に社長の勇退退職金として、8,600を支払うと、解約返戻金額（益金、雑収入）と勇退退職金（損金）が損益通算され、解約返戻金額は実質的に非課税となります。

　社長への勇退退職金支払などの反対給付がない場合には、支払保険料全額が損金算入となっているため、解約返戻金額8,600の全額が課税対象となり、4,300（8,600×50％）を納税する必要があります。この場合には、定期保険加入前のキャッシュフロー14,000に対して、11,300（税引後利益＋課税後の解約返戻金額＝7,000＋4,300）となり、結果的にキャッシュフローが減少してしまうことになります。

　定期保険を解約する時期によっては解約返戻金額・単純返戻率が変動しますし、法人実効税率の変動によって実質返戻率が変わることもあり、中小企業が当初期待していたリターンが得られない場合もあります。

　X社のシミュレーションでは、毎期恒常的に利益を上げる前提となっていますが、中小企業において、将来的にも安定した収益を上げられる保障はありません。赤字決算となった場合には、利益の繰り延べ効果が消失し、業績にマイナスの影響を与えることもあり得ます。

　また、このシミュレーションでは保険料の全額が損金算入できながら、中途解約した場合に高い解約返戻金額が発生する定期保険があることを前提としています。

　かつて、生命保険を活用した節税プランが幅広く認知されるまでは、定期保険は保険（保障）期間を問わず支払保険料の全額損金算入が可能とされていました。1980（昭和55）年に、長期平準定期保険に対する保険料仕訳の通達（いわゆる105ルール）が税務当局より出され、解約返戻率の高

い定期保険は保険料の２分の１を資産計上することになっています。

■節税プランは安定的に利益を確保するための手段

　中小企業が、利益の繰延べ効果に期待して、生命保険を活用した節税プランに加入するのは、単純に「税金を払いたくない」という理由だけではありません。

　税務上、過去の損失は９年間（12年度決算より従来の７年から変更）にわたって繰越控除することができますが、創業間もなく経営が磐石でない企業や、構造的不況で将来が見通せない企業では、毎年安定的に利益が出るとは限りません。建設業では地方公共団体等の工事入札には赤字続きでは応札できませんし、文具・IT機器を扱う場合も納入業者から外されてしまうこともあります。

　「税金を支払うのはやぶさかではないが、安定的な収益を毎期確保したい、赤字決算期に利益を確保したい」という場合に、１つの手段として生命保険を利用することは、節税を目的とした生命保険加入の本来のニーズといえるでしょう。

2．実効税率の考え方と法人税率の引下げ

　ここまで、「法人実効税率」という言葉を何気なく使ってきましたが、その考え方を整理しておきます。

　個人の収入に対して所得税、住民税などが課せられるように、法人にも法人税、住民税、事業税、地方法人特別税が課せられます。このうち、事業税と地方法人特別税として納税した金額は、翌年度には損金として処理できますから、この損金算入金額を考慮して算出するのが法人実効税率です（30ページ図表8参照）。

　法人税と事業税は所得400万円以下、400万円超から800万円まで、800万円以上の３段階で税率が変わりますが、概算では800万円以上のバンドを使用しています。住民税も「法人税率×17.3％」の標準税率を使用していますが、均等割、利子割は考慮していません。

図表7　法人実効税率の推移

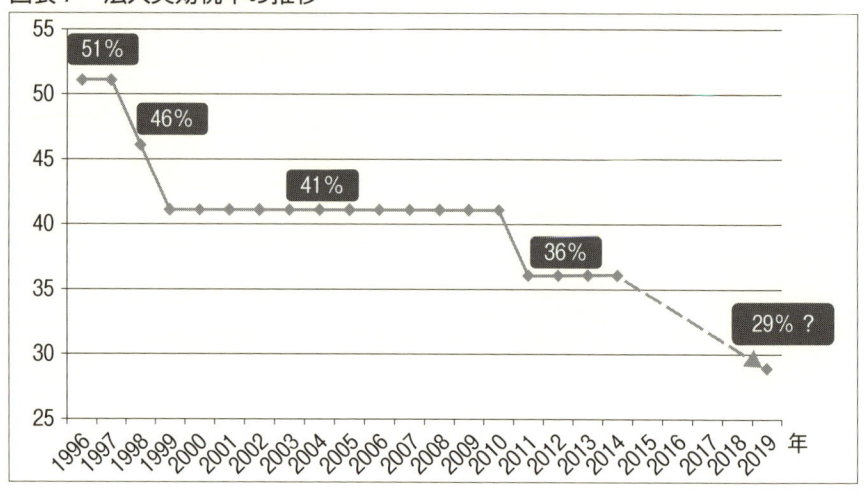

　また、計算上は表面税率39.5％、法人実効税率36.05％となりますが、生命保険販売のシミュレーションでは36％を使うのが一般的です。

　法人実効税率は、損金話法では重要な考え方ですが、ある程度の割り切りを前提としていることは理解しておきましょう。

　法人実効税率は、相次いで引き下げられてきました。バブル時代の51％から46％、41％を経て現在は36％。世界的に見てもまだ高いため、2019（平成31）年度に29％を目処に引き下げる方向で検討されています。節税プランが敬遠されつつある理由の１つに、この法人税率の引下げがあります。

　再びX社の例で、法人実効税率引下げの影響を見てみましょう。

E．法人実効税率引下げの影響

法人実効税率	実質返戻率
41％の場合	実質返戻率：104.12％ 実質保険料累計額：2,000×（1−41％）×7＝8,260 解約返戻金額÷実質保険料累計額　8,600÷8,260＝104.12％
36％の場合	実質返戻率：95.98％ 実質保険料累計額：2,000×（1−36％）×7＝8,960 解約返戻金額÷実質保険料累計額　8,600÷8,960＝95.98％

・支払保険料累計	2,000×7年	14,000 (a)	(Ⅲ・Ⅳ)×7年	＜単純返戻率＞
・解約返戻金額		8,600 (c)	8,600÷14,000	61.42% (c÷a)
・実質保険料				＜実質返戻率＞
	2,000×（1－51%）×7年＝6,860 (b)	(Ⅲ)×7年	8,600÷6,860	123.36% (c÷b)
	2,000×（1－46%）×7年＝7,560		8,600÷7,560	113.76%
	2,000×（1－41%）×7年＝8,260		8,600÷8,260	104.12%
	2,000×（1－36%）×7年＝8,960		8,600÷8,690	95.98%
	2,000×（1－29%）×7年＝9,940		8,600÷9,940	86.52%

> 法人実効税率の引下⇒実質保険料の増加⇒実質返戻率の低下⇒節税プランとならないケースの出現

　法人実効税率の引下げにより実質保険料が増加し、実質解約返戻率が低下してしまうことが分かります。場合によっては、実質返戻率が100％を割り込み、節税プランとならないケースもあります。

　損金話法のもう１つの盲点は、法人本来のリスクヘッジとしての生命保険に加入をしないままに、節税プランだけを繰り返して加入しているケースです。

　節税プランとして最もよく利用されているのは逓増定期保険ですが、
・1996（平成８）年　逓増定期の課税方法が確定（課法２－３）
・2008（平成20）年　逓増定期の課税方法の改正（課法２－３、課審５－18）
と、２度にわたり課税強化が行われています。

　特に2008年の改正では、全額損金プランは実質排除され、２分の１損金タイプが販売の主力となっていますが、５～10年程度の短期間での節税商品として今でも積極的な提案が行われています。

　この場合、実質返戻率が最も高くなるのは契約後５～10年程度であり、ピークに達した時点で解約して新たに逓増定期保険入り直します。その後も同様に数年ごとに契約の乗換えを行うことになります。

　被保険者が乗換えを行った後に、生命保険へ加入できない疾患（がん、脳卒中など）に罹患した場合は、次の乗換えはできませんし、現契約の保険期間延長も当然に認められません。他に法人契約で生命保険に十分に加入していれば問題ありませんが、節税目的で加入したこの逓増定期保険し

図表 8　実効税率の考え方

法人に対する税率表

税の区分 ＼ 所得区分	所得年 400 万円以下の部分に対して	所得年 400 万円を超え 800 万円までの部分に対して	所得年 800 万円以下の部分に対して
法人税	15.0%		25.5%
住民税	法人税の 17.3%		
事業税	2.7%	4.0%	5.3%
地方法人特別税	事業税の 81.0%		
合計	22.48%	24.84%	39.50% |（表面税率）
	21.43%	23.16%	36.05% |（法人実効税率）

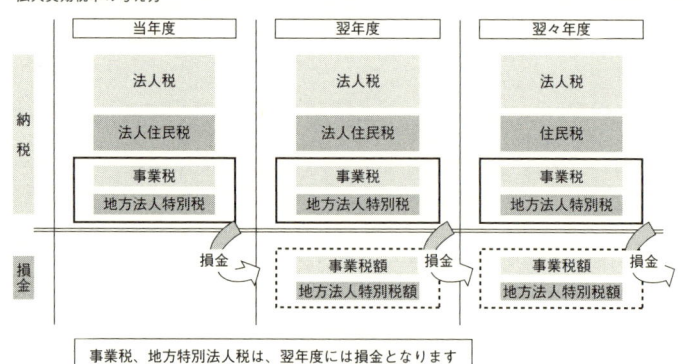

法人実効税率の考え方

	当年度	翌年度	翌々年度
納税	法人税	法人税	法人税
	法人住民税	法人住民税	住民税
	事業税	事業税	事業税
	地方法人特別税	地方法人特別税	地方法人特別税
損金		事業税額／地方法人特別税額（損金）	事業税額／地方法人特別税額（損金）

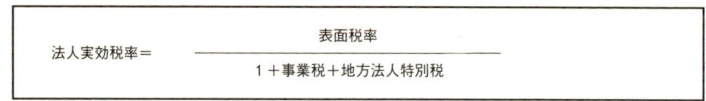

事業税、地方特別法人税は、翌年度には損金となります

＜法人実効税率計算式＞

$$法人実効税率＝\frac{表面税率}{1＋事業税＋地方法人特別税}$$

＜法人実効税率計算例＞800 万円を超える部分

$$表面税率＝法人税（25.5\%）＋住民税（25.5\%×17.3\%）＋事業税（5.3\%）＋地方法人特別税（5.3\%×81\%）$$
$$1＋事業税（5.3\%）＋地方法人特別税（5.3\%×81\%）$$

法人実効税率
36.05%

法人実効税率
36.00%

・法人実効税率は、所得区分ごとに計算すべきであるが、800 万円超についてのみシミュレーションしている
・「復興特別法人税」は、3 年間の時限立法のため考慮せず
・住民税は「法人税 ×17.3%」の標準税率を使用。均等割、利子割は考慮せず

＊以上より、法人実効税率は 36.00%でシミュレーションすることが多い

※法人実効税率は段階的な引下げが予定されている

かないとすると、大きな問題が発生します。

　逓増定期保険特約付終身保険に加入し、実質返戻率がピークに達したときに払済（終身）保険に変更するという節税プランもありました。その際には、「経理上は洗替を一切する必要がない。一時払終身保険という資産価値のある（解約返戻金がある）保険種類に変更しても、資産計上処理は不要」という話法でしたが、2002（平成14）年、払済保険変更時の経理処理確定（法人税基本通達9－3－7の2）により、変更時の解約返戻金と資産計上額の差額を損益として洗替処理することになりました。

　税制改正のリスクは常にあります。契約者への説明を怠るのは言語道断ですが、中小企業の社長は、契約時の損金話法にのみ関心があります。提案にあたっては、「現時点の税制でベストと思われる提案をしているが、今後の税制改正等があったときは、対応策について連絡する旨」を伝えておく必要があるでしょう。

　節税プランへの加入は、経営者としてのリスクを十分カバーする生命保険契約に加入したうえで、最後に検討すべきです。

■決算直前に節税プランを提案することの是非

　法人税法132条は同族会社に関して規定したもので、ある同族会社が不当に法人税を減少させる行為をしていた場合、税務署長の判断でその同族会社に対して法人税を計算し直し、追徴課税することができるというものです。

　法務省によれば、同族会社は国内にある全企業の約95％に相当するといいます。決算月を聞き出し、当月末に高額の保険料を損金処理するという販売話法は、この法人税法132条を考えれば、極めて危ない提案ともいえます。

　法人の決算期は自由に決めることができますが、一般的に3月というイメージが強いようです。国税庁のホームページを見ると、3月が約21％、6、9、12月が約10％となっています。いわゆるQ（クオーター）末で50％、その他で50％となっています。では、法人への生保提案のタイミングはいつがベストなのでしょうか。

3月末決算企業に対して税理士は、9月末に中間決算を行い、11月頃にその結果を経営者に報告します。経営者はその結果を見ながら、年間の収益予想を年末から正月にかけて予測します。1～2月頃には、当該年度の決算概要がある程度分かるため、場合によっては決算対策・節税プランとしての生保契約に関心が向きます。生命保険会社のセールスパーソンや代理店は、それを見越して企業あるいは税理士に節税プランを提案します。

　決算期の2ヵ月前頃が、節税プラン提案のベストタイミングと言われる由縁です。

　損金話法で提案した場合、企業が「決算期直前の提案かつ節税目的であること」を税務当局にポロリと言ってしまうと、提案した節税プランの損金処理が否認されることもあり得ます。

　単年度利益を損金処理するだけでは実質返戻率が100％を超えることはまずありませんから、節税プランを渇望する中小企業はある程度限られると予測できます。損金話法による提案は、実はいつでも可能なはずです。経営者が節税プランを真剣に検討してくれる最後のタイミングが、決算直前であるにすぎません。

図表9　X社の損益計算書（P／L）

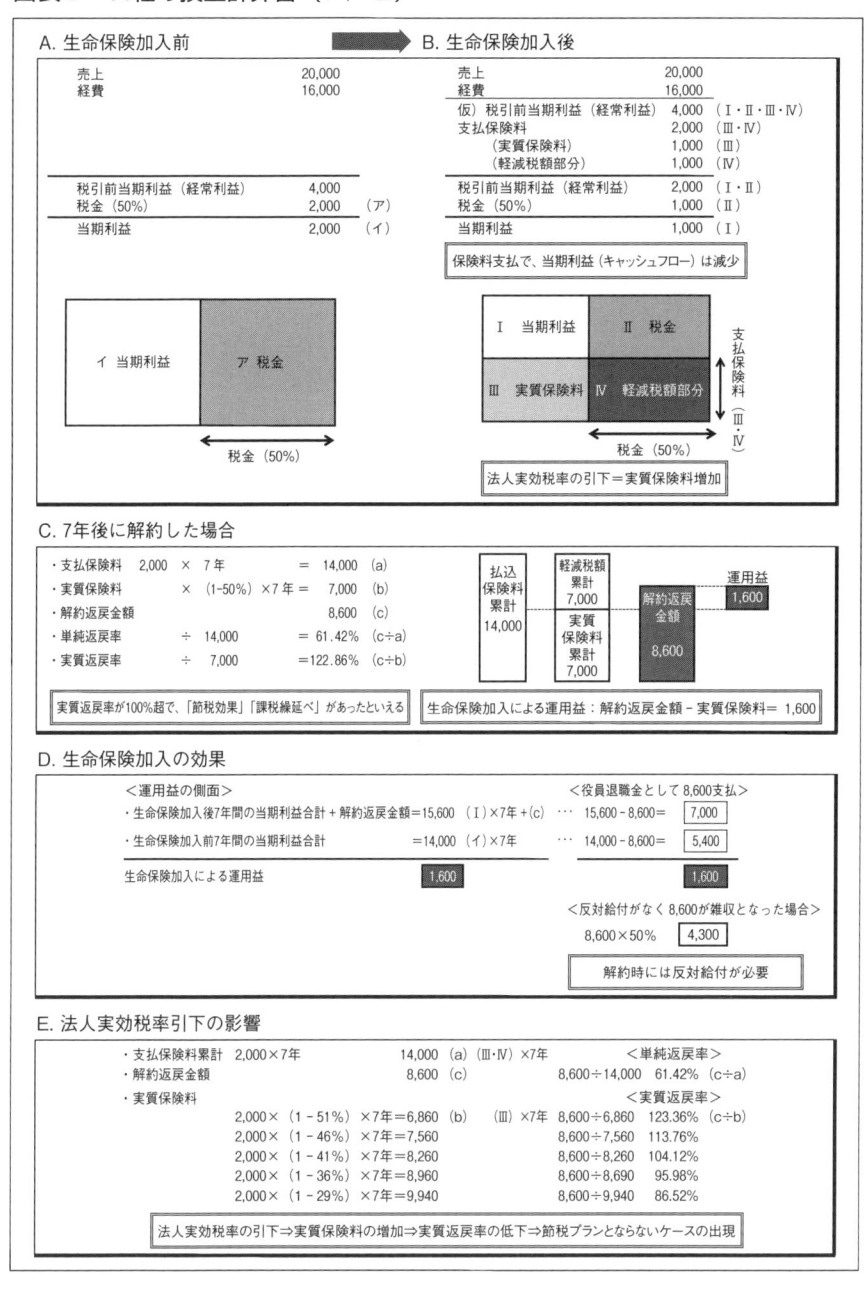

A. 生命保険加入前　　　　　　　　　　　　B. 生命保険加入後

| 売上 | 20,000 |
| 経費 | 16,000 |

税引前当期利益（経常利益）	4,000	
税金（50%）	2,000	（ア）
当期利益	2,000	（イ）

売上	20,000	
経費	16,000	
（仮）税引前当期利益（経常利益）	4,000	（Ⅰ・Ⅱ・Ⅲ・Ⅳ）
支払保険料	2,000	（Ⅲ・Ⅳ）
（実質保険料）	1,000	（Ⅲ）
（軽減税額部分）	1,000	（Ⅳ）
税引前当期利益（経常利益）	2,000	（Ⅰ・Ⅱ）
税金（50%）	1,000	（Ⅱ）
当期利益	1,000	（Ⅰ）

保険料支払で、当期利益（キャッシュフロー）は減少

| イ　当期利益 | ア　税金 |

税金（50%）

| Ⅰ　当期利益 | Ⅱ　税金 |
| Ⅲ　実質保険料 | Ⅳ　軽減税額部分 |

支払保険料（Ⅲ・Ⅳ）

税金（50%）

法人実効税率の引下＝実質保険料増加

C. 7年後に解約した場合

- 支払保険料　2,000　×　7年　　　　＝　14,000　(a)
- 実質保険料　×　(1-50%)×7年　＝　7,000　(b)
- 解約返戻金額　　　　　　　　　　　8,600　(c)
- 単純返戻率　　　　　÷　14,000　＝　61.42%　(c÷a)
- 実質返戻率　　　　　÷　7,000　　＝122.86%　(c÷b)

実質返戻率が100%超で、「節税効果」「課税繰延べ」があったといえる

| 払込保険料累計 14,000 | 軽減税額累計 7,000 | 運用益 1,600 |
| | 実質保険料累計 7,000 | 解約返戻金額 8,600 |

生命保険加入による運用益：解約返戻金額－実質保険料＝ 1,600

D. 生命保険加入の効果

＜運用益の側面＞
- 生命保険加入後7年間の当期利益合計＋解約返戻金額＝15,600　（Ⅰ）×7年＋(c)
- 生命保険加入前7年間の当期利益合計　　　　　　＝14,000　（イ）×7年

生命保険加入による運用益　1,600

＜役員退職金として8,600支払＞
… 15,600－8,600＝　7,000
… 14,000－8,600＝　5,400

1,600

＜反対給付がなく8,600が雑収となった場合＞
8,600×50%　4,300

解約時には反対給付が必要

E. 法人実効税率引下の影響

- 支払保険料累計　2,000×7年　　　　14,000 (a) (Ⅲ・Ⅳ)×7年
- 解約返戻金額　　　　　　　　　　　8,600 (c)
- 実質保険料

| | ＜単純返戻率＞ |
| 8,600÷14,000　61.42% (c÷a) | |

2,000×（1-51%）×7年＝6,860 (b)	（Ⅲ）×7年	8,600÷6,860	123.36% (c÷b)
2,000×（1-46%）×7年＝7,560		8,600÷7,560	113.76%
2,000×（1-41%）×7年＝8,260		8,600÷8,260	104.12%
2,000×（1-36%）×7年＝8,960		8,600÷8,690	95.98%
2,000×（1-29%）×7年＝9,940		8,600÷9,940	86.52%

＜実質返戻率＞

法人実効税率の引下⇒実質保険料の増加⇒実質返戻率の低下⇒節税プランとならないケースの出現

［4］ 長期平準定期による 含み資産話法

1．安い保険料で大きな保障＆含み資産を確保する

　保険料の全額または一部を経費処理（損金算入）して、利益の繰延べを行い、運用益を確保するのが「損金話法」の基本的な考え方です。

・好景気で中小企業も安定した収益を上げている
・法人実効税率が51〜46％と高く節税ニーズが高い
・予定利率が5.5〜2.75％と高く解約返戻率も高い

という3条件が揃っていた1999（平成11）年頃までは、詳細を知らなくても「節税できます」の一言で法人契約が飛ぶように売れていた時代もありました。その後、景気の後退、法人実効税率と予定利率の引下げ、節税商品への課税強化が相次いで行われ、損金話法だけでは、中小企業の社長の琴線に触れるような提案は難しくなっています。

　そこで、中小企業が生命保険に加入する本来目的である「企業保障」に焦点を当てたリスクマネジメントから必要保障額、保険（保障）期間を導き出し、適切な保険種類を選択し提案するスタイルに大きく舵取りが行われるようになりました。

　全額損金算入できる「がん保険」「逆ハーフタックス養老保険（94ページ参照）」など、税制の隙間を掻い潜ったようなプランを積極的に提案するセールスパーソン、税会計事務所もありましたが、提案先は限定的でした。

　時代の大きな潮目を前に、新たに脚光を浴びたのが、資産計上額よりも解約返戻金額が大きくなる点に着目した「含み資産話法」です。

　長期平準定期保険は、以下によって税制が確定しました。

・1980（昭和55）年、定期保険の保険料は損金処理が確定（法人税基本通

図表10　長期平準定期と逓増定期保険料の経理処理

保険種類	保険期間満了時の被保険者の年齢	契約年齢＋（保険期間）×2	保険期間のうち当初6割の期間	残り4割の期間
長期平準定期保険 直法2－2 （例規）	70歳超　　かつ　　105超		1／2損金算入 1／2資産計上	保険料の全額を損金処理し、前半の資産計上額を残りの期間に均等に取り崩し損金の額に算入する
逓増定期保険	45歳以内	―	全額損金	
	①45歳超　かつ　②③以外		1／2損金算入 1／2資産計上	
直法2－2 課法2－3 （例規）	②70歳超　かつ　95超		1／3損金算入 2／3資産計上	
	③80歳超　かつ　120超		1／4損金算入 3／4資産計上	

　達9－3－5）

・1986（昭和61）年、長期平準定期保険の2分の1損金処理が確定（直法2－2）

　その後、逓増定期保険の課税強化が1996（平成8）年、2008（平成20）年に行われていますが、長期平準定期保険の税制は変更がありません。1986（昭和61）年の「直法2－2」は、一般的には「105ルール」と呼ばれています。

　法人が契約する死亡保障では、10年定期保険などの短期契約を除き、実質的に全額損金算入できる商品は封印されることになりました。

　中小法人が生命保険に加入する理由を端的に言えば、法人の信用＝社長の信用ですから、社長に不測の事態が生じても法人が存続できるようにしておくことにあります。そのためには、社長を被保険者とした死亡保障を担保する生命保険に加入することになります。

■勘定科目は異なるが保険料も預金も同じ資産に計上

　ここで、必要保障額が1億円、社長（被保険者）の年齢40歳、勇退予定年齢70歳の中小企業の例を見てみましょう（図表11）。

図表11　10年定期・70歳定期・100歳定期の違い

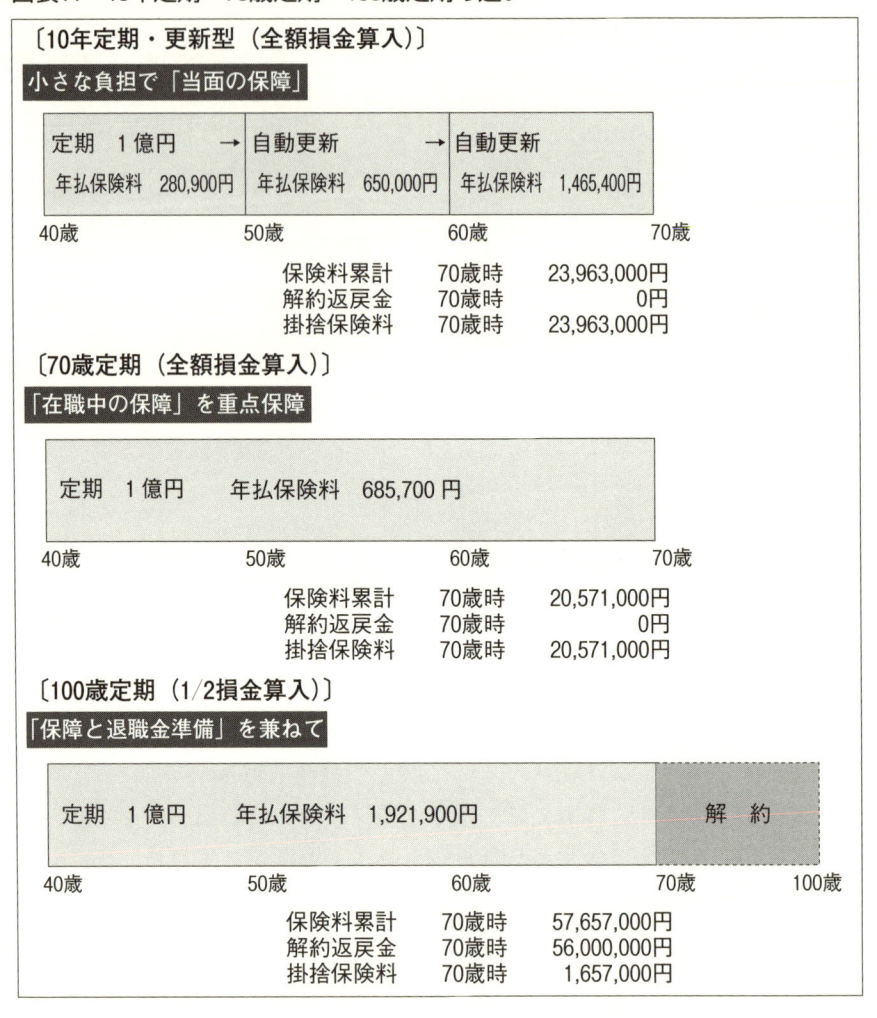

〔10年定期・更新型（全額損金算入）〕

小さな負担で「当面の保障」

定期　1億円	→	自動更新	→	自動更新
年払保険料　280,900円		年払保険料　650,000円		年払保険料　1,465,400円

40歳　　　　　　　50歳　　　　　　　60歳　　　　　　　70歳

保険料累計　70歳時　23,963,000円
解約返戻金　70歳時　　　　　　0円
掛捨保険料　70歳時　23,963,000円

〔70歳定期（全額損金算入）〕

「在職中の保障」を重点保障

定期　1億円　　年払保険料　685,700円

40歳　　　　　　　50歳　　　　　　　60歳　　　　　　　70歳

保険料累計　70歳時　20,571,000円
解約返戻金　70歳時　　　　　　0円
掛捨保険料　70歳時　20,571,000円

〔100歳定期（1/2損金算入）〕

「保障と退職金準備」を兼ねて

定期　1億円　　年払保険料　1,921,900円	解　約

40歳　　　　　50歳　　　　　60歳　　　　　70歳　　　　　100歳

保険料累計　70歳時　57,657,000円
解約返戻金　70歳時　56,000,000円
掛捨保険料　70歳時　　1,657,000円

〔10年定期保険〕

　保険料の全額が損金算入でき、最大80歳まで被保険者の健康状態を問わず自動更新できます。

　年払保険料は、40歳のとき（当初）28万900円、50歳の更新時65万円、60歳の更新時146万5,400円と、倍々ゲームのように高騰します。70歳時点

までの総払込保険料2,396万3,000円に対して、解約返戻金はなく、掛捨保険料は総支払保険料の全額2,396万3,000円です。

〔70歳定期保険〕

「105ルール」により、保険料は全額損金算入できます。自動更新も80歳（90歳）まで可能で、更新後の保険種類は10年定期保険となります。

年払保険料は68万5,700円、70歳時点までの総払込保険料は2,057万1,000円と、10年定期保険を更新した場合よりも割安となります。

この事例では、契約後9年目に解約返戻率が63％となりますが、以後逓減していき、70歳時点では解約返戻金がなくなります。70歳まで契約を継続した場合、掛捨保険料は総支払保険料の全額2,057万1,000円となります。

〔100歳定期保険（長期平準定期保険）〕

「105ルール」により、保険料の2分の1を損金算入、2分の1を資産計上します。

年払保険料は192万1,900円、70歳時点での総払込保険料は5,765万7,000円、解約返戻金額は5,600万円となります。解約時期は契約者が自由に決めることができるため、中小企業の社長の勇退退職金準備を目的とする場合には、「勇退時期が満期です」というセールストークが使われています。

定期保険ですから、保険期間満了の100歳時点では、解約返戻金はなくなりますが、本例では解約返戻率90％以上を88歳、80％以上を94歳、50％以上を98歳まで維持しています。保険料の2分の1を資産計上しているからこそ、運用原資があるからこそ、高額の解約返戻金・率というメリットを享受できることが分かるでしょう。

資産計上した保険料は、B／Sの「資産」⇒「固定資産」⇒「投資等」⇒「前払保険料」に仕訳されます。銀行の預金（長期定期預金）は、B／Sの「資産」⇒「固定資産」⇒「預金」で仕訳されます。仕訳する勘定科目は異なりますが、保険料も預金も同じ資産に計上しています。資産に計上する預金は良くて、保険料は悪いということにはなりません。

図表11を見ると、70歳時点では、

・総払込保険料　5,765万7,000円　…　①

・資産計上額　　2,882万8,500円　…　②　（①÷2）

- 解約返戻金額　　　　5,600万円　…　③
- 解約返戻率　　　　　97.12%　…　④　　（③÷①）
- 掛捨保険料累計　165万7,000円　…　⑤　　（①－③）
- 1ヵ月当たり　　　　　4,603円　…　⑥　　（⑤÷30年÷12ヵ月）

となります。

　資産計上が50%に対して解約返戻率97.12%ですから、47.12ポイント、2,717万1,500円もの含み資産が形成できています。保険料を支払っている限り、1億円の死亡保障まで確保できています。

　70歳時点では、総払込保険料の50%、2,882万8,500円が保険料としてP／Lで損金処理されていますが、総支払保険料－解約返戻金額である「掛捨保険料」が、正味の保険料であったと言い換えることもできます。月当たりにするとわずか4,603円になります。

　被保険者が早期に死亡した場合は、少ない払込保険料で1億円の死亡保険金を受け取ることができ、長期間保険料を支払った場合には、1億円の死亡保障を確保しつつ高額の解約返戻金を積み立てることもできます。

　銀行の積立預金と比べて、いかに有利であるかが分かるでしょう。「預金することはもちろん良いことですが、生命保険に預けていただくと、それ以上の効果があります」というセールストークが生まれた所以です。

　70歳時点で解約した場合の「含み資産話法」の考え方を示したのが、図表12です。54ページの仕訳表を見れば、その仕訳関係も分かります。

　一方、「損金話法」の考え方はどうでしょうか。実質保険料の説明が必要なうえに、仕訳との連動がなく、説明には工夫が必要となります。

　かんぽ生命では、旧簡易保険時代からハーフタックス養老保険を主力商品として中小企業に積極的に販売していますが、2007（平成19）年10月の民営化以降、民間生命保険会社8社の定期保険、長期平準定期保険、逓増定期保険、がん保険を受託販売しています。ハーフタックス養老保険は、長期平準定期保険と同様に保険料の2分の1を資産計上しますから、長期平準定期保険などの販売も抵抗感がありません。販売手法はハーフタックス養老保険と同様に「含み資産話法」となっています。

図表12　長期平準定期・含み資産話法の考え方

経過年数	年齢	①死亡保険金	②払込保険料累計	③解約返戻金	④返戻率	⑤損金算入額累計 ②×50%	⑥資産計上額累計 ②×50%	⑦軽減税額累計 ⑤×36%	⑧実質保険料累計 ②−⑦	⑨実質返戻率 ③/⑧
1	41	100,000,000	1,921,900	1,150,000	59.8	960,950	960,950	345,942	1,575,958	73.0
2	42	100,000,000	3,843,800	2,930,000	76.2	1,921,900	1,921,900	691,884	3,151,916	93.0
3	43	100,000,000	5,765,700	4,720,000	81.9	2,882,850	2,882,850	1,037,826	4,727,874	99.8
4	44	100,000,000	7,687,600	6,530,000	84.9	3,843,800	3,843,800	1,383,768	6,303,832	103.6
5	45	100,000,000	9,609,500	8,350,000	86.9	4,804,750	4,804,750	1,729,710	7,879,790	106.0
6	46	100,000,000	11,531,400	10,190,000	88.4	5,765,700	5,765,700	2,075,652	9,455,748	107.8
7	47	100,000,000	13,453,300	12,050,000	89.6	6,726,650	6,726,650	2,421,594	11,031,706	109.2
8	48	100,000,000	15,375,200	13,920,000	90.5	7,687,600	7,687,600	2,767,536	12,607,664	110.4
9	49	100,000,000	17,297,100	15,800,000	91.3	8,648,550	8,648,550	3,113,478	14,183,622	111.4
10	50	100,000,000	19,219,000	17,700,000	92.1	9,609,500	9,609,500	3,459,420	15,759,580	112.3
25	65	100,000,000	48,047,500	46,450,000	96.7	24,023,750	24,023,750	8,648,550	39,398,950	117.9
26	66	100,000,000	49,969,400	48,400,000	96.9	24,984,700	24,984,700	8,994,492	40,974,908	118.1
27	67	100,000,000	51,891,300	50,330,000	97.0	25,945,650	25,945,650	9,340,434	42,550,866	118.3
28	68	100,000,000	53,813,200	52,240,000	97.1	26,906,600	26,906,600	9,686,376	44,126,824	118.4
29	69	100,000,000	55,735,100	54,130,000	97.1	27,867,550	27,867,550	10,032,318	45,702,782	118.4
30	70	100,000,000	57,657,000	56,000,000	97.1	28,828,500	28,828,500	10,378,260	47,278,740	118.4
31	71	100,000,000	59,578,900	57,850,000	97.1	29,789,450	29,789,450	10,724,202	48,854,698	118.4
32	72	100,000,000	61,500,800	59,690,000	97.1	30,750,400	30,750,400	11,070,144	50,430,656	118.4
33	73	100,000,000	63,422,700	61,500,000	97.0	31,711,350	31,711,350	11,416,086	52,006,614	118.3
34	74	100,000,000	65,344,600	63,290,000	96.9	32,672,300	32,672,300	11,762,028	53,582,572	118.1
35	75	100,000,000	67,266,500	65,050,000	96.7	33,633,250	33,633,250	12,107,970	55,158,530	117.9
55	95	100,000,000	105,704,500	82,800,000	78.3	98,497,375	7,207,125	35,459,055	70,245,445	117.9
59	99	100,000,000	113,392,100	41,960,000	37.0	111,950,675	1,441,425	40,302,243	73,089,857	57.4
60	100	100,000,000	115,314,000	0	0.0	115,314,000	0	41,513,040	73,800,960	0.0

［含み資産話法］

●保険料と解約返戻金のイメージ

［含み資産話法］

図中要素：
- 払込保険料累計②
- 実質保険料累計⑧
- 掛捨保険料
- 解約返戻金③
- 解約返戻金≒勇退退職金
- 死亡保険金＝死亡退職金＋弔慰金＋借入金返済原資 ①
- 40歳　43歳　70歳　100歳

●30年目（70歳）で解約した場合

［損金話法］
- 運用益 8,721,260円
- ③解約返戻金 56,000,000円
- ②払込保険料累計 57,657,000円
- ⑦軽減税額累計 10,378,260円
- ⑧実質保険料累計 47,278,740円

［含み資産話法］
- 月払保険料に換算すると"4,603円"で1億円の保障を買っている
- 掛捨保険料 1,657,000円
- 差引収入（③−⑥）（含み資産）課税対象 27,171,500円
- ⑤損金算入額累計（②×50%）28,828,500円
- ⑥資産計上額累計（②×50%）28,828,500円
- ③解約返戻金 56,000,000円

2002（平成14）年にスタートした銀行等金融機関での保険窓販も、2007（平成19年）12月に全面解禁され、法人契約の募集が可能となっています。

従業員数50人以下で事業性資金融資を行っている中小企業への販売はできない（融資先募集規制・基本ルールの場合）など、厳しい販売規制が課せられています。地方銀行では、取引先の社長を集め「経友会」「オレンジ会」などの名称で親睦団体を作っていますが、加入企業のうち事業性融資が行われているのは４割程度です。メガバンクも、資産管理会社など、事業性融資を行っていない取引先が相当数あります。

これら事業性融資のない企業からは、貸付による資金収益は期待できませんが、生命保険の販売はできます。生命保険の販売手数料に代表される「役務収益」を得ることは可能であり、積極販売に転じた金融機関も増えています。

金融機関が生命保険を販売する場合、節税を目的とした「損金話法」はご法度という風潮があるようです。いきおい、「含み資産話法」を主体としつつ、損金にも触れることになるのでしょうか。

2．全期払と短期払、終身保険と長期平準定期の比較

保険料を資産計上する生命保険に終身保険があります。支払保険料の全額を「保険料積立金」として計上します。単体の終身保険、定期付終身保険の主契約である終身保険部分が該当します。10年ほど前から普及し始めた「アカウント型」と呼ばれる生命保険は、定期付終身保険とよく似た商品ですが、終身保険部分が積立となっている点などが異なります。アカウント型の積立金部分も、全額資産計上することになります。

資産計上する生命保険契約が“損な保険ではない”ことは、前項で説明しました。では、保険料の大半を資産計上する短期払の長期平準定期保険と、保険料の全額を資産計上する終身保険とを比較してみましょう。

42ページの図表13は、被保険者40歳、保険金額１億円で、「全期払の長期平準定期保険、短期払（10年払）の長期平準定期保険、長期平準定期保険（低解約返戻金型）、終身保険、終身保険（低解約返戻金型）」の５種類

を比較したものです。

　長期平準定期保険で比較すると、短期払の年払保険料は、全期払の3.18倍にもなりますが、30年経過した70歳時点では、解約返戻率は33.6ポイントも高い130.7％になります。短期払ですから、11年目以降の保険料支払いは不要で、既払込保険料が資産運用される効果によるものです。

　低解約返戻金型は、保険料払込期間中の10年間は、解約返戻金を70％水準に抑えることで、保険料を割安にし、保険料払込満了後の解約返戻率も高くなるように商品設計されており、30年経過時点での解約返戻率は137.0％と、さらに高くなります。

　長期平準定期保険（低解約返戻金型）と終身保険（低解約返戻金型）とを比べてみましょう。

	年払保険料	解約返戻率 （30年後・70歳時点）
長期平準定期保険（低解約返戻金型）	588万7,700円	137.0％
終身保険（低解約返戻金型）	630万2,000円	129.2％

　長期平準定期保険（低解約返戻金型）は終身保険（低解約返戻金型）に比べて、保険料が割安かつ解約返戻率が高いことが分かります。終身保険（低解約返戻金型）は、解約返戻金額、解約返戻率ともに、常に増加していきます。

　長期平準定期保険（低解約返戻金型）は、保険期間が100歳まで、解約返戻金額は92歳時点から、解約返戻率は71歳時点から逓減し、最終的にはいずれも0となります。法人契約の長期平準定期保険は、勇退退職時点で解約あるいは、名義変更後に一時払終身保険に変更することを考えると、終身保険に比べて優位性があります。

　銀行の関連会社に、別働体と呼ばれる生損保代理店があります。社長には元銀行役員が、営業部長には支店長経験者が就いています。この代理店の多くが、資金的に余裕のある中小企業に、長期平準定期保険（低解約返戻金型）を、次のような理由で積極的に提案しています。（44ページへ）

図表13　5種比較表

経過年数	年齢	全期払						払込期間10年
		長期平準定期保険						
		年払保険料＝1,921,900円			年払保険料＝6,116,000円			
		①払込保険料累計	②解約返戻金	③返戻率②／①	①払込保険料累計	②解約返戻金	③返戻率②／①	
1	41	1,921,900	1,150,000	59.8	6,116,000	5,230,000	85.5	
2	42	3,843,800	2,930,000	76.2	12,232,000	11,150,000	91.1	
3	43	5,765,700	4,720,000	81.8	18,348,000	17,180,000	93.6	
4	44	7,687,600	6,530,000	84.9	24,464,000	23,310,000	95.2	
5	45	9,609,500	8,350,000	86.8	30,580,000	29,540,000	96.5	
10	50	19,219,000	17,700,000	92.0	61,160,000	62,400,000	102.0	
15	55	28,828,500	27,040,000	93.7	61,160,000	66,700,000	109.0	
20	60	38,438,000	36,650,000	95.3	61,160,000	71,110,000	116.2	
25	65	48,047,500	46,450,000	96.6	61,160,000	75,610,000	123.6	
26	66	49,969,400	48,400,000	96.8	61,160,000	76,510,000	125.0	
27	67	51,891,300	50,330,000	96.9	61,160,000	77,390,000	126.5	
28	68	53,813,200	52,240,000	97.0	61,160,000	78,260,000	127.9	
29	69	55,735,100	54,130,000	97.1	61,160,000	79,130,000	129.3	
30	70	57,657,000	56,000,000	97.1	61,160,000	79,990,000	130.7	
31	71	59,578,900	57,850,000	97.0	61,160,000	80,830,000	132.1	
32	72	61,500,800	59,690,000	97.0	61,160,000	81,670,000	133.5	
33	73	63,422,700	61,500,000	96.9	61,160,000	82,500,000	134.8	
34	74	65,344,600	63,290,000	96.8	61,160,000	83,310,000	136.2	
35	75	67,266,500	65,050,000	96.7	61,160,000	84,110,000	137.5	
40	80	76,876,000	73,270,000	95.3	61,160,000	87,810,000	143.5	
45	85	86,485,500	80,130,000	92.6	61,160,000	90,760,000	148.3	
50	90	96,095,000	84,760,000	88.2	61,160,000	92,230,000	150.8	
55	95	105,704,500	82,800,000	78.3	61,160,000	87,700,000	143.3	
59	99	113,392,100	41,960,000	37.0	61,160,000	43,870,000	71.7	
60	100	115,314,000	0	0.0	61,160,000	0	0.0	

長期平準定期保険（低解返型）			終身保険			終身保険（低解返型）		
年払保険料＝5,837,700円			年払保険料＝6,681,200円			年払保険料＝6,302,000円		
①	②	③	①	②	③	①	②	③
払込保険料累計	解約返戻金	返戻率②／①	払込保険料累計	解約返戻金	返戻率②／①	払込保険料累計	解約返戻金	返戻率②／①
5,837,700	3,660,000	62.6	6,681,200	4,640,000	69.4	6,302,800	3,248,000	51.5
11,675,400	7,810,000	66.8	13,362,400	10,890,000	81.4	12,605,600	7,623,000	60.4
17,513,100	12,030,000	68.6	20,043,600	17,240,000	86.0	18,908,400	12,068,000	63.8
23,350,800	16,320,000	69.8	26,724,800	23,690,000	88.6	25,211,200	16,583,000	65.7
29,188,500	20,680,000	70.8	33,406,000	30,260,000	90.5	31,514,000	21,182,000	67.2
58,377,000	43,680,000	74.8	66,812,000	64,850,000	97.0	63,028,000	45,395,000	72.0
58,377,000	66,700,000	114.2	66,812,000	68,910,000	103.1	63,028,000	68,910,000	109.3
58,377,000	71,110,000	121.8	66,812,000	73,080,000	109.3	63,028,000	73,080,000	115.9
58,377,000	75,610,000	129.5	66,812,000	77,340,000	115.7	63,028,000	77,340,000	122.7
58,377,000	76,510,000	131.0	66,812,000	78,180,000	117.0	63,028,000	78,180,000	124.0
58,377,000	77,390,000	132.5	66,812,000	79,020,000	118.2	63,028,000	79,020,000	125.3
58,377,000	78,260,000	134.0	66,812,000	79,860,000	119.5	63,028,000	79,860,000	126.7
58,377,000	79,130,000	135.5	66,812,000	80,680,000	120.7	63,028,000	80,680,000	128.0
58,377,000	79,990,000	137.0	66,812,000	81,490,000	121.9	63,028,000	81,490,000	129.2
58,377,000	80,830,000	138.4	66,812,000	82,300,000	123.1	63,028,000	82,300,000	130.5
58,377,000	81,670,000	139.9	66,812,000	83,100,000	124.3	63,028,000	83,100,000	131.8
58,377,000	82,500,000	141.3	66,812,000	83,890,000	125.5	63,028,000	83,890,000	133.0
58,377,000	83,310,000	142.7	66,812,000	84,680,000	126.7	63,028,000	84,680,000	134.3
58,377,000	84,110,000	144.0	66,812,000	85,450,000	127.8	63,028,000	85,450,000	135.5
58,377,000	87,810,000	150.4	66,812,000	89,070,000	133.3	63,028,000	89,070,000	141.3
58,377,000	90,760,000	155.4	66,812,000	92,200,000	137.9	63,028,000	92,200,000	146.2
58,377,000	92,230,000	157.9	66,812,000	94,720,000	141.7	63,028,000	94,720,000	150.2
58,377,000	87,700,000	150.2	66,812,000	96,580,000	144.5	63,028,000	96,580,000	153.2
58,377,000	43,870,000	75.1	66,812,000	97,630,000	146.1	63,028,000	97,630,000	154.8
58,377,000	0	0.0	＊	＊	＊	＊	＊	＊

・短期間で保険料支払いが終了する

・保険料を資産計上することで含み資産が作れる

・保険料を資産計上することで財務諸表を劣化させない

・緊急時には契約者貸付が活用できる

・解約返戻率が高い

これらは、かつて融資決裁者であったが故の視点といえるでしょう。

　企業財務が磐石とは言えないまでも、安定した中小企業では、資産計上する生命保険に対する抵抗感はありません。「資産運用の選択肢の1つとして生命保険もある」と考えています。

　長期平準定期保険の短期払は、経理処理が複雑に見えますが、生命保険会社のシミュレーション等には添付されていますから、問題とはならないでしょう。毎年、決算期に仕訳についての問合せが入る可能性が高いので、シミュレーションと仕訳については保管しておく必要があります。

　なお、長期平準定期保険（低解約返戻金型）には、全期払もあります。このタイプは、保険料は全期間にわたって支払いますが、解約返戻金が契約時から一定期間は低く抑えられています。短期払ではないため、保険料仕訳がわかりやすいこと、低解約返戻期間を複数期間から選択できることから、取扱生命保険会社は少ないものの、販売件数は伸びているようです。

図表14　全期払と短期払の経理処理

全期払型

【保険期間の当初60％の期間】（〜36年目まで）

借方	貸方
定期保険料 　　　　　960,950円	現金または預金 　　　　1,921,900円
前払保険料 　　　　　960,950円	

【保険期間の残り40％の期間】　　（37年目以降）

借方	貸方
定期保険料 　　　3,363,325円	現金または預金 　　　1,921,900円
	前払保険料 　　　1,441,425円

＊保険料の全額を損金算入

＊保険期間の当初60％の期間内に資産計上した前払
　保険料累計額を残りの期間で均等に取崩し、保険
　料として損金算入する
　（1,921,900円－1,921,900円÷2）×36年÷24年
　＝1,441,425円
　1,921,900円＋1,441,425円＝3,363,325円

短期払型

【保険料払込期間かつ保険期間の当初60％の期
間】　　　　　　　　　　　　　　（20年目まで）

借方	貸方
定期保険料 　　　　　486,475円	現金または預金 　　　5,837,700円
前払保険料 　　　5,351,225円	

＊短期払いは、保険期間に応じて保険料を按分する
＊短期払いは、「短期の前払費用（法人税基本通達
　3-2-14）」には該当しない

5,837,700円×10回×

$$\frac{12（当該事業年度に係る保険期間：月数）}{（100歳－40歳）×12（保険期間：月数）}$$

＝972,950（当期分保険料）
972,950円÷2＝486,475円

【保険料払込終了後かつ保険期間の当初60％の
期間】　　　　　　　　　　　（〜36年目まで）

借方	貸方
定期保険料 　　　　　486,475円	前払保険料 　　　　　486,475円

【保険期間の残り40％の期間】　　（37年目以降）

借方	貸方
定期保険料 　　　1,702,662円	前払保険料 　　　1,702,662円

＊保険期間の当初60％の期間内に資産計上した前払
　保険料累計額を残りの期間で均等に取崩し、保険
　料として損金算入する
　（972,950円－972,950円÷2）×36年÷24年
　＝729,712円
　972,950円＋729,712円＝1,702,662円

［5］長期平準定期を活用した社長の退職金準備

1．退職金準備として逓増定期保険は不適

　「長期平準定期保険」は、保険料の2分の1を損金処理するため、節税プランとしても十分に活用できます。同じ2分の1損金・2分の1資産計上の逓増定期保険も、保険料が高額となること、解約返戻率がより高くなることから、節税プランを加味した高齢の社長の勇退退職金準備として提案されることが多くなっています。

　勇退退職金準備をキーワードにしながら、長期平準定期保険の仕組み、提案話法について考えてみましょう。

　法人提案では、手っ取り早い提案として節税プランが中心となっていますが、中小企業の社長が生命保険に加入する理由は9ページ図表1にあるように、

死亡・勇退退職金準備目的で、

・社長の死亡退職金・弔慰金準備　　72.8％
・社長の勇退退職金準備　　　　　　33.7％

相続・事業承継対策で、

・事業承継資金の準備　　　　　　　12.0％
・相続税納税対策資金　　　　　　　　5.4％

となっています。

　一方で、税負担軽減対策は20.1％です。節税プランも重要ですが、退職金準備という中小企業の社長が最も関心あるニーズに対応する提案も忘れてはなりません。

　中小企業の社長が加入する生命保険の種類は図表15にあるように、

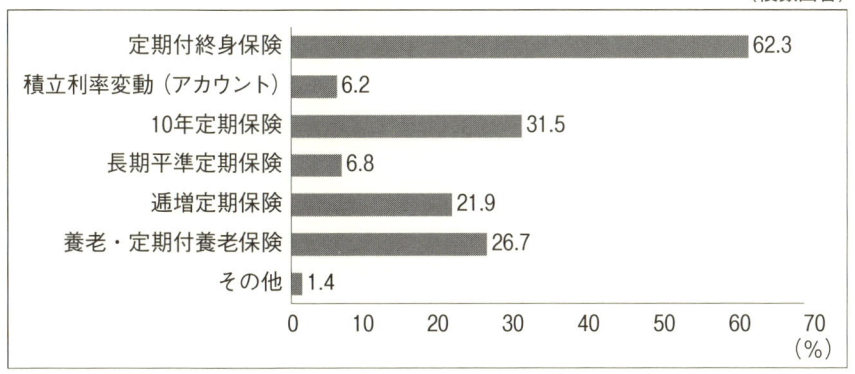

図表15　社長が加入している保険種類

（複数回答）

- 定期付終身保険　62.3
- 積立利率変動（アカウント）　6.2
- 10年定期保険　31.5
- 長期平準定期保険　6.8
- 逓増定期保険　21.9
- 養老・定期付養老保険　26.7
- その他　1.4

0　10　20　30　40　50　60　70
(%)

出典：セールス手帖社保険FPS研究所「平成24年　企業経営と生命保険に関する調査」

・定期付終身・アカウント型　　68.5%
・10年定期保険　　　　　　　　31.5%

となっており、特に勇退退職金準備対応としては、不十分な商品への加入が多くなっています。

　逓増定期保険は、50歳以上、10年以内の勇退退職金準備には適していますが、50歳以下、10年以上先に勇退を考えている場合には適しません。養老保険・定期付養老保険は、従業員の福利厚生制度の一環として加入しますが、一緒に経営陣も加入しているケースであり、保険金額も少額となります。

　既契約を確認するとともに、加入目的を明らかにし、勇退退職金準備に適した保険種類への切替を提案することが肝要です。

　社長の退職金支払いで企業財務を脆弱化させないため、税理士の先生方が「やってはいけない原則」としてよく指導するのは以下の3つです。

①退職金の支払いで赤字決算としない

②退職金に運転資金を流用しない

③退職金を借入金で賄わない

　ここからも、計画的な役員退職金準備の重要性が分かります。中小企業の社長の多くは、「優秀な従業員確保のために」と従業員の退職金準備に

は熱心ですが、「自らの退職金準備はまだまだ先のこと」と後回しにしているのが実情です。

中小企業でも、従業員には「中小企業退職金共済（中退共）」「特定退職金共済（特退共）」など掛け金が損金処理できる制度がありますが、社長は対象外となっています。

「小規模企業共済」は、常時雇用している従業員数20名（商業・サービスは5名）以下の個人事業主や、その経営に携わる共同経営者、会社等の役員、一定規模以下の企業組合、協同組合、農業組合法人の役員が加入対象で、老後生活費準備手段として活用されています。掛け金は個人の所得から支払い、年間84万円限度で全額が「小規模共済等掛金控除」となります。あくまでも個人所得から準備するものであり、法人利益を利用する、言い換えれば法人資産を個人資産に移転することはできません。

預貯金で退職金準備を行っているつもりでも、日常の資金繰りに流用してしまい、退職時には十分な資金手当てができていないことがあります。

■保障を確保しつつ生命保険で勇退退職金準備を行う

勇退退職の場合よりも深刻なのが、突然の死亡による死亡退職の場合です。遺族の生活費の確保、相続税の納付と円滑な遺産分割（代償分割など）の原資となるのが死亡退職金・弔慰金です。

いつ発生するか分からないリスクに備えるためにも、生命保険を活用します。

保険種類は定期、終身、養老のいずれでも対応可能ですが、一般的には90歳超の長期平準定期保険がよく活用されています。法人設立後5〜10年程度経過して業績も安定してくると、中小企業の社長もそろそろ勇退退職金の準備に関心を持ち始めます。さらに、自身の年齢が50歳を超えた頃や、後継者として息子が入社した頃に長期平準定期を提案すると、成約率が極めて高くなります。

バブル経済華やかなりし頃は、実質返戻率の高さ、節税効果をアピールする「損金話法」が席巻していました。

しかし、損金算入額、軽減税額、実効税率、実質保険料、実質返戻率な

図表16　退職金準備の提案の流れ

（1）法人生保の機能を説明する

・借入金の返済原資として、いくらの死亡保険金が必要かを解説する。
・3億円程度の死亡保険に加入しているのが一般的であるが、勇退退職金準備を兼ねているのではと水を向ける。

（2）勇退退職金額を算出する

・勇退退職金がいくらもらえるかをシミュレーションしたことのある中小企業の社長は約半分。
・経理担当役員である社長夫人の退職金も計算すると俄然興味を持つ。

（3）勇退退職準備は長期平準定期が最適なことを伝える

・モデルケースを使って、10年定期では勇退退職金の準備ができない点をしっかり理解してもらう。
・長期平準定期の有利性をアピールする。

（4）解約返戻金が発生する仕組みを説明する

・長期平準定期ではなぜ、勇退退職金の原資となる高額の解約返戻金が発生するかを丁寧に説明する。この提案では一番のポイント。

（5）仕訳表を解説してからメリット表を詳細説明する

・法人提案でもっとも面倒な仕訳を先に説明する。

（6）補足説明とプラン決定

・大きな含み益が作れるうえに、死亡保障もしっかりと付いており、銀行預金で勇退退職金を準備するよりも有利な点を理解してもらう。
・掛捨保険料、契約者貸付、勇退退職金の有利、終身保険への変更なども説明する。

（7）加入プランの決定

・保険金額、健康優良体割引適用の可能性を確認する。
・社長の健康状態に不安がある場合は、他の役員を被保険者にするプランなど代替案を説明する。
・診査の手配をする。

ど、「節税プラン」のキーワードとなる専門用語は、聞く側にとっては初めての難解な用語です。話法を間違えるとドグマに陥り、提案内容はもとより提案者の知識自体が疑われかねないリスクもあります。一通りの提案話法を習得し、いざ提案してみると、「軽減税額って何？」など、提案の途中で質問を受け、回答できずに退散というケースも多く聞きます。

たびたびの不況を乗り越えてきた中小企業の社長は、むやみに損金だけを求めているわけではありません。先を読めない不安定な時代に、生命保険本来の保障機能を確保しつつ、生命保険で勇退退職金準備を行うことの有利さをアピールする「含み資産話法」で、中小企業の社長に勇退（死亡）退職金を準備する提案を紹介しましょう。中小企業の社長の琴線に触れ、30分で長期平準定期保険を成約させることも可能です。

本書では分かりやすく中小企業と言っていますが、実際に提案する際には「中堅企業」と言い換えるような配慮も大切でしょう。

提案は、図表16の7ステップから成ります。

2．生保を活用した退職金準備の提案トーク

（1）法人生保の機能を説明する

□保険加入の目的（借入金返済＝取引先への保障）について説明

話法：中堅企業の信用＝社長さんの信用ですね。社長さんにもしものことがあると、金融機関は追加貸付を停止するのは当然に、場合によっては貸付金の返済を求めてきます。借入金を一括返済するためには、借入金の1.6倍の保険金額に加入していればいいわけです。例えば、法人実効税率（法人3税率の合計）を36％とすると、

- ・借入金額　　　：3,000万円
- ・必要保険金額　：3,000万円×1／（1－0.36）≒4,688万円
- ・法人税　　　　：4,688万円×36％≒1,688万円
- ・残金　　　　　：4,688万円－1,688万円＝3,000万円

となりますね。

□加入保険金額の確認

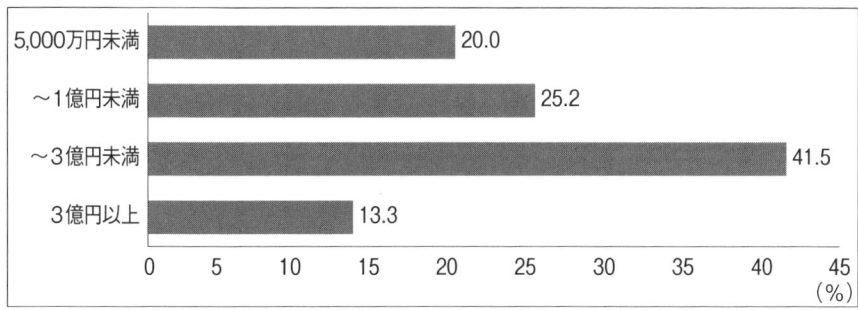

出典：セールス手帖社保険FPS研究所「平成24年　企業経営と生命保険に関する調査」

□退職金の準備状況の確認

話法：中堅企業が加入する生命保険金額の平均は3億円程度ですよね。
ということは、1億8,750万円（3億÷1.6）の借入金があるから
ではなく、退職金準備も兼ねてご契約されているわけですね？

（2）勇退退職金額を算出する

□中小企業オーナーの勇退退職金の平均金額の確認

	平均支給額	平均勇退年齢	通算役員在任年数	勇退時報酬月額	平均功績倍率
社　　長	5,184万円	66.6歳	17.5年	183.4万円	2.9倍
専　　務	3,556万円	62.5歳	13.9年	111.6万円	2.4倍
常　　務	1,483万円	64.9歳	12.7年	107.6万円	2.0倍
取締役	1,372万円	63.7歳	16.1年	64.7万円	1.6倍

出典：日本実業出版社 2010年7月調査をもとに作成

●勇退退職金額の算出方法

		勇退時報酬月額		通算役員在任年数		功績倍率	
万円	＝	万円	×	年	×	倍	

※創業社長、社業に貢献の大きかった役員は、上記計算で算出された金額に30％を上限に上乗せできる
※死亡退職の場合は、業務上…勇退時報酬月額×36ヵ月　業務外…勇退時報酬月額×6ヵ月を弔慰金として支給できる
※役員勇退退職功労金は功績・責任の度合い、企業の財政事情によって異なる
※具体的な勇退退職金の算定については、顧問税理士に相談すること（法人税法36条、法人税施行令第72条等を参照）

□退職金額の算出

　話法：この表にある計算式に当てはめて、社長さんの勇退退職金を計算
　　　　してみましょう。

　　　　この計算式は、税務署が中堅企業の社長さんに対して支払われた
　　　　勇退退職金のうち、法人が経費処理できる金額の上限を算出する
　　　　際に使用しているものです。

　　　　功績倍率は2.5〜3.0が適切なので、ここでは3.0で試算してみま
　　　　しょう。おいくらになりましたか？

※勇退年齢を仮に70歳として、取締役に就任した歳を引き、通算役員在任
　年数を決めます。代表取締役に就任した時を起算とするのではなく、平
　取締役就任時を起算点とします。

※創業者の場合は、法人成りしたときの年齢を起算点とします。

□紹介を受けて訪問したなど、あまり親しくない場合は…

　話法：役員報酬を100万円とすると…

※中堅企業の社長の役員報酬は、平均して140万円程度ですが、分かりや
　すく100万円でとりあえず算出してみせます。

※大型電卓を、中堅企業の社長が使いやすい位置に置いておきましょう。
　半数の社長が、電卓を手にして計算を始めます。関心がある証拠です。

※経理担当の社長夫人が同席する場合は、夫人の勇退退職金額を一緒に算
　出し、「奥様も退職金、欲しいですよね」と話を振るのも効果的です。

（3）勇退退職準備は長期平準定期が最適なことを伝える

□長期平準定期保険の優位性を説明（36ページの図表11を参照）

　話法：10年定期保険では、10年ごとに保険料が倍々ゲームのようにアッ
　　　　プしてしまいますし、平均勇退年齢の70歳時点では解約返戻金が
　　　　ありませんね。

　　　　長期平準定期保険では、同じ70歳時点で、解約返戻金が5,600万
　　　　円あり、これが社長さんの勇退退職金の原資となります。

　　　　勇退年齢を70歳としてみましたが、この保険は100歳までの自由

満期です。ご勇退されるとき、62歳でも74歳でも、そのときが満期です。

※70歳定期保険の説明は、省略する場合もありますが、生命保険の仕組みを知ってもらえますし、70歳定期保険に加入しているケースもありますので、できれば説明してください。

（4）解約返戻金が発生する仕組みを説明する

□保険料と解約返戻金について確認・説明

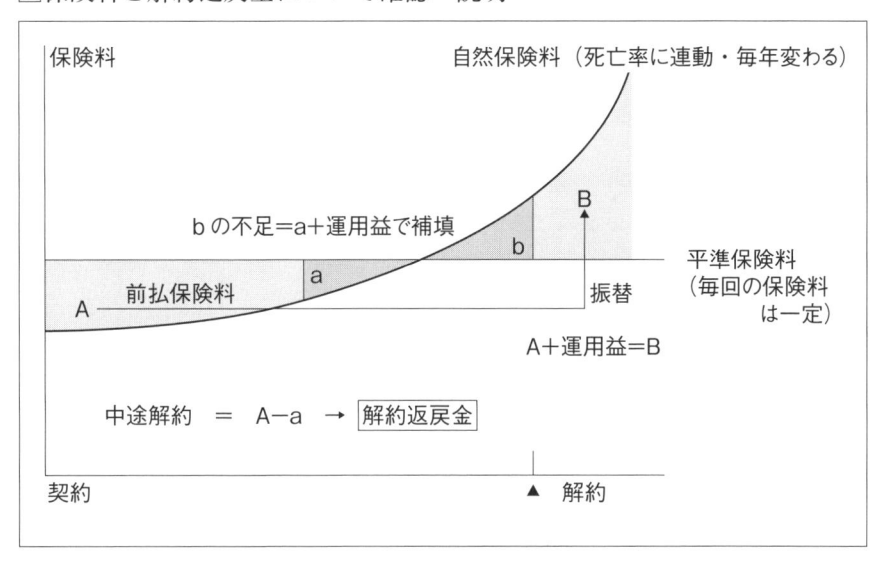

話法：自然保険料というのは、死亡率に連動し、毎年アップする保険料です。保険料が毎年アップしてはたまりませんよね。

そこで、ご契約されたときの保険料がずっと続く「平準保険料」というものが生命保険契約では採用されています。

平準保険料は前半で将来の保険料不足に備えて、「前払保険料」として多めに支払っていただき、後半で保険料が不足した時点で振り替える仕組みです。

例えば、70歳時点でご勇退されるとすると、71歳から100歳までの振り替え分として多めに支払っていただいていた前払保険料が

使い切っていませんから、ご契約者に返還されます。これが5,600万円、退職金の原資です。

□具体的提案の提示

話法：長期平準定期では、毎年の保険料が192万1,900円、70歳時点の総払込保険料累計も5,765万7,000円と高額となりますが、勇退退職金の原資となる解約返戻金は5,600万円あります。

（5）仕訳表を解説してからメリット表を詳細説明する

□保険料と保険金の仕訳について確認・説明

●保険料支払時

借　方			貸　方		
前払保険料	⑥	960,950円	現金または預金	②	1,921,900円
保険料	⑤	960,950円			

●被保険者死亡時（5年後）

借　方			貸　方		
現金または預金	①	100,000,000円	前払保険料	⑥	4,804,750円
			雑収入	①−⑥	95,195,250円

●保険契約解約時（30年後）

借　方			貸　方		
現金または預金	③	56,000,000円	前払保険料	⑥	28,828,500円
			雑収入	③−⑥	27,171,500円

話法：1億円の保障のため、192万1,900万円をお支払いいただくのですが、将来の保険料不足に備えて余分に「前払保険料」をお支払いいただく仕組みは先ほどご説明させていただきました。
将来の支払いに備えて銀行に預金する代わりに保険会社に預けていただきますので、銀行預金と同様に「前払保険料」部分は資産に計上します。資産計上額は、法人税基本通達9−3−5で2分の1とされています。

※経理処理の根拠を明示することがポイントです。あらかじめ、通達をプリントアウトして準備しておきます。

□メリット表の詳細を解説

経過年数	年齢	① 死亡保険金	② 払込保険料累計	③ 解約返戻金	④ 返戻率	⑤ 損金算入額累計 ②×50%	⑥ 資産計上額累計 ②－⑤	⑦ 軽減税額累計 ⑤×36%	⑧ 実質保険累計 ②－⑦	⑨ 実質返戻率 ③／⑧
1	41	100,000,000	1,921,900	1,150,000	59.8	960,950	960,950	345,942	1,575,958	73.0
2	42	100,000,000	3,843,800	2,930,000	76.2	1,921,900	1,921,900	691,884	3,151,916	93.0
3	43	100,000,000	5,765,700	4,720,000	81.9	2,882,850	2,882,850	1,037,826	4,727,874	99.8
4	44	100,000,000	7,687,600	6,530,000	84.9	3,843,800	3,843,800	1,383,768	6,303,832	103.6
5	45	100,000,000	9,609,500	8,350,000	86.9	4,804,750	4,804,750	1,729,710	7,879,790	106.0
6	46	100,000,000	11,531,400	10,190,000	88.4	5,765,700	5,765,700	2,075,652	9,455,748	107.8
7	47	100,000,000	13,453,300	12,050,000	89.6	6,726,650	6,726,650	2,421,594	11,031,706	109.2
8	48	100,000,000	15,375,200	13,920,000	90.5	7,687,600	7,687,600	2,767,536	12,607,664	110.4
9	49	100,000,000	17,297,100	15,800,000	91.3	8,648,550	8,648,550	3,113,478	14,183,622	111.4
10	50	100,000,000	19,219,000	17,700,000	92.1	9,609,500	9,609,500	3,459,420	15,759,580	112.3
25	65	100,000,000	48,047,500	46,450,000	96.7	24,023,750	24,023,750	8,648,550	39,398,950	117.9
26	66	100,000,000	49,969,400	48,400,000	96.9	24,984,700	24,984,700	8,994,492	40,974,908	118.1
27	67	100,000,000	51,891,300	50,330,000	97.0	25,945,650	25,945,650	9,340,434	42,550,866	118.3
28	68	100,000,000	53,813,200	52,240,000	97.1	26,906,600	26,906,600	9,686,376	44,126,824	118.4
29	69	100,000,000	55,735,100	54,130,000	97.1	27,867,550	27,867,550	10,032,318	45,702,782	118.4
30	70	100,000,000	57,657,000	56,000,000	97.1	28,828,500	28,828,500	10,378,260	47,278,740	118.4

話法：保険料の50％しか資産に計上していない（前払保険料＝資産計上額累計）のに、退職原資となる解約返戻金は97.1％も戻ってきますね。

47.1ポイントも含み資産が作れたことになります。

具体的には、解約返戻金から資産計上額累計を引いた2,717万1,500円が含み資産です。

資産に2分の1を計上している、つまり銀行に預金する代わりに生命保険会社で資産運用しているから大きな含み資産を作ることができ、勇退退職金準備が有利に行えるわけです。

しかも、解約されるまで1億円の死亡保障が確保されています。

※勇退退職金原資として解約した場合、この差額を雑収入として計上することになり、税務上の説明もしやすくなります。その後、解約返戻金を原資に勇退退職金を支払います。支払った退職金額が過大でなければ、全額を損金処理できます。

※銀行に預金することを悪とは誰も思いません。銀行に預金する以上に生命保険会社に預けるメリットを理解してもらいます。

（6）補足説明とプラン決定

□掛捨保険料の説明

話法：70歳時点での最終掛捨保険料（総支払保険料累計－解約返戻金額）165万7,000円、月平均にすれば4,603円で１億円の死亡保障を確保したことになりますね。

□節税効果の説明

話法：保険料の２分の１が損金算入できますから、税効果を考慮した実質返戻率は118.4％になります。

※メリット表にある、実質保険料、実質返戻率を解説しないと、説明を求められることがありますから、先に概要を説明しておきます。

※実質返戻率が100％を超えていれば、保険料の２分の１を経費として損金処理するため、「税効果により節税となります」と説明しますが、これで十分です。保険税務等に詳しければ、「もっと返戻率の高いものはないか」などと質問が返ってきます。

※実質返戻率が100％を超えていない場合は、「（単純）返戻率は75.5％ですが、税効果を考慮した実質返戻率は92.1％となります」のように説明します。

※いわゆる「損金話法」については、22ページを参照してください。

□契約者貸付について説明

話法：長期間にわたって高額な保険料をお支払いいただきますが、急に運転資金などが必要になることもあるかと思います。その場合には、解約返戻金の90％以内であれば、予定利率＋１％程度で契約者貸付が受けられます。

メインバンクに運転資金の借入を申し出ると、融資課長や支店長が出てきて、「どうしました、大丈夫ですか？」と聞かれることがありますね。契約者貸付金は、生命保険契約を担保にしていますので、金融機関には知られずに、資金を手当てすることができます。貸付金利も金融機関融資に比べても低いはずです。

　　　　請求して3営業日程度で着金しますし、メインバンク以外の銀行
　　　　口座を指定していただくこともできます。

※契約者貸付は、生命保険証書、印鑑、金額によっては印鑑証明書を添え
　て、生命保険会社の窓口で請求手続きを行います。損保系生命保険会社
　では、系列の損害保険会社の窓口でも受け付けています。

※銀行の別働体と呼ばれる生損保代理店は、銀行の支店長クラスが出向し
　ていますが、セールストークの1つに「無担保、無期限、銀行に知られ
　ず」というものがあります。

※契約者貸付金の返済は随時可能ですが、返済しない場合はオーバーロー
　ンとなるまで借り続けることができます。返済しないままで解約、死亡
　保険金等の支払いとなった場合には貸付金と利息が差し引かれます。

□退職所得の有利さを説明

　話法：ご勇退された場合に受け取った勇退退職金は、税務面から見ても
　　　　大変有利になっています。退職所得の税務は、退職金から退職所
　　　　得控除を差し引いた額の2分の1が課税対象となります。
　　　　課税は、給与所得などとは分離して計算されます。

退職所得＝（退職金－退職所得控除額）×1／2 [注]

※退職所得控除：勤続年数20年以下…勤続年数×40万円
　　　　　　　　勤続年数20年超　…800万円＋70万円×（勤続年数－20年）

例）40歳で取締役、55歳で代表取締役就任、70歳で勇退（通算役員在任年数30年）
・退職金＝100万円×30年×3倍＝9,000万円
・退職所得＝［9,000万円－ ｛800万円＋70万円×(30年－20年)｝］×1／2＝3,750
　万円
⇒ 3,750万円が「退職所得」として、他の所得とは“分離”して課税される

（注）平成25年分以後の所得税および平成25年1月1日以後に支払われる退職金にかかる
住民税からは、勤続5年以内の者に対する退職所得について2分の1課税が廃止

□終身保険への変更を説明

　話法：社長さんがご勇退されたときに、名義を会社から社長さん個人に
　　　　変更して、ご契約を役員勇退退職金の現物給付として受け取るこ

ともできます。このときの評価は、解約返戻金額となります。

名義を社長さん個人に変更された後で、保険種類を一時払終身保険に変更することも可能です。

長期平準定期保険をご契約されたときに、健康状態による割増保険料を追加支払いされていなければ、一時払終身保険に変更する際の健康状態は問われません。

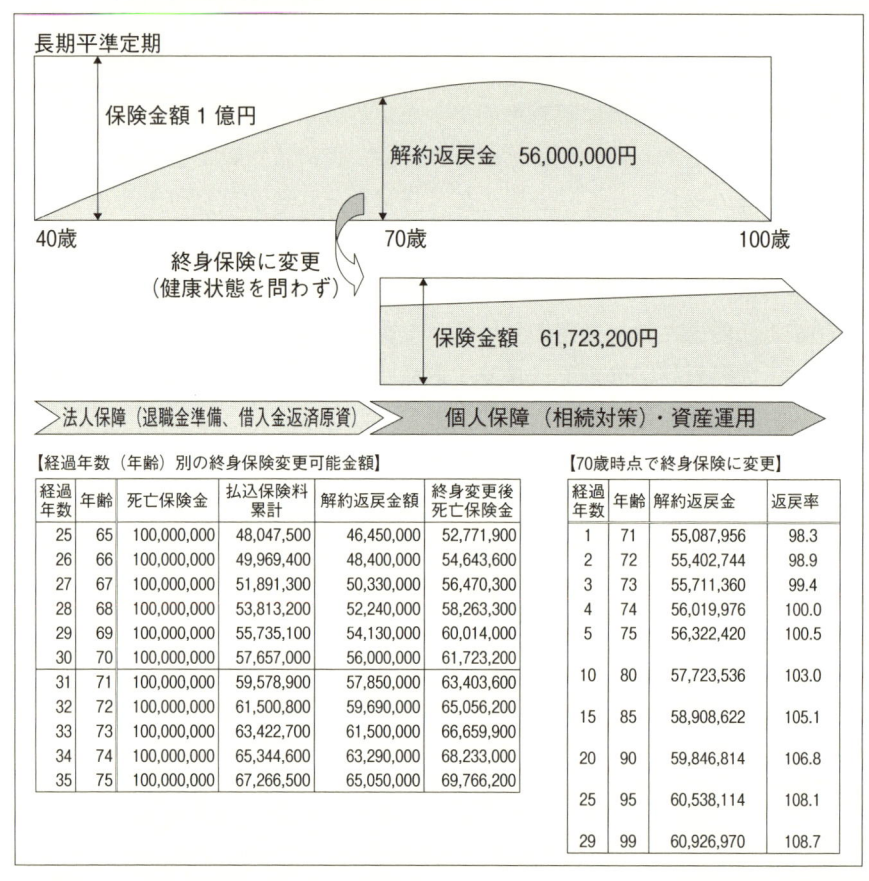

【経過年数（年齢）別の終身保険変更可能金額】

経過年数	年齢	死亡保険金	払込保険料累計	解約返戻金額	終身変更後死亡保険金
25	65	100,000,000	48,047,500	46,450,000	52,771,900
26	66	100,000,000	49,969,400	48,400,000	54,643,600
27	67	100,000,000	51,891,300	50,330,000	56,470,300
28	68	100,000,000	53,813,200	52,240,000	58,263,300
29	69	100,000,000	55,735,100	54,130,000	60,014,000
30	70	100,000,000	57,657,000	56,000,000	61,723,200
31	71	100,000,000	59,578,900	57,850,000	63,403,600
32	72	100,000,000	61,500,800	59,690,000	65,056,200
33	73	100,000,000	63,422,700	61,500,000	66,659,900
34	74	100,000,000	65,344,600	63,290,000	68,233,000
35	75	100,000,000	67,266,500	65,050,000	69,766,200

【70歳時点で終身保険に変更】

経過年数	年齢	解約返戻金	返戻率
1	71	55,087,956	98.3
2	72	55,402,744	98.9
3	73	55,711,360	99.4
4	74	56,019,976	100.0
5	75	56,322,420	100.5
10	80	57,723,536	103.0
15	85	58,908,622	105.1
20	90	59,846,814	106.8
25	95	60,538,114	108.1
29	99	60,926,970	108.7

話法：一時払終身保険は、年齢にもよりますが、2〜5年程度で解約返戻金額が一時払保険料を上回ります。

法人契約のときは、会社の保障、社長さんの勇退退職金準備として機能し、個人契約に変更後は、相続対策として機能します。

□プランの決定

　話法：長期平準定期保険を活用した中堅企業の社長さん向け勇退退職金準備プランについて概要をご説明させていただきましたが、何かご質問はございますか？

　　それでは、○○社長の場合について、プランニングさせてください。勇退退職金準備はすべてを生命保険契約で賄わなければならないものではありません。会社として無理のない保険料の範囲でまず検討してください。

　　お支払い可能な保険料はおいくらぐらいになりますか？

※現在の契約に上乗せではなく、入れ替え提案であることを説明し、支払可能保険料を聞き出しましょう。

※役員退職金＝最終報酬月額×役員在任年数×功績倍率（＋功労加算）。功績倍率は社長で3倍程度、創業社長や会社興隆に顕著な実績のある場合には、功労加算として30％の上乗せが可能であることなどを説明します。想定される勇退退職金額を算出し、支払い可能保険料でどの程度カバーできるかを試算する方法がよくとられています。

※この計算式は、税務署が役員退職金の損金処理容認額を計算するために使用しているものです。従業員に対する退職金と異なり、役員退職金を損金処理する額には限度額があります。

　役員退職金は他に、以下の計算方法があります。

　・役員在職1年間につき一定額×在任年数

　・役位別に定める算定基礎額×通算役員在任年数（または在任年数別係数）

　・最終報酬月額×通算役員在任年数

　・最終報酬月額×通算役員在任年数×功績倍率

※途中死亡の場合には、さらに弔慰金が上乗せされます。

　弔慰金＝最終報酬月額×弔慰金支払月数（＊）

　＊業務上死亡…36ヵ月　　　　＊業務外死亡…6ヵ月

　弔慰金については、（相続税基本通達3－20）により、この計算式で算出された金額までは非課税となっているためです。

［6］ 契約後のサポート①
契約者貸付の活用

1．解約返戻金を活用して黒字倒産を防ぐ

　長期平準定期のセールスポイントの1つに、中小企業の経営状態に合わせた様々なサポート機能が挙げられます。

　まず、中小企業の社長が在職中に死亡した場合、死亡保険金が借入金返済の原資となる他に、「契約者貸付」を使って解約返戻金を運転資金に活用することもできます。

　中小企業の倒産で多いのは、いわゆる黒字倒産です。黒字倒産とは、帳簿上では黒字を出していながら、資金回収の遅れ等で運転資金のやり繰りができずに倒産することです。

　企業間取引について、仕入れも販売もすべて現金決済を行っている企業なら利益とキャッシュとは一致しますが、信用取引が一般的である今日、利益とキャッシュとは必ずしも一致しません。

　製品が売却され、売上が計上されているにもかかわらず、入金がないために人件費・仕入れ等の支出が賄えない状態に陥ると、黒字倒産してしまいます。特に、売掛金が大きく増え、かつ売掛金の回収期間が買掛金の支払期間に比べて長いときに起こりやすくなります。支払手形を相手に渡しておきながら、その「期日」に現金の準備ができていないと、不渡を出すことになり、取引停止処分になりかねません。

　これは、現在の財務会計が発生主義によるために起こる現象です。ですから、常にキャッシュフローに注意を払っておく必要があります。

　もちろん、債務超過に陥って倒産することもあります。社長をはじめとする親族が会社に資金支援する、貸付金を資本金に切り替えるなどの措置

図表17　長期平準定期保険の契約者貸付可能額

経過年数	年齢	①死亡保険金	②払込保険料累計	③解約返戻金	④資産計上額累計 ②×50%	⑤契約者貸付可能額 ③×90%
1	41	100,000,000	1,921,900	1,150,000	960,950	1,035,000
2	42	100,000,000	3,843,800	2,930,000	1,921,900	2,637,000
3	43	100,000,000	5,765,700	4,720,000	2,882,850	4,248,000
4	44	100,000,000	7,687,600	6,530,000	3,843,800	5,877,000
5	45	100,000,000	9,609,500	8,350,000	4,804,750	7,515,000
6	46	100,000,000	11,531,400	10,190,000	5,765,700	9,171,000
7	47	100,000,000	13,453,300	12,050,000	6,726,650	10,845,000
8	48	100,000,000	15,375,200	13,920,000	7,687,600	12,528,000
9	49	100,000,000	17,297,100	15,800,000	8,648,550	14,220,000
10	50	100,000,000	19,219,000	**17,700,000**	**9,609,500**	**15,930,000**
25	65	100,000,000	48,047,500	46,450,000	24,023,750	41,805,000
26	66	100,000,000	49,969,400	48,400,000	24,984,700	43,560,000
27	67	100,000,000	51,891,300	50,330,000	25,945,650	45,297,000
28	68	100,000,000	53,813,200	52,240,000	26,906,600	47,016,000
29	69	100,000,000	55,735,100	54,130,000	27,867,550	48,717,000
30	70	100,000,000	57,657,000	56,000,000	28,828,500	50,400,000
31	71	100,000,000	59,578,900	57,850,000	29,789,450	52,065,000
32	72	100,000,000	61,500,800	59,690,000	30,750,400	53,721,000
33	73	100,000,000	63,422,700	61,500,000	31,711,350	55,350,000
34	74	100,000,000	65,344,600	63,290,000	32,672,300	56,961,000
35	75	100,000,000	67,266,500	65,050,000	33,633,250	58,545,000
55	95	100,000,000	105,704,500	82,800,000	7,207,125	74,520,000
59	99	100,000,000	113,392,100	41,960,000	1,441,425	37,764,000
60	100	100,000,000	115,314,000	0	0	0

もありますが、債務超過は企業としての存続自体が難しいといえます。

2．契約者貸付を運転資金の補填に活用する

　黒字倒産は、キャッシュが用意できれば起こらないことですが、銀行の融資や、日本政策金融公庫等の「セーフティネット貸付」にしても即決とはいきません。

契約者貸付は、解約返戻金の90％までを「予定利率＋１％」程度で自由に借り入れることができる制度です。生命保険会社によっては、借入上限が解約返戻金の80％となっている場合もあるので個別に確認しておきましょう。

　長期平準定期保険、逓増定期保険など解約返戻金の発生する生命保険契約があれば、契約者貸付を利用することで、メインバンクに運転資金の借入を頼まなくても済むことが多くなります。

　契約者貸付の利点は、次の３点です。

①無担保借入

　保険契約自体を担保としているため、別に担保を差し出す必要がありません。

②返済期限なし

　元利合計が解約返戻金を上回るオーバーローンとなるまで返済は不要であり、保険料さえ支払っていれば、実質無期限借入が可能です。解約した場合は解約返戻金から元利合計が差し引かれ、被保険者死亡の場合は死亡保険金から元利合計が差し引かれます。

③メインバンクに知られない

　契約者貸付金の振込先を、メインバンクの保険料収納口座以外に指定することも可能となっている生命保険会社が大半です。サブバンクの口座に振り込んでもらえば、メインバンクにわざわざ通知することなく、自由に運転資金の調達ができます。

■長期平準定期保険が経営のバッファーとなる

　金融機関による取引先企業の財務精査が厳しくなる昨今、運転資金の借入を頼みにくいという中小企業に、契約者貸付の有効性、活用法を知ってもらうことは、生命保険契約を提案するうえでも効果的です。

　契約者貸付を受けた場合、Ｂ／Ｓには「借方：現金、貸方：借入金」と記帳しますが、短期間の運転資金調達で、メインバンク等からの詳細ヒアリングを受ける必要がない点が中小企業の社長に受けています。

　貸付の実行も、書類が生命保険会社の本店到着後１ないし２営業日目に

行われており、緊急対応も可能です。生命保険会社の支社・営業所等でも対応しているため、地方都市でも使い勝手は良いです。

　契約者貸付は解約返戻金を基準（担保）にしているため、資産計上額よりも高額の借入が可能となっている点にも注目しましょう。

　図表17を例に見ると、契約後10年経過した時点では、資産計上額は払込保険料の2分の1の960万9,500円ですが、解約返戻金は1.84倍の1,770万円あり、この90％の1,593万円まで契約者貸付を受けることが可能です。

　ほぼ10年ごとに訪れる不況を乗り越えてきた中小企業経営者は、長期平準定期が経営のバッファーとなることを熟知しており、多少の無理をしても契約を続けています。

［7］契約後のサポート②
終身保険への変更

1．争族対策・円滑な遺産分割には準備が必要

　長期平準定期保険は、新契約時に、無条件あるいは特別条件の保険金削減で契約した場合、一定期間経過後（生命保険会社によっては一定の年齢到達後）に、無選択で（その時点での被保険者の健康状態を問わずに）、「一時払終身保険」に保障内容を変更できます。生命保険会社によって、「コンバージョン」「解約後加入」「保険種類変更」などと呼ばれている制度です。

　この制度によって、長期平準定期保険は「相続・事業承継対策」にも効果を発揮します。

　相続税が課せられるのは、被相続人全体の4.2％（2008（平成20）年）ですが、2015（平成27）年以降、相続税改正により7〜8％程度が対象になると言われています。相続税率もアップし、納税額も増加します。

　さらに、中小企業の社長の場合は、事業承継者とその他の相続人間での"争族"対策にも事前準備が必要です。相続財産の大半が、自宅兼店舗ないしは工場などの不動産の場合、事業承継者である長男が事業用資産を相続するのが当然と思われますが、均等相続が原則の現在では、弟や姉、妹などと遺産分割でもめることが往々にしてあるからです。

2．相続・事業承継対策としての活用方法

　中小企業の社長と夫人が勇退退職時に、長期平準定期保険の名義を法人から個人に変更し、勇退退職金として現物給付を受けます。次に、解約返

戻金の全部あるいは一部を使って一時払終身保険に加入します。

　相続発生時には、死亡保険金を事業承継者である長男が受け取り、代償分割に活用することで、事業承継をスムーズに行うことができます。

　中小企業の社長の多くは、相続・事業承継対策に関心がありますが、加入している終身保険の金額が1,000万円程度のことが少なくありません。これは、3億円の定期付終身保険に加入していても、2億9,000万円が定期保険特約である場合などです。

　健康状態に不安がある60歳台後半になって、慌てて健康状態を問わずに加入できる一時払の変額個人年金に加入する事例も昨今よく目にします。

　相続・事業承継対策としては、個人で終身保険に加入するのが前提ではありますが、ある程度安定した業績を維持している中小企業では、法人契約の長期平準定期保険を終身保険に変更することで、相続・事業承継対策に活用する手法を提示するのも喜ばれます。

　58ページの事例を見てみましょう。

　本例では、解約返戻金を活用した事例を挙げていますが、手元資金を追加し、長期平準定期と同額の一時払終身保険に加入することも多くの生命保険会社で可能です。

　例えば、70歳時点での解約返戻金5,600万円に3,472万8,000円を追加し、1億円の終身保険に加入することができます。長期平準定期保険に限らず、10年定期保険などでも可能なケースがあります。

　法人契約では、新契約時の取扱いにのみに注意が向きがちですが、生命保険会社ごとの契約後の対応についても、事前に確認しておくことが肝要です。

　一時払終身保険は、保険種類変更時の年齢によりますが、2～5年程度で、解約返戻金が一時払保険料を上回ります。積極的な資産運用とはいえませんが、中途解約でも元本割れは防止できることが分かります。

　相続発生時には、相続税法12条の「500万円×法定相続人の数」だけの非課税枠が活用できる点も評価できます。

［8］　契約後のサポート③
保険料支払困難時の対応

1．解約の前に貸付や既契約の減額を検討する

　中長期の経営状態をシミュレーションしつつ、将来の勇退退職金の準備を兼ねて長期平準定期保険に加入したものの、経営環境の激変で「保険料の支払いが困難となってしまった場合」の対応について検証してみましょう。

　経営状態が逼迫し、保険料の支払いが困難となった場合には、次の5つの選択肢があります。

①運転資金等の現金が必要な場合は、契約者貸付を活用する
②必要保障額をチェックし、過大な既契約の保険金額を削減する
③自動振替貸付制度を活用し、契約を継続する
④払済保険へ変更する
⑤10年定期あるいは70歳定期へ変更する

①契約者貸付

　運転資金等の現金が必要な場合は、契約者貸付の活用を検討します。契約者貸付は、解約返戻金の90％範囲内で（生命保険会社によっては80％）キャッシングを行う制度です。詳細は「契約後のサポート①」を参照してください。

　貸付金は、必要書類が生命保険会社の本社到着後、通常2営業日程度で着金します。生命保険会社によっては、営業支社等に書類を提出すると翌々日に着金など、スピーディーな対応を行っているところもあります。保険料振替口座（メインバンク）以外の口座へ振り込むことも可能なため、

「メインバンクに短期の運転資金借入を申し込むと、時節柄あれこれ詮索されるので煩わしい」という中小企業の社長がよく利用する手法です。

貸付利率は予定利率＋１％程度と銀行融資より低利な場合が多いことや、オーバーローンとなるまで借り続けられることもメリットです。被保険者死亡の場合は、死亡保険金から貸付の元利合計額が差し引かれ精算となります。

②必要保障額のチェック

借入金返済原資として、「借入金×1.6倍」程度の保険金額を確保してあることが必要です。経営状態が逼迫しているのであれば、過大な付保金額となっている既契約を減額します。

③自動振替貸付

自動振替貸付とは、「解約返戻金の範囲内で、保険料を立て替える制度」です。長期平準定期の契約は、もともと10～15年以上の長期積立を念頭に置いているため、長期継続の場合が多く、自動振替貸付も長期にわたって可能となっています。

自動振替貸付制度を利用すれば、いったん現契約を解約して経営状態が安定した後に再契約するよりも、保険料、解約返戻金（率）とも有利となります。単純解約は、再契約の場合の保険料のアップ、解約返戻率のダウン、健康状態悪化による新規契約の謝絶などの不利益を被ることもあるため、最後の手段といえます。

契約応答日の２ヵ月後に自動振替貸付の適用判定が行われ、この時点で仕訳は、貸方に「借入金」を建てます。

自動振替貸付制度を利用していても、オーバーローンとならない限り、契約者貸付が利用できるといった自在性もあります。

④払済保険への変更

保険金額は小さくなりますが、保険料の払込みを停止して保障を残す方法が「払済保険」への変更です。

図表18　払済保険への変更シュミレーション

契約例
- 被保険者：40歳男性
- 保険金額：1億円　　・月払保険料：164,900円

以下の表中、右側の3つの区分はそれぞれ次の払済への変更を前提とした解約返戻金・返戻率を示す。
- 15年経過(55歳)で払済　払済保険金額　40,539,700
- 10年経過(50歳)で払済　払済保険金額　28,365,400
- 5年経過(45歳)で払済　払済保険金額　14,337,200

経過	年齢	払込保険料累計	解約返戻金	返戻率	15年経過(55歳)で払済 解約返戻金	15年 返戻率	10年経過(50歳)で払済 解約返戻金	10年 返戻率	5年経過(45歳)で払済 解約返戻金	5年 返戻率
1	41	1,978,800	1,150,000	58.1						
2	42	3,957,600	2,930,000	74.0						
3	43	5,936,400	4,720,000	79.5						
4	44	7,915,200	6,530,000	82.4						
5	45	9,894,000	8,350,000	84.3					8,350,000	84.3
6	46	11,872,800	10,190,000	85.8					8,467,550	85.5
7	47	13,851,600	12,050,000	86.9					8,585,115	86.7
8	48	15,830,400	13,920,000	87.9					8,705,547	87.9
9	49	17,809,200	15,800,000	88.7					8,825,980	89.2
10	50	19,788,000	17,700,000	89.4			17,700,000	89.4	8,946,412	90.4
11	51	21,766,800	19,550,000	89.8			17,941,115	90.6	9,068,279	91.6
12	52	23,745,600	21,410,000	90.1			18,185,057	91.8	9,191,578	92.9
13	53	25,724,400	23,270,000	90.4			18,426,163	93.1	9,313,445	94.1
14	54	27,703,200	25,150,000	90.7			18,672,942	94.3	9,438,178	95.3
15	55	29,682,000	27,040,000	91.0	27,040,000	91.0	18,919,721	95.6	9,562,912	96.6
16	56	31,660,800	28,940,000	91.4	27,392,675	92.2	19,166,500	96.8	9,687,646	97.9
17	57	33,639,600	30,850,000	91.7	27,749,424	93.4	19,416,116	98.1	9,813,813	99.1
18	58	35,618,400	32,770,000	92.0	28,106,174	94.6	19,665,731	99.3	9,939,980	100.4
19	59	37,597,200	34,700,000	92.2	28,466,977	95.9	19,918,183	100.6	10,067,581	101.7
20	60	39,576,000	36,650,000	92.6	28,827,780	97.1	20,170,635	101.9	10,195,182	103.0
21	61	41,554,800	38,600,000	92.8	29,192,637	98.3	20,425,924	103.2	10,324,217	104.3
22	62	43,533,600	40,560,000	93.1	29,557,495	99.5	20,681,213	104.5	10,453,252	105.6
23	63	45,512,400	42,530,000	93.4	29,922,352	100.8	20,936,501	105.8	10,582,287	106.9
24	64	47,491,200	44,490,000	93.6	30,287,209	102.0	21,191,790	107.0	10,711,322	108.2
25	65	49,470,000	46,450,000	93.8	30,652,067	103.2	21,447,078	108.3	10,840,356	109.5
26	66	51,448,800	48,400,000	94.0	31,016,924	104.4	21,702,367	109.6	10,969,391	110.8
27	67	53,427,600	50,330,000	94.2	31,373,673	105.6	21,951,983	110.9	11,095,559	112.1
28	68	55,406,400	52,240,000	94.2	31,726,369	106.8	22,198,762	112.1	11,220,292	113.4
29	69	57,385,200	54,130,000	94.3	32,079,064	108.0	22,445,541	113.4	11,345,026	114.6
30	70	59,364,000	56,000,000	94.3	32,427,706	109.2	22,689,483	114.6	11,468,326	115.9
31	71	61,342,800	57,850,000	94.3	32,768,239	110.3	22,927,752	115.8	11,588,758	117.1
32	72	63,321,600	59,690,000	94.2	33,108,722	111.5	23,166,022	117.0	11,709,191	118.3
33	73	65,300,400	61,500,000	94.1	33,445,252	112.6	23,401,455	118.2	11,828,190	119.5
34	74	67,279,200	63,290,000	94.0	33,773,624	113.7	23,631,214	119.4	11,944,321	120.7
35	75	69,258,000	65,050,000	93.9	34,097,941	114.8	23,858,137	120.5	12,059,018	121.8
40	80	79,152,000	73,270,000	92.5	35,597,910	119.9	24,907,657	125.8	12,589,495	127.2
45	85	89,046,000	80,130,000	89.9	36,793,831	123.9	25,744,437	130.1	13,012,442	131.5
50	90	98,940,000	84,760,000	85.6	37,389,765	125.9	26,161,408	132.2	13,223,199	133.6
55	95	108,834,000	82,800,000	76.0	35,553,316	119.7	24,876,455	125.7	12,573,724	127.0
59	99	116,749,200	41,960,000	35.9	17,784,766	59.9	12,443,900	62.8	6,289,729	63.5
60	100	118,728,000	0	0	0	0.0	0	0.0	0	0.0

　図表18は、40歳男性が1億円の長期平準定期保険に加入した5年後（45歳）、10年後（50歳）、15年後（55歳）の各時点で払済保険に変更した場合の、払済保険金額と解約返戻金額（率）の推移をシミュレーションしたものです。以下の2点から、場合によっては保険料を払い続けるよりも、一定期間経過後にあえて払済保険にしたほうが有利なケースが多いことが分かります。

・保険金額は小さくなるが、解約返戻率は比較的長期にわたり高い率を維持する
・払済保険にしたほうが、解約返戻率は高くなる（多くの場合は100%を超える）

　法人契約では年払契約の比率が高いですが、財務内容が芳しくない場合などは、月払契約を勧めますので、シミュレーションは月払契約をベースにして検証してみましょう。

　払済保険に変更した場合の仕訳は、解約返戻金を前払保険料として資産計上し、期間按分した金額を保険料として損金処理します。経営状態が逼迫（赤字決算）している時点で払済保険に変更すれば、実質的に課税を回避できることもあります。

　また、払済保険に変更した場合も契約者貸付は利用でき、以後も企業経営のバッファーとなります。

　払済保険に変更することで不足する保険金額は、10年更新型定期保険、逓減定期保険、収入保障保険等でカバーすれば、保険料負担の大幅削減も可能です。

2．業況の改善が難しい場合は保険の切替も視野に

⑤10年定期への変更

　経営状態の改善が長期にわたって見込めない場合は、長期平準定期を10年定期、70歳定期（平均勇退年齢）等に切り替え、保険料負担の抜本的な軽減を図ります。

例）40歳男性が1億円の100歳定期に加入。5年後に解約した場合

・100歳定期の月払保険料　　　16万4,900円
・5年後（45歳）払込保険料累計　989万4,000円
　　　　　　　　解約返戻金　　　835万円
・雑収入（解約返戻金－資産計上額累計（払込保険料累計×1／2））
　　　　　　　　　　　　　　　340万3,000円

　赤字決算であれば、損益通算されて課税されないケースも多いでしょう。解約返戻金の835万円は借入金の返済等に充当し、財務状況の改善を図ることが可能です。

　次に、解約後に10年定期と70歳定期に加入した場合の保険料負担減を見てみましょう。

例1）45歳で1億円の10年定期に加入した場合
・月払保険料　　　　　　　　3万7,800円
・年間支払保険料負担減　　152万5,200円

　上記のとおり、当初の保険料負担は低くなりますが、55歳更新時には8万1,600円、65歳更新時には20万900円と、保険料がアップすることと、解約返戻金はほとんどなく、勇退退職金準備には機能しない点は押さえておきましょう。

例2）45歳で1億円の70歳定期に加入した場合
・月払保険料　　　　　　　　7万300円
・年間支払保険料負担減　　113万5,200円

　70歳定期の場合も、70歳時点（平均勇退年齢）では解約返戻金はなく、保障のみを購入したことになります。

　10年定期・70歳定期への変更は、自動振替貸付、払済保険への変更等を検討した後に実施する方法です。

　その他には、長期平準定期を終身保険に変更しておく方法もあります。保険金額は小さくなりますが、一時払終身保険となるため、解約返戻金は3～5年度以降に変更時の解約返戻金額以上となり、含み資産を形成できます。詳細は「契約後のサポート②」を参照してください。

図表19　10年定期・70歳定期に切り替えた場合

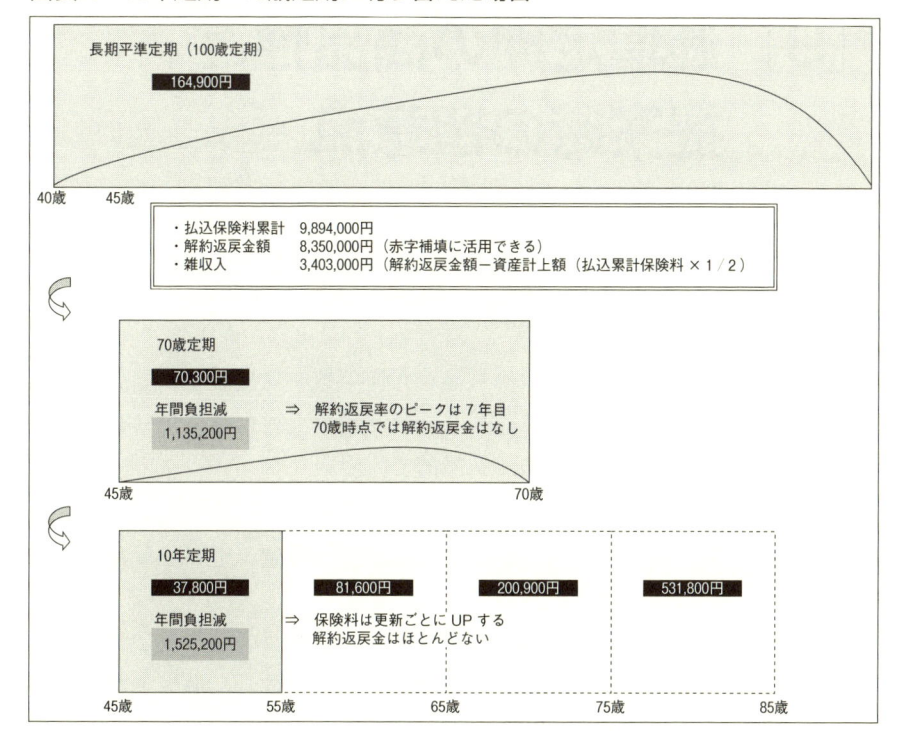

［9］ 逓増定期の商品性と
　　　提案時の留意点

１．退職金準備・利益確保・将来の資金需要などに対応

　社長の勇退退職金は「最終報酬月額×在任年数×功績倍率」で計算され、死亡退職の場合は「最終報酬月額×6ヵ月（業務上死亡の場合は36ヵ月）」が弔慰金として上乗せされるのが一般的です。

　毎年死亡保険金額が増加するタイプ（毎年逓増型）の逓増定期保険では、解約返戻金を勇退退職金、死亡保険金を「死亡退職金＋弔慰金」と置き換えると極めて合理的な保険のカタチとなります。

　各種の退職金準備手段がある従業員と異なり、銀行の預貯金を解約するか生命保険の解約返戻金を活用するしか方法のない社長の退職金準備としては最適といえるでしょう。

　取引銀行から受け入れた経理担当役員・部課長職や、重要取引先・大株主からの天下り役員なども短期間で勇退退職金を準備する必要があり、逓増定期保険の活用が適しています。

　「損金話法」の項でも触れましたが、建設業者などが入札を行う場合、原則として赤字企業は応札できません。2012（平成24）年度から、中小企業の欠損金（赤字決算）は、全額が過去9年間（従来は7年間）にわたって繰越控除が可能になりましたが、それでも毎年安定的に利益を出せるとは限りません。そこで、複数の役員が逓増定期保険に法人契約で加入しておき、赤字決算が見込まれるときに、最も「実質解約返戻率」の高い契約を解約して利益を確保するといった方法がよくとられています。

　業容拡大による設備投資計画、新規事業への参入計画を立てている企業では、節税しながら内部留保し、資金需要が発生した時点で解約する方法

図表20　逓増定期保険の損金算入割合早見表

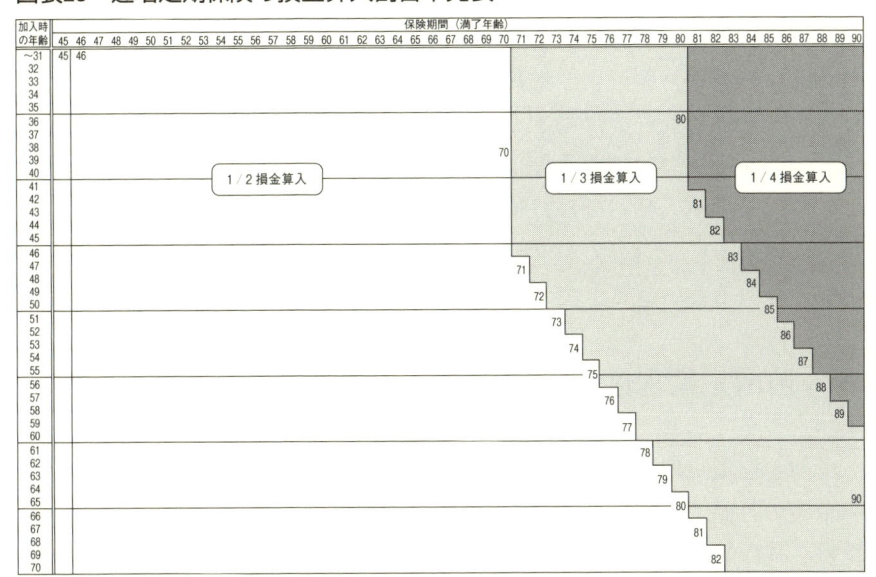

もあります。数年後に明確な資金需要が予見される場合、節税しつつ資金準備できる逓増定期保険も選択肢の1つとなります。

■行き過ぎた節税商品を排除する趣旨から課税を強化

　この逓増定期保険の原型を日本で初めて発売したのはメットライフ生命（旧社名　アリコジャパン）ですが、この保険の機能をアップし、中小企業の社長に大きな影響力を持つ税理士・会計士を主力販売チャネルにして1991（平成3）年から積極的に販売推進したのがアイエヌジー生命（2015（平成27）年4月よりNN生命）でした。

　アイエヌジー生命が発売した頃は、バブル景気とも重なり、他社も巻き込んで爆発的に販売されました。しかし、節税目的の販売が目に余るようになり、1996（平成8）年に逓増定期保険への課税強化が実施されました。

　これにより一時的に販売量は落ち込みましたが、不透明であった課税体系がはっきりしたこともあり、「法人にとって、毎年安定的に利益が出るとは限らない。安定的な収益を毎期確保し、赤字決算期にも利益を確保す

る手段として生命保険を活用したい」というニーズに応えるかたちで、逓増定期保険の販売は再び増加しています。

2008（平成20）年には、単純返戻率が100％を超える商品が販売となり、行き過ぎた節税商品を排除する趣旨からさらに課税強化され、全額損金タイプの商品は実質的に販売停止となりました。

生命保険の法人契約では、単純返戻率70％超で課税強化を検討し、90％超で実行するのが過去のパターンのようです。保険本来の目的から著しく逸脱しているということでしょう。

2．逓増定期保険の基本的な仕組み

当初の逓増定期保険は、図表21－①のような「毎年逓増型」でした。中小企業の社長の死亡・勇退退職金は、「役員勇退（死亡）時の役員報酬×役員在任年数×功績倍率（3倍程度）」が基本となるため、毎年増加していきます。

毎年逓増型は、契約した翌年度から契約時の保険金額（基本保険金額）が5％程度ずつ増加し、最大で5倍にまでなります。この保険のカタチが、必要保障額（死亡勇退退職金）、解約返戻金額（勇退退職金）の推移とほぼ合致するため、合理的な生命保険商品であることが分かります。

保険金額は増加しますが、全保険期間（保障期間）にわたって保険料が一定のため、契約前半では、保険金額に対して超過している保険料で将来の増加した保険金額分の責任準備金を積み立てていることになります。契約途中で解約した場合、長期定期保険としての責任準備金（ほぼ解約返戻金額に近い金額）と将来の増加する保険金額に応じた責任準備金を元に、高額の解約返戻金が契約者に支払われます。

本来であれば、役員就任と同時に契約し長期間継続すべきですが、節税を目的に短期間での解約を前提とした提案が主力となり、「後期逓増型」が開発されました。

後期逓増型は、契約当初から5～15年程度までの前期間では契約時の保険金額は増加しませんが、後期間では、毎年5～10％程度ずつ保険金額が

図表21　毎年逓増型と後期逓増型の仕組み

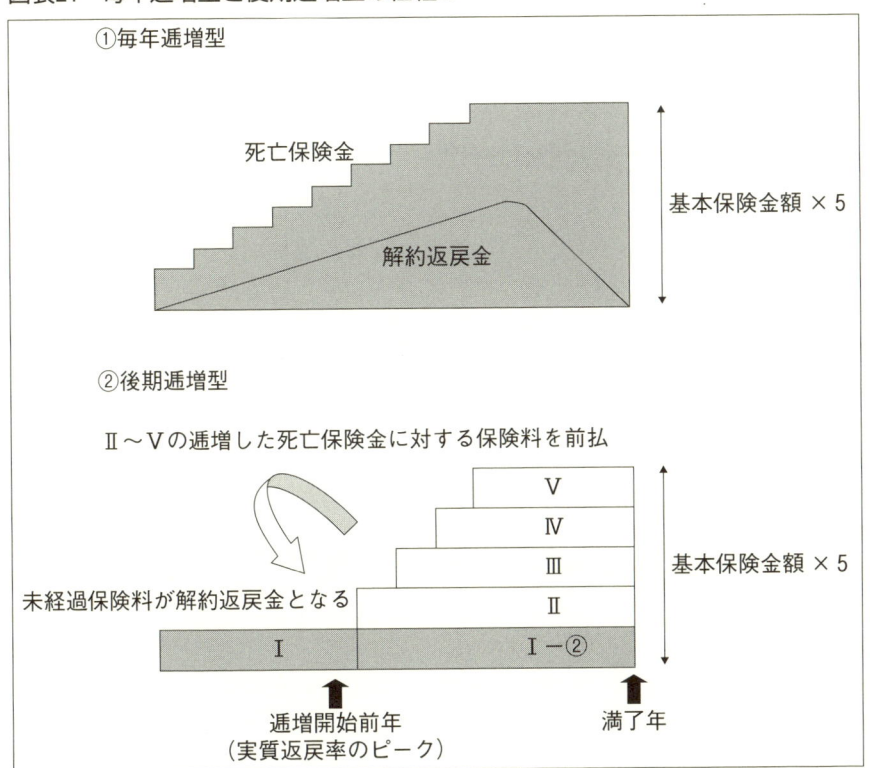

増加し、最大で契約時の基本保険金額の5倍まで増加します（図表21－
②）。保険金額は増加しますが、毎年逓増型と同様に全保険期間（保障期
間）にわたって保険料は一定です。

　前期間中は保険金額の増加がありませんから、後期間の保険金額の増加
が始まる頃に解約すれば、解約返戻率が最も高くなることが分かります。
既契約の保険証券を見れば、解約返戻率のピークが自ずと推測できます。

　乗合代理店では、各社の解約返戻率、募集手数料を比較して提案商品を
選定するため、高額契約をより多く求める生命保険会社も解約返戻率競争
に巻き込まれていきます。さらに解約返戻率を高めるために開発されたの
が、「後期逓増型・低解約返戻金タイプ」です。保険金額の増加しない前

期間の解約返戻率を低くすることで、後期間の解約返戻率を高めるように設計されています。

　解約返戻金額の多い長期平準定期保険、逓増定期保険の利点は、高額の死亡保障に加えて、契約当初から支払保険料の70〜90％もの高い解約返戻金を担保に自動振替貸付、契約者貸付、払済保険あるいは終身保険への変更をすることで、企業経営のバッファーとする点にあります。

　後期逓増型・低解約返戻金タイプは、低解約返戻期間終了後（後期）になると解約返戻率が大幅にアップするとはいえ、低解約返戻金対応でない通常型と比較すると、7〜10ポイント弱のアップ率でしかありません。

■低解約返戻金タイプの積極提案は疑問

　バブル崩壊後は、あらゆる企業が景況の波にもまれており、2年先の予測も立てられないのではないでしょうか。低解約返戻期間にやむを得ず解約した場合には、実質返戻率は100％を割り込んでおり、節税・資産運用効果は発生しません。

　企業業績が悪化した場合に、

・自動振替貸付（解約返戻金で保険料を立て替える）で、保険料支払負担を一時的に軽減できる
・契約者貸付で、運転資金等の調達をメインバンクとは別枠で確保できる
　（しかも契約者貸付金は、メインバンク以外の口座への振込が可能）

など、中小企業の社長に嬉しい機能の原資となるのはいずれも解約返戻金です。後期逓増型・低解約返戻金タイプでは、保険金額が増加しない前期間の解約返戻金を抑制することで、後期逓増期間の解約返戻金額（率）を数ポイントアップさせていますが、よほど安定した企業でない限り、積極的に提案するのには躊躇せざるを得ません。

　税会計事務所や証券会社などでは、高い解約返戻率をアピールする後期逓増型・低解約返戻金タイプの、短期間での解約が頻繁に発生しています。低解約返戻期間であることを説明しても、背に腹は代えられず解約抑制にはならなかったわけです。

図表22　逓増定期保険（1／2損金）の契約例

経過年数	年齢	① 死亡保険金	② 払込保険料累計	③ 解約返戻金	④ 返戻率 ③／②	⑤ 損金算入額累計 ②×50%	⑥ 資産計上額累計 ②×50%	⑦ 軽減税額累計 ⑤×36%	⑧ 実質保険料累計 ②－⑦	⑨ 実質返戻率 ③／⑧
1	41	50,000,000	2,779,750	1,605,000	57.7	1,389,875	1,389,875	500,355	2,279,395	70.4
2	42	50,000,000	5,559,500	4,385,000	78.8	2,779,750	2,779,750	1,000,710	4,558,790	96.1
3	43	50,000,000	8,339,250	7,205,000	86.3	4,169,625	4,169,625	1,501,065	6,838,185	105.3
4	44	50,000,000	11,119,000	10,065,000	90.5	5,559,500	5,559,500	2,001,420	9,117,580	110.3
5	45	50,000,000	13,898,750	12,975,000	93.3	6,949,375	6,949,375	2,501,775	11,396,975	113.8
6	46	50,000,000	16,678,500	15,930,000	95.5	8,339,250	8,339,250	3,002,130	13,676,370	116.4
7	47	65,000,000	19,458,250	18,875,000	97.0	9,729,125	9,729,125	3,502,485	15,955,765	118.2
8	48	84,500,000	22,238,000	21,745,000	97.7	11,119,000	11,119,000	4,002,840	18,235,160	119.2
9	49	109,850,000	25,017,750	24,480,000	97.8	12,508,875	12,508,875	4,503,195	20,514,555	**119.3**
10	50	142,800,000	27,797,500	26,955,000	96.9	13,898,750	13,898,750	5,003,550	22,793,950	118.2
11	51	185,650,000	30,577,250	28,870,000	94.4	15,288,625	15,288,625	5,503,905	25,073,345	115.1
12	52	241,350,000	33,357,000	30,155,000	90.4	16,678,500	16,678,500	6,004,260	27,352,740	110.2
13	53	250,000,000	36,136,750	31,220,000	86.3	18,068,375	18,068,375	6,504,615	29,632,135	105.3
14	54	250,000,000	38,916,500	32,135,000	82.5	19,458,250	19,458,250	7,004,970	31,911,530	100.7
15	55	250,000,000	41,696,250	32,885,000	78.8	20,848,125	20,848,125	7,505,325	34,190,925	**96.1**
16	56	250,000,000	44,476,000	33,455,000	75.2	22,238,000	22,238,000	8,005,680	36,470,320	91.7
17	57	250,000,000	47,255,750	33,825,000	71.5	23,627,875	23,627,875	8,506,035	38,749,715	87.2
18	58	250,000,000	50,035,500	33,985,000	67.9	25,017,750	25,017,750	9,006,390	41,029,110	82.8
19	59	250,000,000	52,815,250	33,910,000	64.2	29,882,312	22,932,938	10,757,632	42,057,618	80.6
20	60	250,000,000	55,595,000	33,590,000	60.4	34,746,874	20,848,126	12,508,874	43,086,126	77.9
21	61	250,000,000	58,374,750	32,975,000	56.4	39,611,436	18,763,314	14,260,116	44,114,634	74.7
22	62	250,000,000	61,154,500	32,025,000	52.3	44,475,998	16,678,502	16,011,358	45,143,142	70.9
23	63	250,000,000	63,934,250	30,655,000	47.9	49,340,560	14,593,690	17,762,600	46,171,650	66.3
24	64	250,000,000	66,714,000	28,790,000	43.1	54,205,122	12,508,878	19,513,842	47,200,158	60.9
25	65	250,000,000	69,493,750	26,315,000	37.8	59,069,684	10,424,066	21,265,084	48,228,666	54.5
26	66	250,000,000	72,273,500	23,115,000	31.9	63,934,246	8,339,254	23,016,326	49,257,174	46.9
27	67	250,000,000	75,053,250	19,040,000	25.3	68,798,808	6,254,442	24,767,568	50,285,682	37.8
28	68	250,000,000	77,833,000	13,940,000	17.9	73,663,370	4,169,630	26,518,810	51,314,190	27.1
29	69	250,000,000	80,612,750	7,660,000	9.5	78,527,932	2,084,818	28,270,052	52,342,698	14.6
30	70	250,000,000	83,392,500	0	0.0	83,392,500	0	30,021,296	53,371,204	0.0

3．3分の1・4分の1損金型

　逓増定期保険には、3分の1・4分の1損金型の逓増定期もラインナップされています。図表23は、長期平準定期、2分の1・3分の1・4分の1損金型逓増定期保険を比較したものです。

　「資産計上額が増える＝運用額が増える」わけですから、2分の1損金型よりも3分の1・4分の1損金型のほうが単純返戻率、実質返戻率ともにアップします。

図表23　長期平準定期保険と逓増定期保険（1／2、1／3、1／4損金型）の比較

		1/2 損金								
		長期平準定期 年払保険料＝ 1,921,900 円				逓増定期（後期逓増 /70 歳満了） 年払保険料＝ 4,659,200 円				
		①	②	③	④	①	②	③	④	
経過年数	年齢	払込保険料累計	解約返戻金	単純返戻率 ②／①	実質返戻率 ＊	払込保険料累計	解約返戻金	単純返戻率 ②／①	実質返戻率 ＊	
1	41	1,921,900	1,150,000	59.8	72.9	4,659,200	2,760,000	59.2	72.2	
2	42	3,843,800	2,930,000	76.2	92.9	9,318,400	7,360,000	78.9	96.3	
3	43	5,765,700	4,720,000	81.8	99.8	13,977,600	12,030,000	86.0	104.9	
4	44	7,687,600	6,530,000	84.9	103.5	18,636,800	16,760,000	89.9	109.6	
5	45	9,609,500	8,350,000	86.8	105.9	23,296,000	21,580,000	92.6	112.9	
6	46	11,531,400	10,190,000	88.3	107.7	27,955,200	26,460,000	94.6	115.4	
7	47	13,453,300	12,050,000	89.5	109.2	32,614,400	31,430,000	96.3	117.5	
8	48	15,375,200	13,920,000	90.5	110.4	37,273,600	36,470,000	97.8	119.3	
9	49	17,297,100	15,800,000	91.3	111.3	41,932,800	41,590,000	99.1	120.9	
10	50	19,219,000	17,700,000	92.0	112.3	46,592,000	46,800,000	100.4	122.4	
11	51	21,140,900	19,550,000	92.4	112.7	51,251,200	51,910,000	101.2	123.5	
12	52	23,062,800	21,410,000	92.8	113.2	55,910,400	57,120,000	102.1	124.5	
13	53	24,984,700	23,270,000	93.1	113.5	60,569,600	62,230,000	102.7	125.2	
14	54	26,906,600	25,150,000	93.4	113.9	65,228,800	67,070,000	102.8	125.3	
15	55	28,828,500	27,040,000	93.7	114.3	69,888,000	71,420,000	102.1	124.6	
16	56	30,750,400	28,940,000	94.1	114.7	74,547,200	74,880,000	100.4	122.4	
17	57	32,672,300	30,850,000	94.4	115.1	79,206,400	76,890,000	97.0	118.3	
18	58	34,594,200	32,770,000	94.7	115.5	83,865,600	76,830,000	91.6	111.7	
19	59	36,516,100	34,700,000	95.0	115.8	88,524,800	76,050,000	85.9	107.8	
20	60	38,438,000	36,650,000	95.3	116.2	93,184,000	74,750,000	80.2	103.5	
21	61	40,359,900	38,600,000	95.6	116.6	97,843,200	72,860,000	74.4	98.5	
22	62	42,281,800	40,560,000	95.9	116.9	102,502,400	70,270,000	68.5	92.8	
23	63	44,203,700	42,530,000	96.2	117.3	107,161,600	66,850,000	62.3	86.3	
24	64	46,125,600	44,490,000	96.4	117.6	111,820,800	62,400,000	55.8	78.8	
25	65	48,047,500	46,450,000	96.6	117.8	116,480,000	56,730,000	48.7	70.1	
26	66	49,969,400	48,400,000	96.8	118.1	121,139,200	49,570,000	40.9	60.0	
27	67	51,891,300	50,330,000	96.9	118.2	125,798,400	40,640,000	32.3	48.2	
28	68	53,813,200	52,240,000	97.0	118.3	130,457,600	29,630,000	22.7	34.4	
29	69	55,735,100	54,130,000	97.1	118.4	135,116,800	16,220,000	12.0	18.4	
30	70	57,657,000	56,000,000	97.1	118.4	139,776,000	0	0.0	0.0	
31	71	59,578,900	57,850,000	97.0	118.4					
32	72	61,500,800	59,690,000	97.0	118.3					
33	73	63,422,700	61,500,000	96.9	118.2					
34	74	65,344,600	63,290,000	96.8	118.1					
35	75	67,266,500	65,050,000	96.7	117.9					
36	76	69,188,400	66,770,000	96.5	117.6					
37	77	71,110,300	68,460,000	96.2	119.1					
38	78	73,032,200	70,110,000	95.9	120.5					
39	79	74,954,100	71,710,000	95.6	121.8					
40	80	76,876,000	73,270,000	95.3	122.9					
45	85	86,485,500	80,130,000	92.6	126.9					
50	90	96,095,000	84,760,000	88.2	127.0					
55	95	105,704,500	82,800,000	78.3	117.8					
59	99	113,392,100	41,960,000	37.0	57.4					
60	100	115,314,000	0	0.0	0.0					

1/3 損金				1/4 損金			
逓増定期（後期逓増 /80 歳満了）年払保険料＝ 8,060,100 円				逓増定期（後期逓増 /90 歳満了）年払保険料＝ 7,920,000 円			
①	②	③	④	①	②	③	④
払込保険料累計	解約返戻金	単純返戻率 ②／①	実質返戻率 ＊	払込保険料累計	解約返戻金	単純返戻率 ②／①	実質返戻率 ＊
8,060,100	5,910,000	73.3	83.3	10,152,300	7,920,000	78.0	85.7
16,120,200	13,990,000	86.7	98.6	20,304,600	18,140,000	89.3	98.1
24,180,300	22,200,000	91.8	104.3	30,456,900	28,540,000	93.7	102.9
32,240,400	30,550,000	94.7	107.6	40,609,200	39,120,000	96.3	105.8
40,300,500	39,050,000	96.8	110.1	50,761,500	49,890,000	98.2	108.0
48,360,600	47,690,000	98.6	112.0	60,913,800	60,860,000	99.9	109.7
56,420,700	56,450,000	100.0	113.6	71,066,100	72,030,000	101.3	111.3
64,480,800	65,290,000	101.2	115.0	81,218,400	83,420,000	102.7	112.8
72,540,900	74,190,000	102.2	116.2	91,370,700	94,980,000	103.9	114.2
80,601,000	83,150,000	103.1	117.2	101,523,000	106,720,000	105.1	115.5
88,661,100	91,910,000	103.6	117.8	111,675,300	118,410,000	106.0	116.5
96,721,200	100,670,000	104.0	118.2	121,827,600	130,260,000	106.9	117.4
104,781,300	109,430,000	104.4	118.6	131,979,900	142,260,000	107.7	118.4
112,841,400	118,150,000	104.7	118.9	142,132,200	154,390,000	108.6	119.3
120,901,500	126,780,000	104.8	119.1	152,284,500	166,640,000	109.4	120.2
128,961,600	135,270,000	104.8	119.1	162,436,800	178,970,000	110.1	121.0
137,021,700	143,540,000	104.7	119.0	172,589,100	191,360,000	110.8	121.8
145,081,800	151,500,000	104.4	118.6	182,741,400	203,740,000	111.4	122.5
153,141,900	159,060,000	103.8	118.0	192,893,700	216,060,000	112.0	123.0
161,202,000	166,070,000	103.0	117.0	203,046,000	228,240,000	112.4	123.5
169,262,100	172,360,000	101.8	115.7	213,198,300	240,160,000	112.6	123.7
177,322,200	177,690,000	100.2	113.8	223,350,600	251,700,000	112.6	123.8
185,382,300	181,880,000	98.1	111.4	233,502,900	262,640,000	112.4	123.6
193,442,400	185,590,000	95.9	109.0	243,655,200	272,730,000	111.9	123.0
201,502,500	188,710,000	93.6	109.4	253,807,500	281,770,000	111.0	121.9
209,562,600	191,100,000	91.1	109.3	263,959,800	290,610,000	110.0	120.9
217,622,700	192,640,000	88.5	108.8	274,112,100	299,220,000	109.1	119.9
225,682,800	193,180,000	85.5	107.7	284,264,400	307,570,000	108.1	118.8
233,742,900	192,570,000	82.3	106.0	294,416,700	315,650,000	107.2	117.8
241,803,000	190,670,000	78.8	103.7	304,569,000	323,460,000	106.2	116.7
249,863,100	187,260,000	74.9	100.6	314,721,300	330,980,000	105.1	118.4
257,923,200	182,100,000	70.6	96.7	324,873,600	338,210,000	104.1	119.9
265,983,300	174,860,000	65.7	91.7	335,025,900	345,130,000	103.0	121.3
274,043,400	165,090,000	60.2	85.6	345,178,200	351,670,000	101.8	122.6
282,103,500	152,160,000	53.9	78.0	355,330,500	357,780,000	100.6	123.7
290,163,600	135,240,000	46.6	68.5	365,482,800	363,360,000	99.4	124.6
298,223,700	113,230,000	37.9	56.7	375,635,100	368,300,000	98.0	125.3
306,283,800	84,790,000	27.6	42.0	385,787,400	372,490,000	96.5	125.7
314,343,900	47,970,000	15.2	23.5	395,939,700	375,760,000	94.9	125.8
322,404,000	0	0.0	0.0	406,092,000	377,890,000	93.0	125.5
				456,853,500	352,610,000	77.1	112.6
				507,615,000	0	0.0	0.0

注目したいのは、単純返戻率が100％を超える点です。中小企業の社長は、解約返戻金額そのものにまず注目します。勇退退職金の原資となるからです。実質返戻率は、その次に確認します。メリット・デメリットをきちんと説明し、資産計上を厭わず、保険料支払いに無理がなければ、3分の1・4分の1損金型を提案してみましょう。

4．提案にあたっての留意点

　逓増定期保険の提案にあたっては、契約以後の保全についても十分配慮した提案が大切です。

　逓増定期保険を活用した節税プランでは、実質返戻率がピークに達した時点で解約し、新たに逓増定期保険に入り直すことになります。いわゆる乗換えです。その後も同様に、数年ごとに契約の乗換えを行うことになります。乗換えを行うたびに、益金計上した高額の解約返戻金を損金処理するため、次第により高額な逓増定期保険に加入せざるを得ないというケースもしばしば目にするところです。

　また逆に、被保険者（社長）が逓増定期保険の契約後あるいは乗換後に、生命保険に加入できない高血圧症、糖尿病などの疾患に罹患した場合は、次の乗換えができず、現契約の保険期間延長もできなくなります。

　図表22（77ページ）のケースで見てみましょう。40歳の中小企業の社長が逓増定期保険に加入し、9年後の49歳時点で実質解約返戻率がピークに達したため、同契約を解約。再度、逓増定期保険に乗り換えようとしました。診査を受けると糖尿病に罹患しており、生命保険への加入が不可能だったとします。

　現契約は、55歳時点で実質返戻率が100％を割り込み節税効果は消失します。社長の平均勇退年齢は65〜75歳、平均70歳ですが、このケースだと70歳時点で保障は終了し、解約返戻金も0となります。

　他に、法人契約で長期平準定期保険などにきちんと加入していれば問題ありませんが、節税目的で加入した逓増定期保険しかないとすると、リスクヘッジという生命保険の本来的な機能に大きな問題が発生します。

　契約例は、２分の１損金タイプなので、実質返戻率が100％を割る期間は全額損金タイプに比べて後倒しになっていますが、全額損金プラン全盛時代には、トラブルも多かったようです。

　逓増定期保険で節税プランを提案された中小企業の社長が、乗換提案にうんざりしたという話もあります。解約返戻金は雑収入となり、「資産計上額−解約返戻金額」に対して法人税が課せられます。乗換えのたびに課税対象額を損金算入できる逓増定期保険への加入を勧められますが、課税対象額が高額であること、年齢がアップしていることから、他の役員・従業員までもが被保険者として契約することになりました。キャッシュフローも悪化し、何のために逓増定期保険で節税しているのか分からない、というわけです。

　日本には、約430万の企業がありますが、中小企業庁のデータによると、そのうち大企業（常時雇用者300人以上）はわずか0.3％に過ぎません。99.7％を占める中小・零細企業の３分の１は好況期でも赤字といわれます。

　国税庁によると、2013（平成25）年度内に決算期を迎え2014（平成26）年７月までに税務申告した法人のうち、黒字申告の割合は29.1％であったと発表しています。1990年頃には50％以上の企業が黒字申告をしていたのとは隔世の感があります。

　世の中の好況に浮かれることができるのは大企業だけであり、中小企業は好不況に関係なく、常に生き残るための戦いを強いられている現状を見据えた提案が求められています。

　中小企業の社長に勇退退職金準備を提案する場合には、生命保険契約は経営のバッファーとしても働くことを伝え、各商品のメリット・デメリット、契約以後の保全をしっかり説明したうえで提案商品を選択することが重要です。提案商品を選択する際の考え方をまとめると、下記のようになるでしょう。

勇退時期	５〜15年後	逓増定期	10年以上なら 長期平準定期と比較
企業業績	磐石	低解約返戻金タイプ	多少でも不安なら標準型

図表24　利益処分の分割例

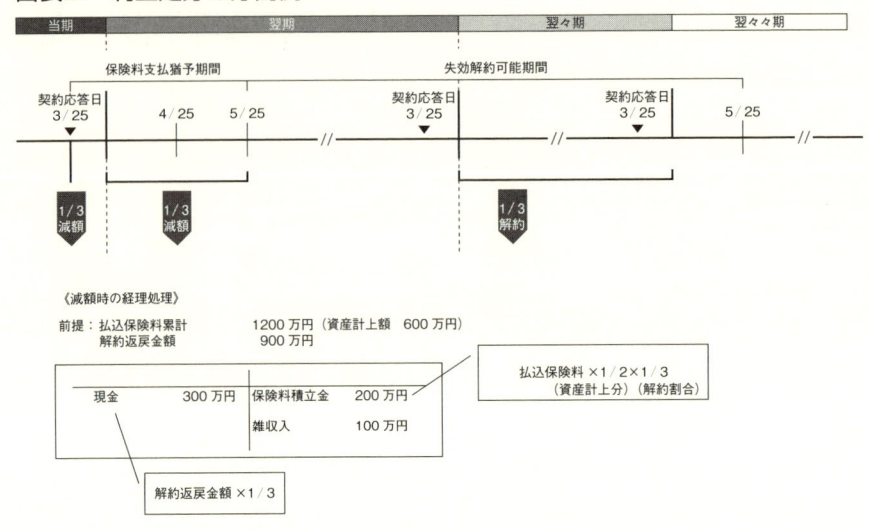

| 被保険者の健康状態 | 診査の工夫（心電図・血液検査を外した一般診査）被保険者の入替え |

■反対給付がない場合の対処方法

　逓増定期保険の解約返戻率がピークに達したが、役員勇退退職などの反対給付事由がない場合には、どのように対応したらよいのでしょうか。それには、利益処分を3期に分散する方法があります。決算期末直前に加入した逓増定期保険の例で見てみましょう（図表24）。

①当該決算期末

・直前に3分の1を減額（一部解約）

・年払保険料の支払いを停止するとともに、生命保険会社に自動振替貸付の停止を申込み

※雑収入（解約返戻金−支払保険料×1／2×1／3）が発生

②翌決算期中かつ支払猶予期間（契約応答日から2ヵ月以内）中

・元契約の3分の1を減額

※雑収入（解約返戻金−支払保険料×1／2×1／3）が発生

③翌々決算期以降かつ失効後2年以内（原則）

・失効契約（元契約の3分の1）を解約

※雑収入（解約返戻金－支払保険料×1／2×1／3）が発生

④解約返戻金を使って、新たに逓増定期保険節税プランの年払保険料に充当する

　ここで、注意すべき点は以下のとおりです。

・保険料の支払い方法

　口座引落ではなく、振込扱いにしておく必要があります。口座引落の停止は、事前に金融機関あるいは生命保険会社に依頼することで可能ですが、特に生命保険会社に依頼した場合、間に合わないことがあるためです。

・失効解約返戻金の請求期間

　失効後2年経つと、失効解約返戻金の請求が時効となります。この時点で、失効解約返戻金額を保険料引落口座に自動的に振り込む制度の生命保険会社が多くあります。失効後2年超経過した段階で、失効解約返戻金を受け取りたい場合には注意します。

・契約者・被保険者の状態

　失効契約のある契約者・被保険者は、同一生命保険会社で新規契約を申し込むことができません。失効契約を解約してからでないと、新契約を扱わないとするのが一般的です。

　また、健康状態が思わしくない場合には、新たな生命保険契約を申し込むことは難しくなります。

　これらは、生命保険会社ごとの社内ルールにも違いがありますから、事前によく確認しておきましょう。これは、あくまでも緊急避難的対応に過ぎません。

［10］ 法人契約の推移と 10年定期のポイント

1．社長の加入する法人契約の保険種類の変遷

　前項で述べたとおり、日本には約430万の企業がありますが、そのうち大企業（常時雇用者300人以上）はわずか0.3％に過ぎません。99.7％を占める中小・零細企業の4分の3は好況期のときでも赤字といわれます。

　国税庁によると、2013（平成25）年度内に決算期を迎え2014（平成26）年7月までに税務申告した法人のうち、黒字申告の割合は29.1％であったと発表しています（図表25）。赤字企業の中には、節税プランを駆使しているところもあるでしょうが、1990年頃には50％以上の企業が黒字申告をしていたのとは隔世の感があります。

　2011（平成23）年版の「中小企業白書」によれば、中小企業の創設後の生存率は以下のとおり。中小企業はその存続にも必死です。

・3年後　89％
・5年後　82％
・10年後　70％
・20年後　52％

　世の中の好況に浮かれることができるのは大企業だけであり、中小企業は好不況に関係なく、常に生き残るための戦いを強いられている現状を見据えた提案が求められています。

　個人事業の頃から相応の業績を上げている場合を除き、創業間もない中小法人が金融機関から融資を受けるのは容易ではありません。社長が個人資産から法人へ貸し付けており、法人で高額な生命保険に加入できないところもあります。まずは、借入金の返済原資確保をメインに、割安な保険

図表25　法人税の黒字申告割合

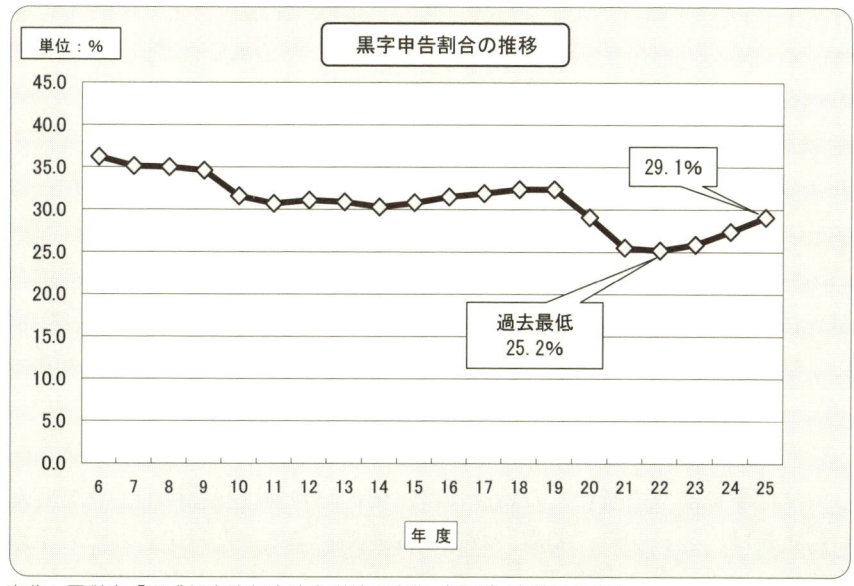

単位：%　　黒字申告割合の推移

29.1%

過去最低
25.2%

年度

出典：国税庁「平成25事務年度法人税等の申告（課税）事績の概要」

図表26　社長が加入している保険種類（法人契約）

（複数回答）

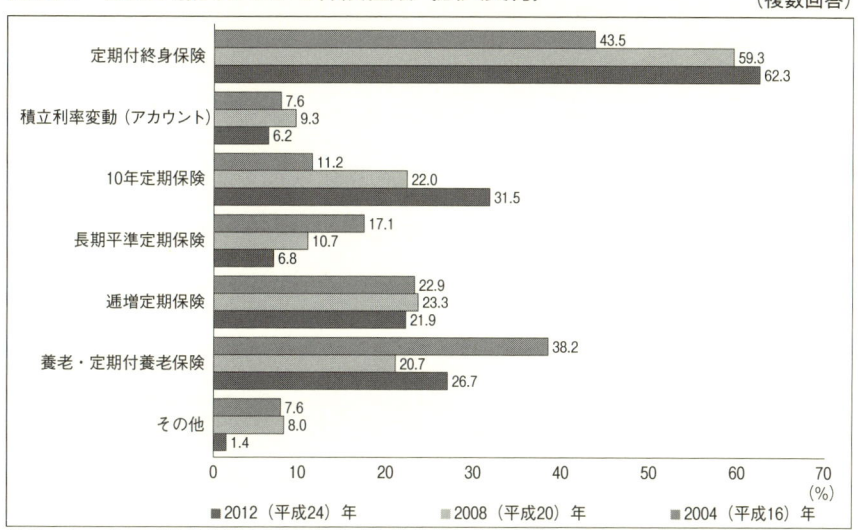

保険種類	2012（平成24）年	2008（平成20）年	2004（平成16）年
定期付終身保険	43.5	59.3	62.3
積立利率変動（アカウント）	7.6	9.3	6.2
10年定期保険	11.2	22.0	31.5
長期平準定期保険	17.1	10.7	6.8
逓増定期保険	22.9	23.3	21.9
養老・定期付養老保険	38.2	20.7	26.7
その他	7.6	8.0	1.4

■2012（平成24）年　　■2008（平成20）年　　■2004（平成16）年

出典：セールス手帖社保険FPS研究所「企業経営と生命保険に関する調査（平成24年、
　　　平成20年）」「中小企業経営者アンケート（平成16年）」

料で高額保障を確保する提案が優先されます。

　図表26は、社長が加入している保険種類（法人契約）を、2004（平成16）年、2008（平成20）年、2012（平成24）年とで比較したものです。

　2004年と2012年を比べると、長期平準定期保険は17.1％から6.8％と10.3ポイント減少しています。逆に、10年定期保険は11.2％から31.5％と20.3ポイント、定期付終身保険は43.5％から62.3％と18.8ポイント増加しています。

　10年定期・定期付終身保険の増加からは、昨今の不況による保険見直しが行われたことが、逓増定期保険と長期平準定期保険の数値からは、安定して収益を上げている中小企業も2割程度は存在していることが分かります。

　10年定期保険は、10年ごとに自動更新されますが、契約当初に無条件あるいは保険金削減で契約した場合には、更新時の健康状態は問われません。自動更新は、最長80歳、90歳、あるいは最長40年までと規定している生命保険会社が多いようです。「企業の成長に合わせて商品を選択する」で紹介したように、まずは10年定期保険に加入し、会社業績が向上した段階で長期平準定期保険と組み合わせるというのが合理的でしょう。

2．10年定期保険の活用方法

　中小企業の社長が死亡した場合、最悪の事態では会社の解散、譲渡を検討することになります。社長個人が会社に無利息で資金貸与している場合には、その貸付金が社長個人の相続財産として合算され、手元に資金がないにもかかわらず、相続税だけ納めなければならない事態にもなりかねません。

　生命保険の死亡保険金は、金融機関からの借入清算資金として利用することができます。法人が死亡保険金を受け取り、遺族に死亡退職金・弔慰金として支払うことで、遺族の生活費と相続税納付金を手当てすることもできます。

　社長が死亡した場合も大変ですが、がん・脳卒中・心筋梗塞などに罹患

して、業務が行えなくなった場合は、より大きなダメージを受けることになります。10年定期保険の一部を「特定（三大）疾病保障定期保険」にする提案もあります。

　この場合、死亡した場合に加えて、がん・脳卒中・心筋梗塞に罹患したときにも死亡保険金と同額が支払われます。保険料は10年定期保険に比べると割高で、取り扱っていない生命保険会社もあるので、保険料等を確認しておきましょう。

　保険金を前払いで受け取る制度に、「リビング・ニーズ特約」があります。原因を問わず被保険者の余命が半年と診断された場合に、保険金額の範囲内かつ3,000万円までが生前に支払われますが、法人契約では対応していません。

　社長の余命が半年と診断され勇退する場合には、契約を法人から個人に変更し、退職金として生命保険契約の現物給付を受けます。その際の評価は解約返戻金となります。10年定期保険には、もともと解約返戻金がほとんどありませんから、財産移転効果は大きくなります。勇退退職金として現物給付しない場合でも、社長が個人で譲渡を受ける（解約返戻金額で買い取る）ことも可能です。

［11］福利厚生プランの
ハーフタックス養老保険

1．適年廃止で高まるハーフタックス養老保険への関心

　「ハーフタックス養老保険？　バブル景気の頃の話法じゃないの？　このご時世に無理だよ」と一蹴されてしまいそうです。確かに、郵便局の簡易保険（現かんぽ生命）の10年満期養老保険の満期到来件数と保険金額の概算は、

- ・2003（平成15）年　　125万4,000件　　　3兆8,226億円
- ・2004（平成16）年　　 80万8,000件　　　1兆8,460億円
- ・2005（平成17）年　　 90万1,000件　　　2兆2,473億円

となっており、以後は新規契約、保有契約とも件数・金額を減らしているようです。このバブル景気の頃に一世を風靡した「ハーフタックス養老保険」が、今再び見直されています。

　主な理由は401k（確定拠出型企業年金）の導入です。

　401kの導入に伴い、適格退職年金は、2012（平成24）年3月末までに規約型企業年金、確定拠出年金、中小企業退職金共済（中退共）のいずれかに移行しなければなりませんでした。

　中小企業の社長の中には、移行時の事務処理が煩雑である、制度が自社事情にマッチしないなどの理由でいずれの制度にも移行せず、適格退職年金を解約する人もいました。そして、新たに事務処理が簡単で節税効果のあるハーフタックス養老保険への加入を検討する例が多いのです。

　ちなみに、将来的にも積立不足が発生する可能性があること、事務処理が煩雑かつ手数料が割高になる可能性が高いことなどから、規約型企業年金へ移行した中小企業はほとんどありません。

図表27　公的年金制度の概要図

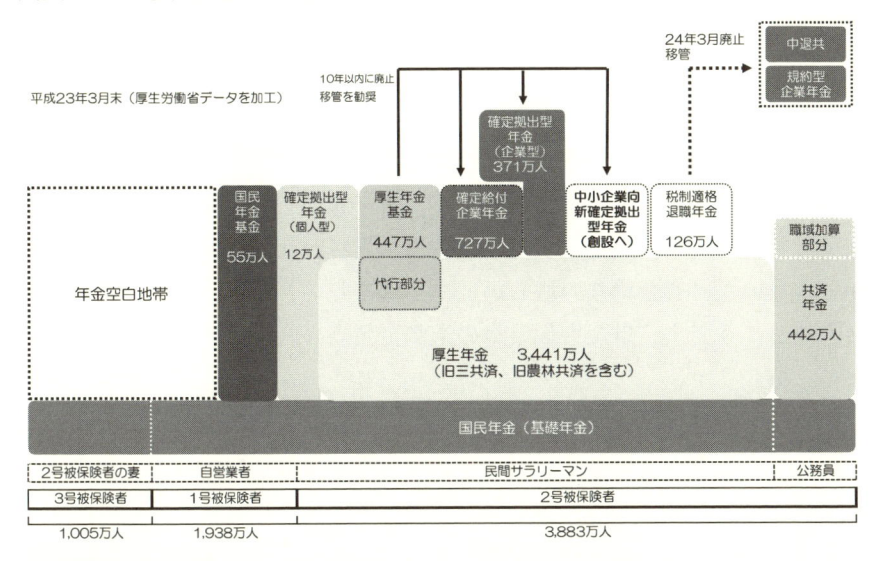

一方、中退共は、適格退職年金契約をしている中小企業の事業主が新たに中退共に加入した場合は、適格退職年金契約の受益者等の持分額以内の金額を勤労者退職金共済機構に移管することができます。移管できる持分は2005（平成17）年３月31日までは掛金の120ヵ月分が上限とされていましたが、同年４月１日以降、その限度額は撤廃されました。

　引き継ぐ際の注意点は、以下の３つです。

①中退共制度の過去勤務期間通算制度は利用できない

②新規加入助成制度は利用できない（新規加入では24ヵ月は掛金の３分の１、増額から12ヵ月は増額分の３分の１を国が補助する）

③引継後の退職金の額は、中退共における納付月数（引き継いだ月数に加

入後の納付月数を加えた月数）が少ない場合は、引渡金額または引渡金額と中退共加入後の掛金総額の合計額より下回ることがある

中退共は、掛金が全額損金算入できる、国の制度で安心感がある、事務手続きも比較的簡便である、などの理由で適格退職年金の受け皿として最も多く利用されました。ところが、不祥事を起こした従業員であっても中退共の解約返戻金は直接退職した従業員に支払われることや、契約者貸付ができないため資金繰りの厳しいときには苦しい、などの理由で辛い制度とも映るようです。掛金も従業員の退職金積立の一部に留めているケースが多くあります。

中退共への移行に併せて、ハーフタックス養老保険に加入する提案が多く採用されるようになりました。中退共のみに加入している中小企業に対しては、ハーフタックス養老保険の追加加入提案が行われています。

中退共は、株式・債券などの市場動向の影響を受けます。かつては多額の累積欠損金を抱え、健全化計画（制度改悪）が立案され実施されてきました。市況の好転により2013（平成25）年度末現在では累積欠損は解消しましたが、今後も制度改訂については、動向を注視し情報収集していく必要があります。

■退職給与引当金の段階的廃止も影響

ハーフタックス養老保険が関心を集めているもう1つの理由として、2002（平成14）年度税制改正で退職給与引当金制度が段階的に廃止されたことがあります。平成10年度より6年かけて、退職給与引当金制度の累積限度額が当期末退職給与要支給額の40％から20％（平成15年）に縮減されることになっていましたが、さらに平成15年の20％から10年間かけて段階的に引当金を取り崩していくことになりました。

退職金に対応する現金を別枠管理している中小企業は少ないため、退職金の支払い時に資金不足が生じてしまう可能性もあります。そこで、社外積立てで、事務処理が簡単で、節税効果もあるハーフタックス養老保険への関心が高まっていたわけです。

図表28　中小企業と従業員退職金積立制度

	メリット	デメリット
ハーフタックス養老	・掛金の2分の1が損金算入できる ・計画的に退職金の支給財源が準備できる ・役員も加入することができる ・不祥事を起こした従業員が退職する場合などは、解約返戻金を支給しないことが可能	・保険会社の破綻により、保険金額等が削減される可能性がある ・高額の積立ができない
中退共	・掛金が全額損金算入できる ・制度運営手数料の企業負担がない ・新規、増額の際に国より掛金の助成がある ・退職給付債務の対象外	・制度が一律で企業側の自由度が低い ・掛金が定額の設定のみである ・予定利率が引き下げられた場合は給付額が減少する （2003年4月に3.0%が1.0%にと、大幅引下げ）
規約型企業年金	・給付額が確定しているので従業員の企業定着化を促進 ・効率的な資産運用により掛金の軽減が可能 （掛金の増減・停止が可能）	・掛金の追加拠出の可能性がある （積立不足発生の可能性） ・ポータビリティが低いため中途採用者に不利となる ・財政検証等の負荷が発生するため、手数料が高めになる
退職給与引当金	・引当金相当額を、退職金支給時まで運用できる ・引当金相当額を、退職金支給時まで運転資金に充当できる	・支給額の最高20%までしか引き当てできない ・10年以内に引当金を取り崩す必要がある ・役員や使用人兼務役員については損金不算入である
確定拠出型企業年金	・掛金の追加拠出義務は生じない ・離転職時のポータビリティに優れるため、優秀な人材の獲得に有利 ・退職給付債務の対象外	・加入者ごとの詳細な資産運用の記録など煩雑な事務処理と、投資教育などの体制整備が必要 ・勤続3年以上の従業員への掛金没収ができない （不祥事退職者へのペナルティ措置がとれない） ・60歳まで給付が受けられない （貸付も認められない）

２．２分の１損金算入の要件充足を確認する

　法人契約で養老保険に加入した場合、満期保険金があることから、支払った保険料は全額資産に計上するのが原則です。ハーフタックス養老保険は、一定の要件を充足し、従業員の福利厚生制度の一部を担うと判断された場合、"特例"として支払保険料の半分を「福利厚生費」として損金算入することが認められています。

　満期保険金は支払保険料以上になりますし、実質返戻率も高いことから、安定的に利益を上げている企業には従来から高いニーズがあるようです。保険種類が養老保険であるため、緊急時には契約者貸付が使えることもアピールポイントになっています。

　契約形態は、次のとおりです。

・契約者　　　　　　　　法人
・被保険者　　　　　　　全従業員（役員を含めてもよい）
・死亡保険金受取人　　従業員の遺族
・満期保険金受取人　　法人

　福利厚生制度の一環として認められる、言い換えれば保険料の２分の１を「福利厚生費」という勘定で経費処理することが認められるためには、次のことが求められています。

・全従業員が被保険者となること
・同族関係者が従業員の大半を占めていないこと
・死亡退職金は直接従業員の遺族に支払われること

　全従業員が被保険者となるのが原則ですが、中小企業の場合には従業員の出入りが多いことから、客観的に見て全員加入とみなせる状態、すなわち「普遍的加入」であれば足りるとされています。

　普遍的加入の例としては、「年齢20歳以上の全従業員」「勤続３年以上の全従業員」などが当てはまります。勤続５年以上となると「差別的加入」

図表29　ハーフタックス養老保険提案の切り口

☆**普遍的加入の要件は充足していますか？**
- ☑男性だけ付保している
- ☑勤続５年以上の従業員だけ付保している
  ⇒１～３年以上勤続の従業員にしましょう
- ☑従業員の過半数が同族である
  ⇒役員・従業員に対する「給与」とされます
- ☑課長職以上にのみ付保している

☆**付保金額はどうされていますか？**
- ☑全従業員一律の金額で付保している
  ⇒一般従業員と役職者で付保金額に格差を付けられます

☆**定期的な見直しは行っていますか？**
- ・退職済みの従業員契約は解約していますか？
- ・入社３年以上の従業員は全員付保されていますか？

☆**「福利厚生規定」は整備されていますか？**

と認定されるケースが多いようです。逆に、差別的加入と認定されて損金算入が否認された例としては、「男性従業員のみの加入」「課長職以上の加入」などが挙げられます。健康状態が思わしくなく、生保会社が引き受けない従業員を除くことは認められています。

　従業員の年齢が高く、採用予定の養老保険に加入できない場合もあります。例えば従業員が59歳で、65歳満了の養老保険には契約規定により加入できない場合には、70歳満了養老保険に加入する、定期保険に加入するなど、従業員の福利厚生に寄与するような工夫が本来的には求められるでしょう。

　普遍的加入を充足するためには、何も全従業員が同じ生命保険会社で付保している必要はありません。現在の加入状況をチェックし、差別的加入が発見された場合には、未加入の従業員のみ自社で加入してもらうよう提案してもかまいません。制度導入以来、定期的な全従業員付保のチェックを行っていない中小企業も多くあります。

　「入社３年以上経過した従業員に付保していますか？」「退職した従業員の契約は解約していますか？」「女性だけに付保していませんか？」など

と、損金算入の要件充足のチェックを切り口に訪問するのも効果的です（図表29）。

　また、全従業員が同額で加入していることも要求されていません。従業員は300万円、課長以上は500万円というように、役位ごとに格差を付けることも可能です。この例で言えば、他社にて全従業員が一律300万円加入しているのであれば、課長以上について自社にて200万円付保する提案も有効です。

　役位ごとの格差について明確な基準はありませんが、「給与格差以内かつ5倍以内」「最高付保金額3,000万円」が一般的に認められる限界といわれています。ただし、具体的には所轄税務署で確認しましょう。

　ハーフタックス養老保険には、役員の加入も認められています。制度導入あるいは改定の際には、役員の加入についても規定しておくとよいでしょう。他の制度と異なり、保険料の2分の1を損金算入しながら役員退職金の準備もできるのですから。

■逆ハーフタックス養老保険には要注意

　「死亡保険金受取人＝法人、満期保険金受取人＝従業員」という、ハーフタックス養老保険とは受取人を逆にする提案も行われています。

　保険料は、福利厚生費と給与として仕訳するため、全額が損金となります。節税しつつ、企業経営が悪化した場合に解約返戻金を活用することはできます。

　この契約は満期まで継続し、本当に満期保険金を従業員に支払う予定でしょうか。従業員は、給与として実際に受け取ることなく、所得税・住民税が上乗せとなっています。満期保険金が受け取れないとしたら、踏んだり蹴ったりです。契約時には、被保険者である従業員の同意が必要ですが、実態として会社から書類を渡されただけで、加入の趣旨、税務面まで十分に納得いくまで説明を受けているかは疑問です。

　逆ハーフタックス養老保険の応用として、被保険者を役員に限定するプランがあります。法人の支払保険料は全額が役員報酬となり、法人は損金処理します。被保険者は、役員報酬となり、所得税・住民税が増加するこ

図表30　ハーフタックス養老保険の契約例

従業員のみ　／　10年養老　一律300万円
被保険者：35歳男性　20名、25歳女性　10名

経過年数	①死亡保険金	②払込保険料	③解約返戻金	④満期保険金	⑤返戻率(③+④)/②	⑥損金算入額②×50%	⑦資産計上額②×50%	⑧軽減税額⑥×36%	⑨実質保険料②-⑧	⑩実質返戻率③/⑨
1	90,000,000	8,994,510	6,756,000		75.1	4,497,250	4,497,260	1,618,990	7,375,520	91.6
2	90,000,000	17,989,020	15,363,000		85.4	8,994,500	8,994,520	3,237,980	14,751,040	104.1
3	90,000,000	26,983,530	24,120,000		89.3	13,491,750	13,491,780	4,856,970	22,126,560	109.0
4	90,000,000	35,978,040	33,039,000		91.8	17,989,040	17,989,040	6,475,960	29,502,080	111.9
5	90,000,000	44,972,550	42,108,000		93.6	22,486,250	22,486,300	8,094,950	36,877,600	114.1
6	90,000,000	53,967,060	51,342,000		95.1	26,983,500	26,983,560	9,713,940	44,253,120	116.0
7	90,000,000	62,961,570	60,747,000		96.4	31,480,750	31,480,820	11,332,930	51,628,640	117.6
8	90,000,000	71,956,080	70,320,000		97.7	35,978,000	35,978,080	12,951,920	59,004,160	119.1
9	90,000,000	80,950,590	80,067,000		98.9	40,475,250	40,475,340	14,570,910	66,379,680	120.6
10	90,000,000	89,945,100	90,000,000		100.0	44,972,550	44,972,550	16,189,920	73,755,180	122.0

> 65歳満了に比べて保険料が高く損金額を大きくできるうえ、単年・実質返戻率も高くなる

従業員のみ　／　65歳養老　一律300万円
被保険者：35歳男性　20名、25歳女性　10名

経過年数	①死亡保険金	②払込保険料	③解約返戻金	④満期保険金	⑤返戻率(③+④)/②	⑥損金算入額②×50%	⑦資産計上額②×50%	⑧軽減税額⑥×36%	⑨実質保険料②-⑧	⑩実質返戻率③/⑨
1	90,000,000	2,540,250	558,000	0	21.9	1,270,110	1,270,140	457,220	2,083,030	26.7
2	90,000,000	5,080,500	2,868,000	0	56.4	2,540,220	2,540,280	914,440	4,166,060	68.8
3	90,000,000	7,620,750	5,208,000	0	68.3	3,810,330	3,810,420	1,371,660	6,249,090	83.3
4	90,000,000	10,161,000	7,584,000	0	74.6	5,080,440	5,080,560	1,828,880	8,332,120	91.0
5	90,000,000	12,701,250	9,990,000	0	78.6	6,350,550	6,350,700	2,286,100	10,415,150	95.9
6	90,000,000	15,241,500	12,438,000	0	81.6	7,620,660	7,620,840	2,743,320	12,498,180	99.5
7	90,000,000	17,781,750	14,916,000	0	83.8	8,890,770	8,890,980	3,200,540	14,581,210	102.2
8	90,000,000	20,322,000	17,430,000	0	85.7	10,160,880	10,161,120	3,657,760	16,664,240	104.5
9	90,000,000	22,862,250	19,980,000	0	87.3	11,430,990	11,431,260	4,114,980	18,747,270	106.5
10	90,000,000	25,402,500	22,566,000	0	88.8	12,701,100	12,701,400	4,572,200	20,830,300	108.3
11	90,000,000	27,942,750	25,017,000	0	89.5	13,971,210	13,971,540	5,029,420	22,913,330	109.1
12	90,000,000	30,483,000	27,510,000	0	90.2	15,241,320	15,241,680	5,486,640	24,996,360	110.0
13	90,000,000	33,023,250	30,039,000	0	90.9	16,511,430	16,511,820	5,943,860	27,079,390	110.9
14	90,000,000	35,563,500	32,607,000	0	91.6	17,781,540	17,781,960	6,401,080	29,162,420	111.8
15	90,000,000	38,103,750	35,211,000	0	92.4	19,051,650	19,052,100	6,858,300	31,245,450	112.6
20	90,000,000	50,805,000	48,891,000		96.2	25,402,200	25,402,800	9,144,400	41,660,600	117.3
25	90,000,000	63,506,250	63,828,000	0	100.5	31,752,750	31,753,500	11,430,500	52,075,750	122.5
30	90,000,000	76,207,500	80,433,000		105.5	38,103,600	38,103,900	13,716,720	62,490,780	128.7
35	30,000,000	79,476,450	24,978,000	60,000,000	106.9	39,738,050	39,738,400	14,305,120	65,171,330	130.3
40	30,000,000	82,745,400	30,000,000	60,000,000	108.7	41,372,700	41,372,700	14,893,590	67,851,810	132.6

> ③解約返戻金額 ＞ ⑦資産計上額となっており、含みを形成

従業員＋役員　／　65歳養老　一律300万円＋1,000万円
被保険者：35歳男性　20名、25歳女性　10名
45歳男性　1名　（社長）
40歳女性　1名　（副社長/社長夫人）

経過年数	①死亡保険金	②払込保険料	③解約返戻金	④満期保険金	⑤返戻率(③+④)/②	⑥損金算入額②×50%	⑦資産計上額②×50%	⑧軽減税額⑥×36%	⑨実質保険料②-⑧	⑩実質返戻率③/⑨
1	110,000,000	3,298,710	853,000	0	25.8	1,649,340	1,649,370	593,742	2,704,968	31.5
2	110,000,000	6,597,420	3,848,000	0	58.3	3,298,680	3,298,740	1,187,484	5,409,936	71.1
3	110,000,000	9,896,130	6,882,000	0	69.5	4,948,020	4,948,110	1,781,226	8,114,904	84.8
4	110,000,000	13,194,840	9,961,000	0	75.4	6,597,360	6,597,480	2,374,968	10,819,872	92.0
5	110,000,000	16,493,550	13,081,000	0	79.3	8,246,760	8,246,850	2,968,710	13,524,840	96.7
6	110,000,000	19,792,260	16,253,000	0	82.1	9,896,040	9,896,220	3,562,452	16,229,808	100.1
7	110,000,000	23,090,970	19,464,000	0	84.2	11,545,380	11,545,590	4,156,194	18,934,776	102.7
8	110,000,000	26,389,680	22,721,000	0	86.0	13,194,720	13,194,960	4,749,936	21,639,744	104.9
9	110,000,000	29,688,390	26,025,000	0	87.6	14,844,060	14,844,330	5,343,678	24,344,712	106.9
10	110,000,000	32,987,100	29,377,000	0	89.0	16,493,400	16,493,700	5,937,420	27,049,680	108.6
11	110,000,000	36,285,810	32,566,000	0	89.7	18,142,740	18,143,070	6,531,162	29,754,648	109.4
12	110,000,000	39,584,520	35,811,000	0	90.4	19,792,080	19,792,440	7,124,904	32,459,616	110.3
13	110,000,000	42,883,230	39,103,000	0	91.1	21,441,420	21,441,810	7,718,646	35,164,584	111.1
14	110,000,000	46,181,940	42,448,000	0	91.9	23,090,760	23,091,180	8,312,388	37,869,552	112.0
15	110,000,000	49,480,650	45,843,000	0	92.6	24,740,100	24,740,550	8,906,130	40,574,520	112.9
20	110,000,000	65,974,200	63,717,000	0	96.5	32,986,800	32,987,400	11,874,840	54,099,360	117.7
25	110,000,000	82,467,750	83,344,000	0	101.0	41,233,500	41,234,250	14,843,550	67,624,200	123.2
30	90,000,000	95,529,890	80,433,000	20,000,000	105.1	47,764,795	47,765,095	17,194,730	78,335,160	128.2
35	30,000,000	98,798,840	24,978,000	80,000,000	106.2	49,399,245	49,399,595	17,783,130	81,015,710	129.5
40	30,000,000	102,067,790	30,000,000	80,000,000	107.7	51,033,895	51,033,895	18,371,600	83,696,190	131.4

とになり注意が必要です。

　被保険者が受け取る満期保険金は一時所得扱いで、1／2課税となります。
｛(満期保険金－役員報酬扱いの保険料) －50万円｝ ×1／2

　当該被保険者（役員）が、法人に対して貸付金がある場合には、「借入金返済」に充当させる手法、役員に対する「貸付金処理」とする手法もとられています。

　一世を風靡した逆ハーフタックス養老保険ですが、この形態の契約を停止している生命保険会社もあります。提案にあたっては、保険税務に詳しい税理士と連携すると良いでしょう。

3．10年満期と65歳満期

　ハーフタックス養老保険は、10年満期で設計しているものが多くあります。もともとは郵便局の簡易保険（現かんぽ生命）が、昭和30年代から積極的にこのハーフタックス養老保険を販売していましたが、高度成長時代に従業員の離退職率が高まったこと、インフレによる貨幣価値の大幅な低下に対応するため定期的な増額措置を講じる必要があったこと、などの理由により、10年満期養老保険での提案が主流を占めるようになりました。

　保険料は10年養老保険のほうが65歳満了養老保険よりも相当高くなる（＝損金算入額が大きくなる）ことから、特にバブル時代には10年養老保険での高額提案が損金話法の主流となりました。

　10年満期を迎えた場合、満期保険金が益金となり課税されてしまうという問題もあります。ただ、一部の生命保険会社では「年金移行特約」が付保できるので、この特約により満期保険金という概念はなくなります。

　満期保険金相当額＝年金原資となりますから、課税は年金支払時となります。10年確定年金に移行させれば、10年間に分割して課税されることになります。支払われた年金は次の10年間、ハーフタックス養老保険の保険料に充当されるわけです。

　ハーフタックス養老保険のもともとの趣旨は、社外にて従業員の退職金原資を安全に積み立てていくことにあります。「高年齢者雇用安定法」が

一部改正され、2013（平成25）年4月より施行されました。従来は、60歳の定年退職を迎えた従業員のうち、能力や勤務態度良好などの条件を満たした者に限定して雇用延長することが可能でしたが、改正後は原則全員の雇用延長に応じることが義務付けられています。雇用先は、定年退職を迎えた企業、子会社、グループ会社となります。

これは、厚生年金の受給開始年齢が60歳から段階的に引き上げられ、2025（平成37）年には65歳になることが背景にあります。企業によっては、定年を65歳に変更しているところもあります。各企業の就業規則、法改正等の情報に対応したハーフタックス養老保険の設計が重要です。当面は、65歳満了養老保険での設計が最も適切な提案となるでしょう。

すでに10年養老保険に加入している場合には、その契約を払済保険に移行させ、65歳満了養老保険での提案を行うのがよいでしょう。養老保険の場合、払済保険に移行しても特に経理処理は不要です。10年満期に比べて満期が相対的に長くなる65歳満了のほうが保険料は安くなり、景気低迷の昨今、中小企業経営者にも受け入れやすい提案といえるでしょう。

■選択制401kも福利厚生の有力な選択肢

従業員および役員の退職金準備手段としては、「選択制401k」があります。会社が確定拠出年金制度を導入し、希望する従業員と役員が、給与と賞与の一部を確定拠出年金の掛金とすることを選択します。

給与が下がるため、所得税・住民税、社会保険料が少なくなります。給与月額40万円で掛金の2万円を拠出した場合、税金・社会保険料などが年7万5,000円程度の減額となります。給与が減額となることで、厚生年金保険料の等級が下がり厚生年金の受取額は減少します。厚生年金保険料の等級は月60万5,000円以上はすべて同じです。給与水準の高い役員は、制度導入のメリットは大きくなります。

すでに、ファーストリテイリング（ユニクロ）、ヤマト運輸などが導入しています。少人数からの契約が可能な運営管理機関もあります。従業員の福利厚生制度としては、メリット・デメリットをよく分析する必要がありますが、有力な選択肢の1つです。

［12］ 法人契約の 医療保険を提案する

1．法人契約の医療保険に関する税務面の問題

　生保販売においても、固定概念を変えなければならないことが多いようです。「法人には定期保険」という通説がありますが、保険料を資産計上して企業財務を厚くする終身保険がよく売れているのは、バブル崩壊後の不況時代だからこその一例でしょう。同様に、「法人には医療・がん保険は販売しない」という固定概念も払拭する必要があります。

　法人に医療保険を付保すべきではないというのは、入院給付金・手術給付金受取時における税務面からの問題提起でしかないのです。

　ここでまず、税務面について整理しておきましょう。

　医療保険は約款上、入院給付金・手術給付金の受取人は契約者である法人となっています（全社共通約款・法人契約特則）。この規定により、実際に入院した被保険者（社長など）ではなく、会社が入院給付金・手術給付金を受け取ると、会社の営業外利益（雑収入）となり、法人税の課税対象となります。

　「実際に入院したのは社長だから」と、受け取った給付金を社長に支払った場合、社会通念上妥当な金額であれば見舞金として損金処理できますが、過大と判断されれば、その部分は「役員賞与」となり、損金不算入となります。

　ここで言う社会通念上妥当とされる金額は、役職・入院期間などから総合的に判断されるものですが、「5〜50万円」「社長の月収程度」など諸説語られています。複数の税理士に問い合わせても、「具体的には所轄税務署の判断」という回答です。

■稀有な事例だけで「見舞金上限を５万円」とするのは疑問

　国税不服審判所において「取締役会長に支払った入院見舞金は５万円について損金処理を認める」という裁決が行われたことから（平14.6.13裁決『裁決事例集』63　309頁）、「入院見舞金の妥当額は５万円」という通念が一人歩きしているようです。本件は、「建設工事業を営む同族会社が、その取締役会長に支払った報酬の額および退職給与の額が過大か否か、並びに同人に支払われた見舞金が同人に対する賞与等に該当するか否か」を主な争点としたものです。

　個別事情もあり、本件を前例として一律入院見舞金の上限は５万円と言い切れるものではありません。国税不服審判所の裁決にまでなるケースは稀であり、比較的稀有な事例をもって全体を語るのは適当とはいえません。税務署では一般的に、社内規定が整備されているかという「形式基準」と、地域・業種・役職などに照らし合わせた「客観基準」の２点から総合的に妥当金額が判断されるからです。

　役員退職金・弔慰金規程と同様に、見舞金についてもあらかじめ規程を作成しておくとともに、契約前に所轄税務署に確認をしておくとよいでしょう。その際には、日時、担当職員名、内容を必ず記録していくようにしてください。

　従来は見舞金として過大と判断された場合、給付金の「全額」が役員賞与扱いとされていました。

　例えば、会社が100万円の給付金を受け取って全額を社長に見舞金として支払った場合に、税務署が見舞金の妥当金額を50万円と判断すると、「50万円は見舞金（損金）、50万円は役員賞与」ではなく、「100万円全額が役員賞与」とされていたのです。見舞金を受け取った社長個人も所得税・住民税の課税対象となってしまいます。

　直近の事例では、見舞金としての妥当金額までは「見舞金」とし、過大と認定された金額は「役員賞与」（従業員の場合は「給与」）として処理することが認められています。

個人で医療保険を付保していた場合、受け取った給付金は全額が非課税扱いとなります（所得税法施行令第30条）。

　このことから、医療・がん保険は個人で付保するもので、法人契約で医療保険の付保を営業職員が勧めるのは、「法人税務に疎い素人の提案」と一部のセールスパーソンなどから敬遠されてきたわけです。

2．「医療・がん保険で利益補填」という切り口

　税務面での問題を承知しながらも、あえて法人に医療・がん保険の付保を勧めているケースも多くあります。法人契約においては、入院給付金・手術給付金の受取りが法人になることを説明していなかったとすれば、厳しい批判も受けざるを得ないでしょうが…。この理由はどこにあるのでしょうか。

　差額ベッド代など、入院や治療のための医療費をカバーする目的であれば個人で加入すべきでしょう。しかし、事業継続と見舞金確保のために医療保険を付保するのであれば、話は変わってきます。法人で付保するメリットが大きくなるのです。

　従業員数名〜10数名の零細企業で考えてみます。零細企業の大半は、社長が営業に回り、獲得してきた案件を従業員が処理・加工しています。もし社長が長期入院したら、その間、新しい仕事はありません。

　こうした会社が法人契約で医療保険を付保していたらどうでしょう。受け取った給付金を見舞金として社長に支払わなければ、落ち込んだ売上をカバーし、従業員の給与、営業経費、家賃・光熱費などの固定費の補充として活用できます。

　図表31で具体的な例を見てみましょう。この会社の月次損益計算書（Ｐ／Ｌ）は、1,000万円の売上に対して売上原価は600万円、営業経費は100万円、限界利益は300万円（30％）、家賃・従業員給与などの固定費は200万円で、当月利益は100万円です。この会社で社長が入院しました。

　入院日額１万5,000円の契約で、社長が入院給付金・手術給付金計60万

図表31　医療保険の給付金受取例

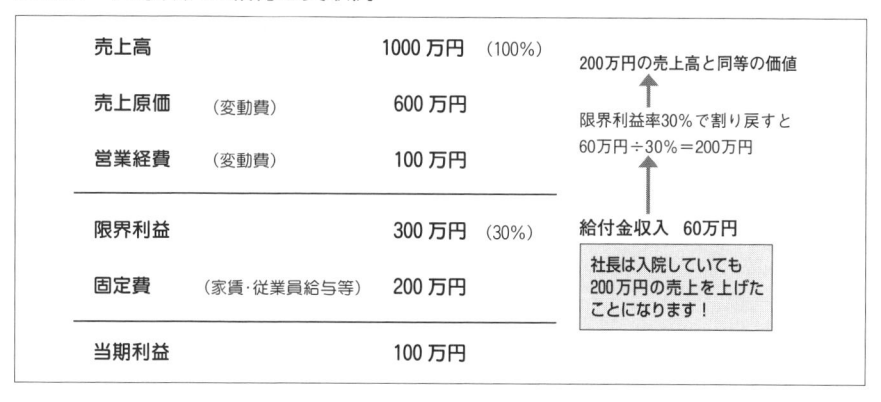

円（入院日数20日、手術給付金計60万円（入院日数20日、手術給付金１万5,000円×20倍））を受け取ったとします。この給付金を限界利益30％で割り戻してみると、60万円÷30％＝200万円。社長は入院していても、200万円の売上を上げていることになるのです。

　ここまで面倒に説明しなくても、「税引前利益を100万円上げるには、いくらの売上が必要ですか？　社長が入院した場合、その売上を誰か代替してくれますか？」という一言で、社長の関心は大きくなります。

　会社を守るための医療・がん保険（特約）の保険料は、会社にとって税務上だけでなく、心理的にも必要経費となります。「医療・がん保険で利益補填（会社を守る）」というのは、新しい法人提案の切り口となるでしょう。

　次に、終身型医療保険の終身払の例を見てみましょう。医療保障部分の保険料は、全額損金算入が可能です。

　本例は、解約返戻金があるタイプの終身医療保険・終身払です。最近では、解約返戻金のないタイプが主流ですが、解約返戻金があるタイプでは、解約返戻金を勇退退職金の原資として使うこともできるため、中小企業向けには一定のニーズがあります。

例）被保険者40歳男性、１万円／日・180日型（手術給付金40・20・10万

円）、年払保険料 9 万5,460円

経過後の解約返戻金額・単純返戻率は、

・60歳時点　115万8,000円　60.2%
・65歳時点　139万1,400円　58.3%
・70歳時点　154万2,000円　53.8%

となります。実質返戻率は100%を超えていませんから、節税プランとはなりません。

1 入院1,095日型にすると、年払保険料は11万3,970円、経過後の解約返戻金額・単純返戻率は、

・60歳時点　142万9,600円　62.7%
・65歳時点　172万8,000円　60.6%
・70歳時点　194万9,600円　57.0%

となり、解約返戻金額、単純返戻率ともに数ポイントアップします。

医療保険は、入院給付金を受け取っても解約返戻金額は変わりません。勇退退職の際には、長期平準定期保険と同様に契約自体を退職金の代わりに現物給付として受けることも可能です。この場合の評価は、解約返戻金額となります。

社長の入院給付金を事業保障としてのみ活用するのであれば、解約返戻金のないタイプを選択する方法もあります。

3．法人契約の医療保険に関する国税庁の通達

①医療保険（特約）

医療保険（特約）の法人契約に関しては、2001（平成13）年に国税庁より通達が出されています（課審 4 − 99.100、生命保険照会文 − 企第250号）。

終身型医療保険の終身払では、保険料は原則として全額が損金算入できます。

三大（特定疾病）入院特約、介護特約などは、付加することで解約返戻率がアップすることが多いのですが、明確な取扱いが不明であり、個別に税務署に照会する必要があります。

　終身型医療保険の有期払（短期払込）の場合には、長期平準定期と同様に経理処理することになります。

■短期払でも全額損金算入が可能に

　医療保険終身保障タイプで、2013（平成25）年3月21日以降を契約日とする無解約返戻金型、保険料払込期間中無解約返戻金型など、解約返戻金が無いか、あってもごくわずかな契約については、短期払でも全額損金算入が認められています。

　保険料払込満了後に契約者を名義変更した場合、無解約返戻金型では解約返戻金がありませんから、経理処理なしで、法人から個人に変更できます。法人で保険料を支払い、名義変更後は個人で医療保障を引継ぐことが可能となります。

　中小法人で社長が倒れた場合には、入院・手術給付金で売上を補填します。会社運営が順調に推移し、保険料払込も満了した時点で、個人に名義変更するというプランです。

　医療保険によっては、介護保障特約を付加できるものもあります。経営者が要介護となった場合の保障、個人に名義変更した場合の保障を兼ねることができるプランとなり、訴求力があります。

　保険料払込期間は、あまりにも短期であると、法人の経費で個人の医療保障を確保する目的で契約したと憶測されかねません。あくまでも、法人保障の一貫として契約したが、経営が順調で医療保障を継続する必要が無くなったため、名義変更するわけですから。

　終身保障タイプの短期払込全額損金算入は、契約日が上記以前の既契約には遡及適用されませんので注意しましょう。

　また、この取扱いは、各生命保険会社が、当該医療保険について全額損金算入が認められるか否かを個別照会しています。取扱生命保険会社に確認し、指示に従って提案してください。

②がん保険

　がん保険についても、医療保険とともに2001（平成13）年に国税庁の通達が適用されていましたが、解約返戻率の高い商品が節税プランとして大

量販売されたことから、2012（平成24）年4月に『法人が支払う「がん保険」（終身保障タイプ）の保険料の取扱いについて（法令解釈通達）』（課法2－5、課審5－6）が発翰されました。以後は、終身払がん保険の全額損金プランは封印されることとなっています。

③特定疾病保険

医療保険と同様の効果をもたらすのが、「特定（三大）疾病保険」です。「生前給付型保険」と呼ばれるこの保険は、被保険者が、がん・脳血管疾患等に罹患し所定の状態になったときに、保険金が前払いされます。

社長がこうした重篤な疾患に罹患した場合、長期入院あるいは社会復帰が難しいケースが多くなります。そして、かなりの割合で後継者に事業を譲ります。

この場合も、受け取った給付金を医療保険（特約）の場合と同様に売上の補填として活用することができます。後継者に事業承継する際には退職金の一部として活用することも可能です。

ちなみに保険料の税務処理は、定期型は定期保険、終身型は終身保険に準じます。

先に解説した解約返戻金の多い医療保険とともに、退職金の一部として活用することももちろん可能です。医療保障を個人で付保した場合と法人で付保した場合で、各々に期待する機能を明確にさえしておけばよいわけです。

なお、一部の損保会社が販売している「傷害疾病保険」では、法人契約した場合、傷害死亡保険金は被保険者の法定相続人、傷害入院保険金（生保・医療保険の疾病入院給付金に該当、以下同様）・傷害手術給付金・疾病入院保険金・疾病手術給付金は被保険者に支払われる規定としている場合が多いので、個別に調べてみる必要があるでしょう。

■従業員のためには見舞金規定を整備する

福利厚生制度の一環として、従業員に医療保険を付保することも行われています。この場合も、福利厚生の一環として加入するわけですから、見

舞金規定を整備しておきましょう。

　終身型医療保険の終身払を採用することが多いようですが、給付金の受取人を法人とするため、ハーフタックス養老保険のような普遍的加入が保険料損金算入の要件とはなっていません。しかし、制度採用の趣旨からして、全員付保（普遍的加入）としておくのが望ましいでしょう。

　長期平準定期保険、逓増定期保険、長期傷害保険、がん保険と、節税プランは税務当局と商品開発との激しいイタチごっこが続いてきました。時に契約者や被保険者を置き去りにしてしまいます。

　契約時期によって同一商品でも経理処理が異なることもあり、経理担当者も戸惑います。新規提案だけではなく、医療・がん保険に関しても、既契約の契約趣旨、税務の変遷と具体的な経理処理、今後の方針などをアドバイスすることで、大きな信頼を得られている分野でもあります。

［13］ 生命保険の提案に 企業データを活用する

1. 企業データを集めて大まかな提案方針を立てる

　中小企業に対する生保提案の成約率を高めるためには、業種による特徴、企業の成熟度、経営者などについて事前に企業データを収集・分析する必要があります。生命保険会社の多くは、帝国データバンクなどと提携して得たデータに各社独自の情報を加味したものを、社員（営業担当者、ソリシター、ホールセラー）に提供しています。ターゲットとする企業のデータ提供を担当者に依頼しましょう。

　データ提供を受けられない場合には、インターネットの「日経テレコン」を活用します。有料ですが、帝国データバンクと東京商工リサーチのデータが自由に取り出せます。

■業種の特性や業況について確認・分析

　企業データを生保販売の観点から見てみましょう。

　まず、業種の特徴をチェックします。製造業・流通業では、本社や工場の土地が社長一族の個人所有となっているケースが多いようです。相続が発生した場合には、遺産分割に問題が生じること、会社から入る地代により見かけ以上に裕福な社長が多いことから、相続税納税資金対策、遺産分割対策（特に自社株・不動産分割に代わる代償分割としての生命保険の活用）を念頭に入れておきます。

　サービス業、特にコンピュータソフト開発業は、会社資産が乏しいことから、社長の個人資産担保が当たり前となっています。会社が倒産した場合には、担保として提供している自宅を失うことから、事業保障とともに

図表32　帝国データバンクと東京商工リサーチのデータの特徴（項目は抜粋）

	帝国データバンク	東京商工リサーチ	備　　考
収録件数	約102万社	約66万社	・調査企業数は少ないが、東京商工リサーチの方がデータが詳しい
商号	商業登記簿記載の社名	同左	
所在地	実質本社所在地	同左	
代表者氏名	代表取締役社長	同左	
コード	帝国データバンクの独自コード	東京商工リサーチの独自コード	
会社種別	上場・非上場の別（店頭は非上場扱）	上場・非上場の別	
設立年月	・法人成りした年月日 ・創業社長の役員勇退退職金算定時の在任年数はこの年を起算とする	同左	
創業年			・個人事業として創業した年
業種名	日本標準産業分類に準拠		
資本金	個人企業は記載なし	商業登記簿記載の金額。有限会社は出資金、個人企業は元入金	
従業員数	役員・家族従業員は除く パート・アルバイトを含んでいる場合もある	正社員のみ	・正社員が10名以上いれば、総合福祉団体定期に加入していることが多い。シェアインすれば全従業員の生年月日が分かる
（大）株主	上位5位まで収録	持ち株数（比率）上位10位まで収録	・同族企業か否かを確認する ・同族株主に亡き創業者夫人がいれば相続・事業承継に腐心した可能性が高い
役員	商業登記簿記載の役員	同左	
事業所・工場	事業所数	所在地を文章として記入	
取引銀行	1番目がメイン銀行、以下順不同	同左	
業績	2期分の売上高、利益、配当、資本構成	5期分の売上高、利益、配当、売上高、利益伸長率を表示 利益部分の＊は税込み利益を意味する	・配当金等が「0」の場合、本当に配当していないのか、データがないのかを確認する ・配当は額面に対する％で表示
（法人）申告所得	2期分を表示	税務署が公示した年間所得金額が4000万円以上の企業の所得金額を3期分表示	・4000万円以上は所轄税務署が公示 ・利益の上がっている下請企業は4000万円未満に収めるべく損益作りに奔走しているケースもある
順位	業種別の売上高、法人申告の全国と県内のランキング	同左	
評点	帝国データバンクが企業を総合評価。営利企業のみを対象とする。 構成要素…… 業歴（5点）、資本構成（12点）、規模（19点）、損益（10点）、資金概況（20点）、代表者（15点）、企業活力（19点） 86〜100点　　A（優良） 66〜 85点　　B（やや優良） 51〜 65点　　C（普通） 36〜 50点　　D 35点以下　　　E 50点以下は＊での表示もある	東京商工リサーチが企業を総合評価し点数化する。 構成要素…… 経営能力（20点）、成長性（25点）、安定性（45点）、社会性・信用性（10点） 80〜100点　警戒不要 　　（1万社もない） 65〜79点　　無難 　　（収録企業の70〜80%） 50〜64点　　多少注意 　　（収録企業の10%程度） 49点以下　　一応警戒 　　（5%程度） 49点以下は＊での表示もある	
更新タイミング	マスターデータは毎月。 個別企業は年1回。	同左	

会社資産（含み資産）の形成についても言及しておくとよいでしょう。

企業業績についても把握しておきます。好業績を続けている企業であれば、資金運用、節税対策、福利厚生制度の充実の観点から、節税プラン（逓増定期保険）、役員退職金積立（長期平準定期保険）、福利厚生プラン（ハーフタックス養老保険）、自社株対策などを提案します。

業績不振が続く企業であれば、コスト削減が緊急課題ですから、保険見直し、借入金返済原資としての生命保険活用を提案します。赤字だから生命保険に加入する余裕がないのではなく、「業績不振だからこそ生命保険に加入しておく必要がある」ことを理解してもらいます。

飛び込みや馴染み訪問だけではなかなか情報を得られなくても、こうした企業データを活用すれば、当該企業に対する大まかな提案方針が立てやすくなります。

2．生保提案の切り口となる企業データを分析する

「日経テレコンから」抽出した企業データ例をもとに、各項目についてポイントを見てみましょう。

〔会社所在地〕

会社所在地が都心部にあり、設立日が古ければ簿価は低いため、自社株の評価額が額面の30〜50倍となる場合もあります。

二代目社長などで事業承継を経験していると、株価算定にも関心がありますので、タイミングを捉えてヒアリングしてみます。顧問税理士に簡易算定を依頼すれば、2〜3日以内に算定株価は教えてもらえます。

〔設立・創業〕

個人事業として営業を始めたのが「創業」で、法人成りしたのが「設立」です。

創業社長であれば、役員勇退退職金の適正額算定（最終報酬月額×在任年数×功績倍率）における在任年数はこの設立年を起算にします。代表者プロフィールで生年月日が分かるので最初から具体的な勇退退職金準備の提案書を持参でき、パンフレットのモデルケースより説得力があります。

〔従業員数〕

　帝国データバンクでは、パート・アルバイトを含んでいる場合もある点に注意します。東京商工リサーチでは正社員のみの人数が表示されます。

　正社員が10名以上いれば、総合福祉団体定期保険に加入していることが多い点に注目します。従業員数100名以下の企業での導入率は、約50％といわれています。

　総合福祉団体定期保険の更改時に、たとえ10％でもシェアインすれば、幹事会社から全従業員の生年月日を表示した被保険者一覧が送付されてきます。このデータがあれば、医療保険などの職域一斉募集用にプレプリントした申込書の作成なども可能になります。

　職域団体が設置できれば（10名から可能）、給与天引きで保険料が収納できるため、解約・失効率が大幅に低下します。20名以上となれば「団体A料率」となり、保険料も5％程度割引となります。職域団体であれば、保険料を代行収納してくれる企業に対しては、集金事務費として保険料の3％程度を支払うことも可能です。

〔株主〕

　社長自身が高齢であれば、相続・事業承継対策が危急の課題となっています。二代目社長などであれば先代社長夫人（社長の母親）が大株主に入っていないかもチェックしておきます。

　発行株式数に比べて株主が多い場合は、創業時の役職員等が株主となっている、一族の叔父や叔母などが株主となっている、などが想定されます。事業承継対策の一環として、株式の買取などを早めに検討しておきます。

〔役員〕

　同族以外の役員が就任している場合には、創業時のメンバーあるいは重要取引先・大株主企業からの天下りなどが考えられます。勇退退職金の準備が万全かを確認しましょう。短期間で資金準備をする必要があれば、逓増定期保険の活用を検討します。

　社長の兄弟姉妹が役員に就任している場合も、相当額の勇退退職金の支払いを覚悟しておく必要があります。

　若い後継者が役員に名を連ねている場合には、長期平準定期を無条件に

勧めます。被保険者の年齢が37歳程度までであれば、単純返戻率が100%を超えるからです。シミュレーションを見せるだけで、先方から積極的に加入を申し出てきます。

〔取引銀行〕

最初に記載されているのがメインバンクで、以後は順不同で記載されています。地方銀行が記載されている場合は、創業者の出身地または事業所があるためです。第二地方銀行、信用金庫が記載されている場合は、創業時のメインバンクであったり、業績が苦しい時に支援してくれた場合などが想定されます。

〔配当〕

配当は額面に対する割合で表示されています。10％配当であれば50円額面で5円配当となります。ゼロとなっていたら、配当を実施していない場合とデータのない場合があるので、注意します。

あえて配当を出さないように抑えているケースでは、大株主に名を連ねているが経営にはタッチしていない同族株主に対し、配当金を払いたくないという場合が多いようです。

〔申告所得〕

法人申告所得のことです。かつては4,000万円以上は所轄税務署が公示し、「日本の優良企業○万社」などのネーミングでビジネス雑誌の別冊号が発売されていました。当時は、大企業の下請け企業で申告所得が数年にわたり3,000万円台の場合、企業名・申告所得が公示されないように腐心していることがままありました。現在では、データ公表はありませんが、利益が出ているように思われたくない企業は節税プランに対する関心が高くなります。取引先企業をチェックしましょう。

〔評点〕

帝国データバンクと東京商工リサーチでは評点の考え方が異なりますが、生命保険販売においてはあまり評点にこだわる必要はありません。業績不振企業には、それに応じた生命保険の提案があるからです。

これらデータを生命保険会社が独自加工したデータとして提供された場

図表33　企業データの分析

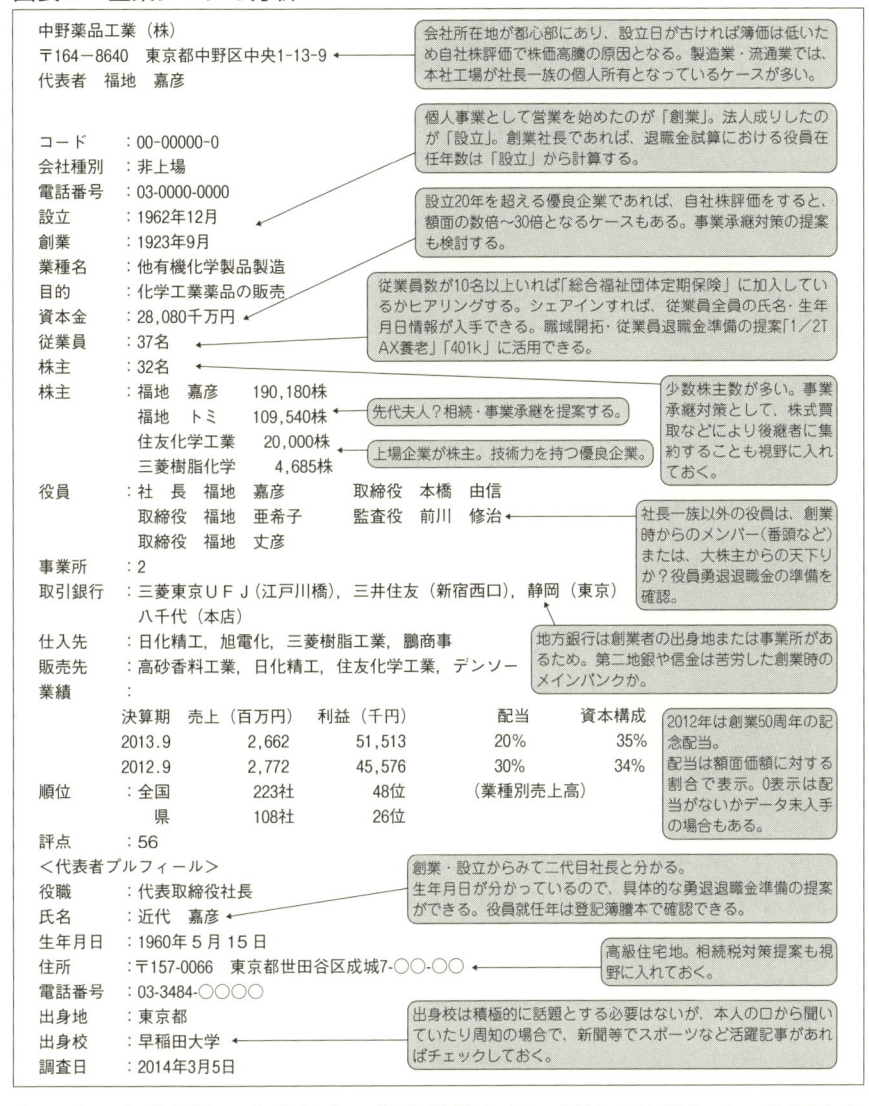

中野薬品工業（株）
〒164−8640　東京都中野区中央1-13-9
代表者　福地　嘉彦

コード	：00-00000-0
会社種別	：非上場
電話番号	：03-0000-0000
設立	：1962年12月
創業	：1923年9月
業種名	：他有機化学製品製造
目的	：化学工業薬品の販売
資本金	：28,080千万円
従業員	：37名
株主	：32名

株主　：福地　嘉彦　　190,180株
　　　　福地　トミ　　109,540株
　　　　住友化学工業　　20,000株
　　　　三菱樹脂化学　　 4,685株

役員　：社　長　福地　嘉彦　　　取締役　本橋　由信
　　　　取締役　福地　亜希子　　監査役　前川　修治
　　　　取締役　福地　丈彦

| 事業所 | ：2 |

取引銀行：三菱東京ＵＦＪ（江戸川橋），三井住友（新宿西口），静岡（東京）
　　　　　八千代（本店）

仕入先　：日化精工，旭電化，三菱樹脂工業，鵬商事
販売先　：高砂香料工業，日化精工，住友化学工業，デンソー
業績　　：

決算期	売上（百万円）	利益（千円）	配当	資本構成
2013.9	2,662	51,513	20%	35%
2012.9	2,772	45,576	30%	34%

順位　：全国　　223社　　　48位　　　（業種別売上高）
　　　　県　　　108社　　　26位

評点　：56

＜代表者プルフィール＞

役職	：代表取締役社長
氏名	：近代　嘉彦
生年月日	：1960年5月15日
住所	：〒157-0066　東京都世田谷区成城7-○○-○○
電話番号	：03-3484-○○○○
出身地	：東京都
出身校	：早稲田大学
調査日	：2014年3月5日

（注記枠内）

- 会社所在地が都心部にあり、設立日が古ければ簿価は低いため自社株評価で株価高騰の原因となる。製造・流通業では、本社工場が社長一族の個人所有となっているケースが多い。
- 個人事業として営業を始めたのが「創業」。法人成りしたのが「設立」。創業社長であれば、退職金試算における役員在任年数は「設立」から計算する。
- 設立20年を超える優良企業であれば、自社株評価をすると、額面の数倍〜30倍となるケースもある。事業承継対策の提案も検討する。
- 従業員数が10名以上いれば「総合福祉団体定期保険」に加入しているかヒアリングする。シェアインすれば、従業員全員の氏名・生年月日情報が入手できる。職域開拓・従業員退職金準備の提案「1／2TAX養老」「401k」に活用できる。
- 少数株主数が多い。事業承継対策として、株式買取などにより後継者に集約することも視野に入れておく。
- 先代夫人？相続・事業承継を提案する。
- 上場企業が株主。技術力を持つ優良企業。
- 社長一族以外の役員は、創業時からのメンバー（番頭など）または、大株主からの天下りか？役員勇退退職金の準備を確認。
- 地方銀行は創業者の出身地または事業所があるため。第二地銀や信金は苦労した創業時のメインバンクか。
- 2012年は創業50周年の記念配当。配当は額面価額に対する割合で表示。0表示は配当がないかデータ未入手の場合もある。
- 創業・設立からみて二代目社長と分かる。生年月日が分かっているので、具体的な勇退退職金準備の提案ができる。役員就任年は登記簿謄本で確認できる。
- 高級住宅地。相続税対策提案も視野に入れておく。
- 出身校は積極的に話題とする必要はないが、本人の口から聞いていたり周知の場合で、新聞等でスポーツなど活躍記事があればチェックしておく。

合には、企業保険・企業年金・損害保険などの項目で付保している保険会社名が明示されています。

　大手生命保険会社であれば、やはり定期付終身保険に加入していることが想定されます。付保している生命保険の種類から確認していきます。

［14］ 企業の決算書と生命保険との関係

１．決算書を入手して生保の提案に活用する

　税会計士・銀行員以外が企業の決算書を見ることは、なかなか難しいように思われますが、決算書を見れば企業が加入している生命保険種類を類推できるため、生保提案には大変有効です。損保代理店の場合には、履行保証保険（履行ボンド）や、労災上乗保険の提案時などに入手することも可能です。

　国や地方公共団体等が発注する公共工事等において、請負契約等を締結する場合、法令上契約保証金を納付する必要がありますが、国等の債権者を被保険者とする履行保証保険または公共工事履行保証証券を契約すれば、保証金の納付が免除されます。

　建設業者は、赤字決算を２期続けると公共工事の入札から外されることがあります。そのため決算には敏感で、生命保険を活用した利益の平準化や繰延べに関心が強く、決算書も比較的容易に見せてもらえます。

　建設業者以外でも、必要保障額の正確な把握のために決算書が必要であることを伝えると、意外なほど簡単に見せてもらえることがあります。特に、経理担当の社長夫人などは、「過大な保険に加入しているのではないか」「当社は適切な保険種類に加入しているのか」と普段から疑問に思っていることが多く、懇意になると生命保険契約書と併せて決算書を見せてくれます。

　決算書は、できれば３期分を見せてもらうように依頼しましょう。１期分だけでは正確な企業の財務状況が把握できません。銀行が決算書を入手する場合も３期分を求めています。

図表34　Ｂ／Ｓ、Ｐ／Ｌ以外の決算書類

株主資本等変動計算書	一会計期間における貸借対照表の純資産の部の増減を表す書類。新株の発行や剰余金の配当など、変動の内訳が分かる。
個別注記表	決算書の注記事項を一覧にした書類。資産の評価基準や配当引当金の計上基準など、決算書の内容を補足する様々なことが分かる。
キャッシュフロー計算書	一定期間のキャッシュ（現金および現金同等物）の流れを表す書類。営業活動・投資活動・財務活動ごとの収入・支出が分かる。
勘定科目明細書	貸借対照表や損益計算書の主な勘定科目の明細が書かれた書類。売掛金・借入金・保険料などの細かな内訳が分かる。
製造原価報告書	製造原価の内訳が書かれた書類。材料費、労務費、経費の内訳が分かる。
法人税申告書	税務署に法人税を申告するために会社が提出する書類。多くの別表で構成されている。 ・別表１　…法人税の計算過程 ・別表４　…所得の計算過程

　ときには、損害保険の見直しを求められることもありますから、損害保険の基礎知識も最低限習得しておきたいものです。

２．決算書における各種生命保険料の仕訳

　損益計算書（Ｐ／Ｌ）と貸借対照表（Ｂ／Ｓ）が決算書の中心となる書類です。

　Ｐ／Ｌは、１年間の収益を表したもので、Ｂ／Ｓは、決算期末日現在の財務状況を表しています。これらの決算書を見ることで、加入している生命保険種類を類推することができます（図表35）。

　生命保険の保険料は、商品種類によって、Ｐ／ＬとＢ／Ｓのいずれかに分類されますが、基本的な考え方は『会社を維持・管理するために必要な費用』であれば、Ｐ／Ｌの「販売費および一般管理費」の中で「保険料」として経費処理されます。

　保障機能に加えて解約返戻金が多く貯蓄機能（資産性）がある商品は、Ｂ／Ｓの固定資産のうち「投資その他資産」で「保険料積立金」あるいは

図35　B／S、P／Lと保険料の関係

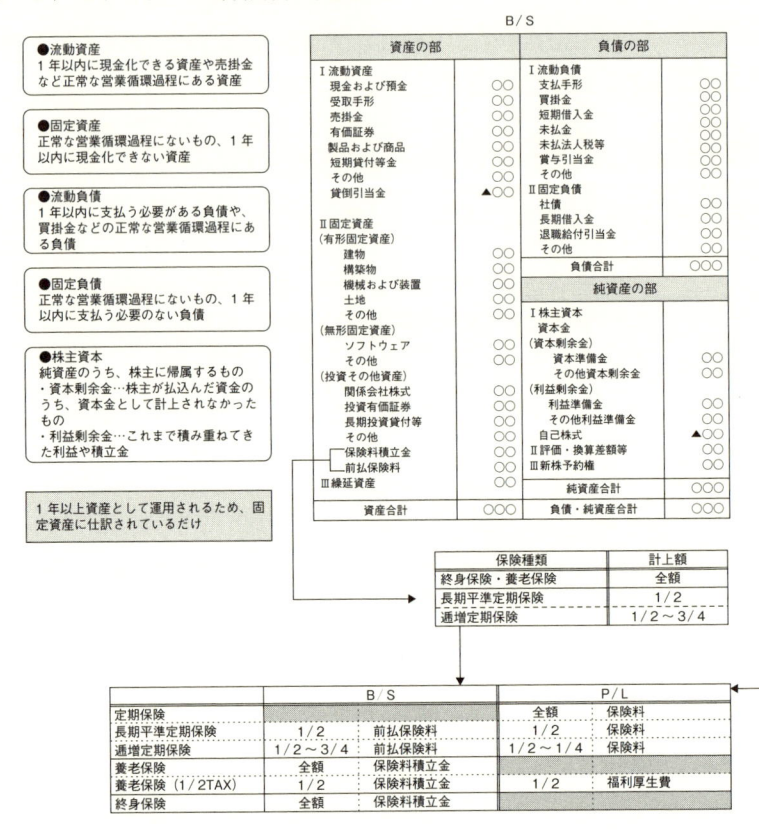

「前払保険料」に仕訳され資産計上します。

〔定期保険〕

　経営者を被保険者として生命保険に加入するのは、社長＝会社の信用であり、社長の死亡が企業経営に与える影響が大きいためです。

　10年定期保険の保険料は、全額が経費（損金）処理されます。自動車・火災保険の保険料が、「企業に損害が生じた場合、支払われた保険金によって、損失補填・賠償し企業経営を継続するための必要経費」として損金処理されるのと同様の考え方です。

　保障のみを買うわけですから、解約返戻金はないか、あってもごくわず

P/L

売上高		○○○
売上原価		○○○
売上純利益	○○○	
販売費および一般管理費		○○○
保険料		○○○
福利厚生費		○○○
営業利益	○○○	
営業外収益		
受取利息		○○○
受取配当金		○○○
雑収入		○○○
営業外費用		
支払利息		○○○
手形譲渡損		○○○
雑支出		○○○
経常利益	○○○	
特別利益		
固定資産売却益		○○○
投資有価証券売却益		○○○
前期損益修正益		○○○
特別損失		
固定資産売却損		○○○
減損損失		○○○
災害による損失		○○○
税引前当期純利益	○○○	
法人税、住民税および事業税		○○○
法人税等調整額		○○○
当期純利益	○○○	

保険種類	算入額
1/2TAX 養老保険	1/2
定期保険	全額
長期平準定期保険	1/2
逓増定期保険	1/2〜1/4

●営業利益
企業が本業で上げた利益を示している

●販売費および一般管理費
従業員給与、生損保保険料など営業活動に必要な費用のうち、売上原価に該当しないもの

●経常利益
企業が経常的な活動で上げた利益を示している。保険金、解約返戻金等を源泉とする雑収入・雑損失を反映している

●税引前当期純利益
法人税等の計算基礎となる。節税するためには、この数値を小さくする。売上を落とせないため、費用（経費）を増やす＝保険料を増やすのが節税プランの基本

会社を維持・管理するための費用として経費処理されている

かであることが前提となります。

〔長期平準定期保険・逓増定期保険〕

　長期平準定期保険と逓増定期保険は定期保険の一種ですが、解約返戻金が大きく発生し、保障機能に加えて貯蓄機能（資産性）もあります。

　そのため保険料は、長期平準定期保険では2分の1を、逓増定期保険では2分の1〜4分の3を、「前払保険料」としてB／Sに資産計上します。保障部分は「保険料」としてP／Lに仕訳し、資産価値がある＝解約返戻金が発生する貯蓄部分はB／Sに仕訳するという考え方です。

　損害保険では、保障部分と積立特約部分の保険料が明確になっていますが、生命保険では両者を峻別することができないため、概算で2分の1、3分の2、4分の3を資産計上するように規定されています。

　B／Sでは、1年以内に現金化されるものを流動資産、1年以内に現金

化されないものを「固定資産」とするため、前払保険料は、「固定資産＞投資その他資産＞その他＞前払保険料」として仕訳されます。

〔終身保険・養老保険〕

養老保険は、満期に向けて解約返戻金が増加していくため、積立定期預金と似ています。終身保険は、商品構造が105歳満期の養老保険とほぼ同様です。このため両者の保険料は、全額が「投資その他資産＞保険料積立金」として仕訳されます。

預入れ期間が1年超の定期預金の場合は、「固定資産＞投資その他資産＞長期定期預金」として仕訳されます。勘定科目が「前払保険料」「保険料積立金」と「長期定期預金」の違いはあるものの、同じ固定資産、投資その他資産であることに変わりはありません。

定期預金の時価は若干の利子が上乗せされるだけですが、前払保険料の時価は、相当大きな含みが形成されています。銀行の預貯金を悪く評価する中小企業の社長はいません。預貯金以上の含みと死亡保障を担保する点を説明すれば、資産計上する「前払保険料」の価値は理解してもらえるはずです。

「保険料積立金」も、契約当初から一定期間経過までは時価評価ではマイナスとなることがありますが、銀行貸付よりも低利である契約者貸付の原資となることなどを説明しその優位性を理解してもらいましょう。

〔ハーフタックス養老保険〕

従業員全員を被保険者とする「ハーフタックス養老保険」に加入した場合は、"例外的に"保険料の2分の1が「販売費および一般管理費＞福利厚生費」として、P／Lで経費処理することが認められています。中小企業の場合、「大手企業のように会社制度として各種福利厚生制度を設けることができないため、生命保険を活用している」という考え方です。

決算書は、通常は3期分を見ます。損益計算書（P／L）の「保険料」「福利厚生費」、貸借対照表（B／S）の「前払保険料」「保険料積立金」の増減を見ることで、加入している生命保険種類が概ね把握できます。それ以外の書類としては、「勘定科目明細書」「法人税申告書」なども注視し

ておきましょう。

■銀行の実態把握における生命保険の位置づけとは

　銀行が決算書を見る場合、貸借対照表（B／S）では、資産の洗い出しを行います。ありていに言えば「収益を生まない資産＝不良資産」を資産から除外して企業実態を把握し、融資可能か否かを判断するのです。

　具体的には、

・「現金および預金」科目と実際の預金残高に乖離がないか。乖離がある場合は、その理由に妥当性があるか

・「売掛金」が多いが（通常は2〜3ヵ月分）、回収不能となっていないか（不良債権化していないか）

・商品残高が過大で利益率も高すぎないか

・仮払金の未清算が多すぎるが、使途不明金が相当額混入していないか

・貸付金が多すぎるが、社長への貸付金として私用されていないか

・土地は、使用価値があるのか

などに着目しているようです。

　生命保険料の勘定科目の扱いはどうでしょうか。従来は、特段の評価もされていませんでしたが、最近では「簿価＜時価」となっていることを積極的に評価する銀行もあるようです。

　損益計算書（P／L）では、

・営業利益…本業で稼ぐ力

・経常利益…本業以外の損益を加味した会社全体の通常の儲け

を表しているため、この2項目が黒字であれば、まずは融資実行可能と判断します。

　生命保険契約からの保険金・給付金・解約返戻金は、

・営業外収益＞雑収入

で仕訳されます。

　最も評価が高い「営業利益」には寄与しませんが、融資審査等で重視される「経常利益」には寄与することになります。

赤い車を追え！
〜 Follow the red car

　郵政省が民営化され、2007年10月1日付で「かんぽ生命」と「郵便局（2012年7月から日本郵便の事業所）」が発足しています。

　かんぽ生命は、79支社（87法人部）の約1,000名の営業社員が「ハーフタックス養老保険」を中心に販売していますが、合わせて民間生命保険会社8社（日本、明治安田、住友、メットライフ生命、ING、アクサ、東京海上日動あんしん、三井住友海上あいおい）の定期保険、逓増定期保険も、法人・個人事業主向けに受託販売しています。

　郵便局は、134局の約2,000人の渉外担当者が、かんぽ生命と同様にハーフタックス養老保険、民間生命保険会社の受託商品（かんぽ生命取扱いのうちアクサを除く）、引受基準緩和型医療保険（住友生命）、がん保険（AFLAC）、変額個人年金（メットライフ生命、三井住友海上プライマリー）、自動車保険、バイク自賠責保険を販売しています。

　2社の棲み分けは、比較的規模の大きな企業をかんぽ生命が中心に担っており、かんぽ生命の社員は法人契約が中心となっています。

　両社とも、旧簡易保険の時代からハーフタックス養老保険を積極的に販売しており、今でもトップシェアを維持しているようです。ハーフタックス養老保険に加入する中小企業は、経営の安定した企業に限られるため、財務内容堅固な優良中小企業をしっかりとグリップしているわけです。

　ただ、かんぽ生命では1被保険者1,000万円までという販売金額に制限があり、中小企業の社長の退職金手当てが十分に行えません。ハーフタックス養老保険の契約先企業に、民間生命保険会社の長期平準定期保険、逓

増定期保険を追加販売しています。

　ハーフタックス養老保険は、長期平準定期保険と同様に保険料の2分の1を資産計上します。中小企業の社長には、資産計上するから大きな解約返戻金が作れると説明しているため、長期平準定期保険の販売には全く抵抗感がありません。

　かんぽ生命の販売手法は、本書で紹介している「含み資産話法」そのものと言っても過言ではありません。

　両社は、共同あるいは単独で「自主研（自主研究会の略）」と呼ばれる販売研究会を土日に開催しています。ブロック単位（旧郵政局単位）でも月1〜3ヵ月に1回程度開催しており、税会計士、社労士、FP、マーケティングの専門家などの社外講師を招くことも多く、非常に研究熱心です。

■迷ったときでも、"赤い"尾翼を追えば大丈夫！

　最近デルタ航空に買収されましたが、垂直尾翼を赤一色に塗ったノースウエスト航空を米国旅行で利用された方も多いと思います。かつてパイロットの間では「赤い尾翼を追え」（Follow the red tail）という言葉が交わされることがありました。

　着陸誘導装置などがまだ発達していなかった頃、「着陸進入時に悪天候に見舞われて迷っても、前方でノースウエスト機が着陸態勢を取っていればそれに従えばよい」という意味の教訓です。

　ノースウエスト航空のハブ空港はミネアポリスとデトロイトという、アメリカ北部中西部の五大湖沿岸の極めて天候が厳しい土地に位置していました。特に冬季には湖面から強い北風が吹き込み降雪も多い両空港では、荒天の中での離発着が日常茶飯事のため、

・ノースウエスト航空のパイロットたちは特に天候を見極める技量に長けていたこと

・米国空軍の退役者がパイロットとして多数採用されていたこと

・社内にアメリカ連邦航空局（FAA）公認の気象科を有しており、独自

に作成した気象情報が提供されていたこと
などから、他社からも信頼されていたのです。

　前述のとおり、かんぽ生命・郵便局は、ハーフタックス養老保険のトップシェアを誇り、多くの優良中小企業を顧客として抱えています。外見がみすぼらしい企業であっても、経営状態が安定している企業は多数あります。

　かんぽ生命の営業社員が利用する車は、郵政省時代からの名残でしょうか、“赤い”軽自動車が少なくありません。優良中小企業を探すなら「赤い車を追え」（Follow the red car）を、実践しているセールスパーソンも多数いるようです。

PART 2

富裕層マーケットの開拓

［1］ ドクター①
マーケットの概要

1．高額所得者を対象としたターゲットマーケティング

　生命保険の高額契約者と言えば、中小法人、不動産所有者、ドクター（医師）が挙げられますが、ドクターに対する提案は、一部外資系生保のセールスパーソンの独壇場となっている印象があります。

　実際には、国内社のセールスレディ、税会計士による生保販売も大きなシェアを占めています。セールスレディは、地域の馴染みということで契約している以外に、"保険医協会の共済普及担当者" として保険医年金、団体定期保険（グループ保険）の販売をきっかけに、ドクターと親しくなり高額契約を扱っているケースも多くあります。

　外資系生保会社のセールスパーソンが注目される理由はどこにあるのでしょうか。彼らは、ヘッドハンティングによる中途採用者が大半を占めています。前職は、外車ディーラー、製薬会社のMR（Medical Representative：医薬情報担当者、以前はプロパーと呼ばれていた製薬メーカーの営業社員）、デパートの外商など、もともと高額所得者を中心にした営業職です。ドクターマーケットにおいても、販売する商品が車あるいは薬品から保険に変わっただけで、営業スタイルは変わっていません。

　ドクターの1日・1週間の行動や、子弟の教育問題まで含むプライベートな関心事を熟知しており、ドクターの目線で臆することなく話のできる点がまずは評価されています。それに加えて、ライフプラン、税務などの専門知識を駆使した生保提案を行うわけです。

　「ターゲットマーケティング」と呼ばれるこの営業スタイルを見習うために、ドクターマーケットの概要を理解しておきましょう。

図表36　ドクターのリスクと生命保険によるリスクマネジメント

リスク	医療法人理事長	個人開業医
開業資金など借入金の返済	・収入保障保険 ・長期平準定期保険 ・逓減定期保険	・収入保障保険 ・長期平準定期保険 ・逓減定期保険
病気・災害による休業補償	・所得補償保険（損保） ・医療保険・ガン保険 ・特定疾病保障保険	・所得補償保険（損保） ・医療・ガン保険 ・特定疾病保障保険
子供の教育費用確保	・収入保障保険 ・学資・こども保険 ・養老保険	・収入保障保険 ・こども保険 ・養老保険
死亡退職慰労金等の財源確保 死亡退職慰労金代わり資金の確保	・終身保険 ・長期平準定期保険 ・逓増定期保険	・終身保険 ・長期平準定期保険 ・逓増定期保険
勇退退職金などの財源確保 勇退退職金代わり資金の確保	・終身保険 ・長期平準定期保険 ・逓増定期保険	・終身保険 ・長期平準定期保険 ・逓増定期保険
老後生活のための資金確保	・低解約返戻金型終身保険 ・個人年金保険（個人契約）	・低解約返戻金型終身保険 ・個人年金保険
職員の退職金などの財源確保	・ハーフタックス養老保険 ・長期平準定期保険	・ハーフタックス養老保険 ・長期平準定期保険
相続税・財産分与対策のための資金確保	・終身保険（個人契約）	・終身保険

■相続・事業承継対策や後継者の進学資金まで見据える

　ドクターマーケットが注目されるのは、単に高額契約の見込み先というだけでなく、①人口比例業種、②不況に強い、③医局を中心とした人脈、④長期継続・発展取引を狙える——といった特徴があるからです。

①人口比例業種……これは、ドクターと同様にプロフェッショナルと呼ばれる弁護士が三大都市圏に集中しているのに対し、ドクターは人口に比例して全国で開業しているためです。ニュータウンが開発されれば、内科、小児科、外科、歯科などのクリニックがスーパーマーケット等と時期を同じくして開業します。地方都市でも、ドクターを主体とした生保営業は十分可能なわけです。

　地方都市を訪問すると病医院の多さに気づくと思います。むしろ、地方

において高額契約を獲得するには、ドクターマーケット開拓が不可欠と言えるかも知れません。

②**不況に強い**……景気が悪くなったからと言って、病気にかかる割合が減るわけではありません。景気の良し悪しに患者数は左右されないため、不況に強い職種です。

③**医局を中心とした人脈**……ドクターは、出身大学で所属していた医局の教授の指導・指示によって地域病院に派遣され、研修を重ねた後に開業します。この点が強調され、「○○病院は□□大学の系列、△△の医局が強い」などと言われているわけです。開業後も同じ医局出身者と縦横のつながりが強く、1人のドクターから契約をもらえれば、同じ医局出身ドクターの紹介が期待できます。

④**長期継続・発展取引を狙える**……医・歯・薬学部は6年制のため、ドクターの多くは24〜26歳くらいで大学を卒業した後、医局で研修を続け、大学病院あるいは地域病院に派遣されて研修、診療を行います。親が開業していれば多少早くなりますが、30代半ば頃から45歳前後で生家を継ぐか、個人医院を開業します。

　その後、収益が大きくなれば「一人医師医療法人」を設立します。個人で開業しているときは個人契約ですが、一人医師医療法人設立後は法人契約も提案でき、1人のドクターに長期継続提案が可能となります。

　また、資産家として高額な自宅、別荘、ゴルフ会員権などを所有する一方で、高額な医療機器をリースで使っています。「リース＝債務」ですから、高額な債務者という一面も忘れてはなりません。

　ドクターの多くは、家業として代々営んでいる例が多く、ドクター自身も子弟を医学部に進学させることを希望しています。このため、貯蓄志向が特に強くなるわけですが、開業間もないドクターの場合は、開業時の借入金返済資金対策と併せて、万一のときのために遺族の生活費確保、遺児の医学部進学資金対策として高額の生命保険に加入しています。

　資産家には「フローリッチ」「ストックリッチ」「スーパーリッチ」の3種類があります。「フローリッチ」とはベンチャー企業のオーナーやドクターなどの高所得者を指し、「ストックリッチ」とはそのものずばり不動

産所有者を指します。

　ドクターは基本的に「フローリッチ」ですが、やがて不動産等を所有することになり、収入も不動産なども多い「スーパーリッチ」となります。

　一人医師医療法人の設立など節税にも熱心であり、相続対策への関心も強くなります。ドクターの現状と将来を見据えた、相続対策や一人医師医療法人の事業承継対策は、後継者の医学部進学資金準備と並ぶ重要な提案です。

2．ドクターマーケットの現状&診療科目の特徴

　一般病院は今、繁栄の時代が終わり、構造不況的な時代を迎えています。財政上の限界（老人医療比率の高い病院の収益悪化）、銀行・メーカーの態度硬化（優遇しなくなった）など、抱える課題も多くあります。病院の法人化も進んでおり、医療法人の事業承継、理事長の勇退退職金準備などが提案の切り口となっています。

　診療科目による特徴もあります。

①**内科・小児科**……投薬・注射の割合が大きく、相次ぐ薬価基準引下げの影響が大きくなっています。診療所（ベッド数19床以下を指し、一般には医院の名称が多い）のうち、この2科の占める割合が60％強と一番多く、小規模な個人経営も多いと言えます。後述する耳鼻咽喉科とともに、生命保険契約に至る時間が長期にわたってしまう傾向があります。

②**外科・整形外科**……技術中心のため、薬価基準引下げの影響は他の科目に比べて小さいと言われます。入院の割合が高く、手術処置等も多いため、施設あたりの診療収入も多くなります。交通事故・業務上の事故による医療費は自動車保険・労災保険によって支払われるため、自由診療比率も高くなります。診療科目による特性か、ドクターの各種決断が早く、生保契約の成約率が最も高いと言われています。

　整形外科は、長期にわたるリハビリ患者も多いため、郊外に駐車場を構えていることが多く、相続・事業承継対策も重要です。また、リハビリを担当する理学療法士、作業療法士などを多く抱えている場合には、彼らの

図表37　一般診療所（個人）の収支状況　　　　　　　　　　　　（単位：万円）

	医業・介護収益	医業・介護費用	損益差額
内科	639.9	481.3	158.6
小児科	764.4	487.3	277.1
精神科	481.5	269.0	212.5
外科	975.8	861.0	114.8
整形外科	805.4	626.7	178.7
産婦人科	1077.1	862.2	214.9
眼科	832.6	537.5	295.1
耳鼻咽喉科	556.7	398.4	158.3
皮膚科	608.6	389.7	218.9
全体	715.9	532.6	183.2

出典：中央社会保険医業協議会「医療経済実態調査報告」平成23年6月分

人事マネジメントにも悩んでいます。人気のある療法士が移動すると、患者も移ってしまうなど、優秀なリハビリ担当者を雇用していることが経営に与える影響が大きいからです。

③産婦人科……出生率の低下や地域の人口構成の変化により経営の苦しいところが増加しています。保険診療比率は20％程度という統計もあり、収入の全体像は把握しにくいのが現状です。

④耳鼻咽喉科……治療期間が長期にわたるため、交通の便の良い駅前ビルの2～3階に個人で開業する例が多くあります。新規開業資金は他の科目に比べて少なく楽ですが、採算ベースに乗るまで期間を要します。

⑤皮膚科……治療期間は疾患により長短期まちまちですが、大規模な手術が少なく、通院患者が多くなります。最近では、レーザー脱毛やAG（育毛）などが注目されており、治療というよりも、QOL（クオリティ・オブ・ライフ）関連を強化するドクターも少なくありません。敏感肌など皮膚障害に対応した化粧品類の販売に力を入れるドクターも多く、医業外収益が大きくなります。

⑥眼科……有床でも、手術は麦粒腫（ものもらい）の切除など簡易なものが中心です。白内障やレーシックの手術などを行う場合には収益が大きくなりますが、大半は小規模経営です。

　患者は花粉症の関係で2月頃から増加し、5月の学校検眼による治療が始まる6～8月がピークです。地方都市ではコンタクトレンズの販売を

行っている例が多く、皮膚科同様に医業外収益が大きくなります。

⑦歯科……都市集中の傾向が最も強く、オフィス街での開業は収益が高い
こと、投薬のウエイトが低く技術料重視の最近の医療費体系では比較的有
利なことなど、多少恵まれた部分があります。ただし、分業体制の進化
（歯科技工士、歯科衛生士の存在）などで収益に格差が生じています。

　耳鼻咽喉科、眼科、歯科、皮膚科では小規模経営で収益率も他診療科目
に比べて低いため、一人医療法人となっている割合は低くなります。

3. ドクターの利用する保障制度・グループ保険

　勤務医や医療法人の理事長などは、給与所得で厚生年金に加入していま
すが、個人開業医は事業所得で国民年金に加入しているため、社会保障は
不十分であり、高額の保障を必要とします。そのため、生命保険の高額契
約提案となりがちですが、ドクターにはサラリーマンとは比較にならない
ほど有利な“共済制度”が整備されています。これらを補完するために、
生命保険を提案するというスタンスが重要です。

　ドクター向けの保障として代表的なものに、「全国保険医団体連合会」
の「休業保障共済制度」がありましたが、共済制度と保険制度の整合性に
関する見直しを契機に、現在では新規・増口募集が停止され、既契約のみ
が継続されています。

　終身医療保障や死亡保障などのニーズに応えるためには、ドクターが既
に加入している他社契約に加え、各種保障制度についても詳しくヒアリン
グしておく必要があります。

　ドクター向けの団体定期保険（グループ保険）には、

・医師会　　　　　1億円

・歯科医師協会　　1億円

・保険医協会　　　3,000万〜8,000万円（医師・歯科医）

があります。上記の加入限度額は目安で、地域によって異なります。また、
地域によっては制度がない場合もあります。ホームページで確認するか、
親しいドクターからパンフレット等を見せてもらいましょう。図表38は、

図表38　ドクター向けグループ保険の例

	Ａ県保険医協会・グループ保険	Ｂ市医師会協同組合・グループ保険	Ｃ県歯科医師会グループ保険
加入年齢	79歳 6 ヵ月まで	70歳 6 ヵ月まで （継続加入は80歳 6 ヵ月未満）	65歳 6 ヵ月まで （継続加入は70歳 6 ヵ月未満）
死亡保険金額	2,000万〜 1 億円（2,000万円刻み） 〜65歳： 1 億円まで 〜70歳：8,000万円まで 〜75歳：4,000万円まで 〜79歳：2,000万円まで	1,000〜8,000万円（1,000万円刻み） 〜60歳：8,000万円まで 〜66歳：5,000万円まで 71歳〜：70歳時点の 1 ／ 2 まで 76歳〜：1,000万円まで	第 1 ：4,000万円 　500〜3,000万円 　（500万円刻み） 第 2 ：1,000〜4,000万円 　（1,000万円刻み） 〜65歳：8,000万円まで 　（第 1 ・ 2 合算） 〜70歳：4,000万円まで （　　〃　　）
災害保険金	死亡保険金額の20％増し	死亡保険金額の100％増し	死亡保険金額に1,000万円を上乗せ（死亡保険金額1,000万円以下は死亡保険金額の50％増し、特約部分は第 1 のみ）
障害給付金	災害保険金の10〜100％	－	2,000万円以上 　…100〜1,000万円 1,500万円以下 　…災害保険金の10〜100％ 　　（第 1 のみ）
災害入院給付金	災害保険金の　1.5/1000	－	2,000万円以上 　… 1 日 1 万5,000円 1,500万円以下 　…災害保険金の1.5/1000 　　（第 1 のみ）
配偶者の加入	一律　2,000万円	－	第 1 ：会員と同額またはそれ以下 第 2 ：一律　1,000万円

※都道府県単位で設立される保険医協会の一部は医科・歯科が分離している
・府県単位の保険医協会により、グループ保険の加入最高金額は3,000〜5,000万円（大阪、愛知、三重などは 1 億円）、未実施の協会もある
・都道府県単位で設立される保険医協会の一部は医科・歯科が分離しているグループ保険は原則個人での加入に限定される
・Ｂ市医師会協同組合のグループ保険は法人を契約者とし従業員を被保険者とする契約も可能

　その代表例を表示したものです。

　貯蓄・老後生活資金準備には、「医師年金」「保険医年金」があります。

　日本医師会が実施する「医師年金」は、基本掛金として月払 1 万2,000円、年払13万8,000円に加入します。加算掛金は、月払6,000円以上、随時払10万円単位で上限なく追加加入が可能です。掛金の増減は随時可能で、満64歳 6 ヵ月未満まで加入ができます。

　年金種類は、養老年金（個人年金に相当）として、15年保証終身年金、

5・10・15年確定年金があり、年金請求時に選択できます。年金の受取り開始は最大75歳まで延長が可能です。養老年金以外にも、育英年金、傷病年金があり、被保険者であるドクターが死亡した場合には遺族年金が支払われます。

全国保険医団体連合会では「保険医年金」があります。月払1人30口（30万円）、一時払1人1回に50口（1口50万円、最高2,000万円）まで加入することができ、10・15・20年の確定年金を年金請求時に選択します。

月払は払込中断、払込再開の取扱いが可能で、月払、一時払ともに中途解約ができるなど、こちらもドクターサイドに立った柔軟な運営が特徴です。

最近でこそ利回りは低下しましたが、両者とも他の金融商品と比較すると今でも確定給付商品としては最高水準の利回りとなっています。多くのドクターは、資金に余裕ができると「医師年金」「保険医年金」に一時払で加入しているようです。

■保険料の団体収納についても確認しておく

個人契約で大型保障を契約するよりも、団体定期保険のほうが保険料は割安であることは広く知られています。ドクターに大型保障を提案する前には、団体定期保険の加入をヒアリングし、未加入であれば、加入を提案するとよいでしょう。

取扱生保会社が「全国医師協同組合連合会（全医協連）」あるいは「大阪医師協同組合」などの単医協の団体扱いが可能となっているかについても、あらかじめ調べておきます。

「全国医師協同組合連合会」は、ドクターの便宜を図るために設立された協同組合の連合体で、医師会の裏方としてドクターとその関係者の福祉に寄与することを目的としています。その事業の一部として、生損保保険料の団体収納を行っています。

全医協連あるいは単医協を収納団体とすることで、生命保険料は「団体A」扱いとなります。生保会社の多くが、取扱い可能です。

対象契約は、全医協連では医師、歯科医、獣医（医師免許番号を有する

者）およびそれらの同居家族です。医療法人では従業員の福利厚生のために加入する契約となっています。

単医協の一部では歯科医などの収納はできないなど、取扱いに差異があるため、この点もあらかじめ取扱生保会社にて確認しておきます。

ドクターの多くはこの制度を知っており、通常の「口座月払」などで対応すると、つまらないトラブルになることがありますので、注意してください。

4. 獣医マーケットにも注目

獣医は、医科（メディカル）、歯科（デンタル）に比べて一段低く見られていないでしょうか。人ではなく家畜・ペット相手だからかもしれませんが、これはとんでもない誤解です。

確かに、ドクターに比べると平均年収などは低くなりますが、高収益を誇るマーケットでもあります。高額契約獲得を目指すセールスパーソンも意外なほど注目していません。

少子高齢化社会、"おひとりさま"の増加により、ペットを飼う人が増えています。3軒に1軒は何らかのペットを飼っています。ペット関連の支出は右肩上がりです（図表40）。

・ペットを飼っている世帯割合……36.6%（約1,700万世帯）

・犬猫の飼育数……犬1,306万頭、猫1,210万頭（ペットフード工業会調査）

ペットは自由診療で、治療には高額の費用がかかります。獣医数は、医師に比べて増加率が低いため、高収益を誇る動物病院と、地域密着の小規模動物病院の格差が大きいのが特徴です。

グループ展開していない動物病院が意外に収益を上げています。地域密着の小規模病院は、かかりつけ医のような存在です。ペットフードをはじめとするペット用品の販売も、獣医推薦ということで人気があります。

獣医は、個人事業主の他、法人成りした場合には、有限会社、株式会社など利益法人となっています。動物はモノとして扱われるため、医療法人にはなれない点には注意しておきましょう。

図表39　獣医マーケットの概要

獣医の数	3万5379人
産業動物診療所開設者	1,564人（被雇用者291人）
犬猫診療所開設者	7,643人（被雇用者5,628人）
獣医の年収	616万円
獣医の平均年齢	34.7歳
獣医の男女比	男性63.8%　女性36.2%

図表40　一世帯当たりのペット関連支出（年間）

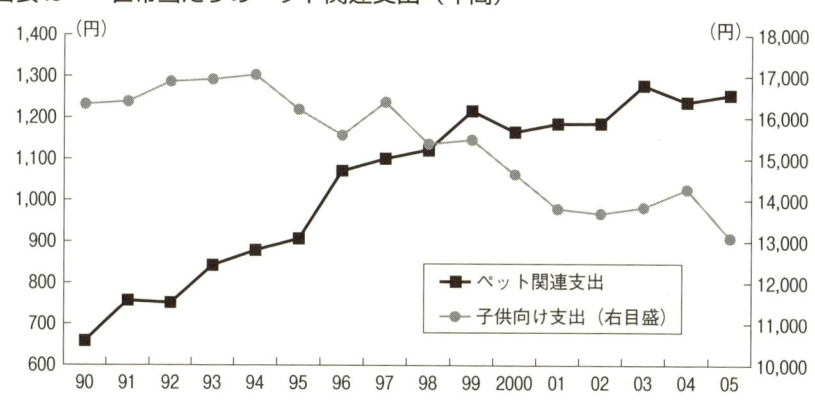

出典：富国生命保険レポート「国内経済の動向」

　生命保険提案にあたっては、医科（メディカル）、歯科（デンタル）のドクターと異なり、全医協連、単医協の団体扱いはできず、口座振替が基本である点に注意してください。

　獣医学部は医・歯・薬学部と同様に6年制です。私立大学の獣医学部は年間200万円、総額1,300万円程度が最低かかります。世襲制の強いドクターほど熱心ではありませんが、子弟の学費準備積立として、貯蓄商品指向が強いのは同じです。

　また、ドクターと同様に就労不能への不安感が特に強く、特定疾病終身保険、保険料払込免除特約の付保率が高いのも特徴です。

[2] ドクター②
生保提案のポイント

1．借入状況やライフサイクルを考慮する

　ドクターに初めて生命保険を提案する際のポイントを解説します。

①小口でよいので、まず契約を1本

　ドクターは高額所得者のため、あらゆる生命保険会社からアプローチされて辟易としていますが、医療・がん保険など少額の契約、個人年金などの積立商品からアプローチする方法は効果的です。

　所属・委託する生命保険会社が医師会、全医協連、単医協、保険医協会の指定会社であれば、担当者として登録してもらい、「指定担当者」と名刺に刷り込みます。各協会の封筒使用が可能となることもあり、個人年金などのDMを送付できます。

　某社では、ヒット率30％にもなった事例があると言います（一般的なDMはせいぜい5％）。ただし、欲張っていろいろな商品案内を封入しないことが肝要です。せいぜい2〜3商品に留めた場合が、最も効果的だったそうです。

　1本でも契約できれば、それ以後は受付でも電話でも「ご契約いただいている院長先生の生命保険の件で…」と堂々と言えるので、取り次いでもらえます。

②院長夫人・事務長がキーパーソン

　院長夫人に勇退退職金（院長夫人の退職金準備）などの提案を行うとよいでしょう。自分自身の退職金、自由に使える資金は魅力的です。

　ドクターが複数いる病医院では、親族以外の事務長がいることがあります。この場合、提案等は事務長を通すことになるので特に親しくなりま

しょう。事務長など従業員の退職金準備を併せて行うと説明するのも効果的です。

③医療保険が好き

多くのドクターは「医者の不養生」と陰口をたたかれるのが嫌で、入院時は遠方にある病院の特別室を希望します。

がんの粒子線治療の患者には、ドクターが極めて多いことが知られています。先進医療特約には特に関心が高いようです。

著名なFPは、「高額所得者に医療・がん保険は不要」と口を揃えて言います。先進医療は、使うことは少ないかもしれませんが、実際に治療する場合には300万円程度かかる治療法もあります。一方で、先進医療特約の保険料は100円程度です。まさに保険らしい機能を備えています。"わずか100円の大きなお守り"なら、笑顔で頷かれます。

■病医院の業務スケジュール等への配慮が重要

ドクターを訪問する際には、気をつけたい点もいくつかあります。

①「医師優遇税制」とは決して発言しない

社会貢献性の高い医業に対する特例として認められた租税特別措置法第26条（通称：医師税制）も、1979年以降相次いで改定されていますが、現在でも社会保険診療報酬5,000万円以下については、概算経費の特例が認められています。このため、社会保険診療報酬が5,000万円を超えたあたりから、一人医療法人の設立を検討するドクターが多くなります。

②毎月1〜10日は訪問しない

レセプト（診療報酬明細）の作成では、前月分を翌月10日頃までに作成し審査支払機関に提出することになっています。パソコンの導入により事務量は大幅に削減されましたが、この期間は提案書の作成に時間を割いたほうがよいでしょう。

土曜日の午後・日曜祝日以外に、水曜日あるいは木曜日の午後を休診としている病医院もあります。これは、地域医師会の会合、研修会が定期的に開催されているためです。医師会の開催前に時間を割いてくれることもありますが、通常は週中の休息と研鑽の貴重な時間のため、面談を拒否さ

図表41　ドクターのライフサイクルと生命保険

	30歳	40歳	50歳	60歳	70歳	80歳	相続
ライフイベント	▲ 結婚	▲ 個人開業	▲ 医療法人設立		▲ 勇退		
個人保障	■災害・疾病対策 （→医療保険） 　　■遺族生活資金 （→収入保障保険・定期保険　等） 　　　　■教育資金対策 （→医師会年金・こども保険・養老保険・低解約返戻金型終身保険　等） 　　　　　　■老後資金対策 （→個人年金）						
法人保障	■開業資金準備 　　■借入金返済対策 （→団体定期保険・10年定期保険・逓減定期保険　等） 　　■休業補償対策 　　■損害賠償対策 　　　　■死亡・勇退退職金準備 （→100歳定期保険） 　　　　■福利厚生制度 （→ハーフタックス養老保険　等）						
事業承継			■相続・事業承継対策 （→終身保険）				

れることもあります。

③訪問は午後3時頃がベスト

　午前・午後の診察終了直前や診療中の訪問は、最も嫌われます。「月曜日は休み明けで患者さんが多く避けてほしい」「火曜日は比較的時間がとりやすい」といったドクターの声も見逃せません。

　また、生命保険提案に対する決定権がドクター本人にあるのが大半である点も、サラリーマンとは異なるようです。

■4つのライフステージに合わせて提案する

　ドクターに生命保険を提案する際は、ドクターのライフサイクルに合わせて提案する必要があります。図表41は、ドクターのライフサイクルと対応する生命保険を示したものです。

　ドクターの代表的なライフステージは、①研修医・勤務医、②個人で開業するとき、③一人医師医療法人を設立するとき、④医業承継を検討するとき——の4つです。

①研修医・勤務医

　医学部卒業後は、所属する医局で研修を受け、大学病院や系列の病院に派遣されます。この時期は、給与が極めて低く夜勤による手当てで生活する若手ドクターも多くいます。図表42のとおり、ドクターの平均年収は1,141万円ですが、大学病院の医局勤務では300〜600万円、市中病院勤務

図表42　業態別に見るドクターの実態

ドクターの平均年収		1,141万円

	20代後半〜30代前半	300〜600万円
大学病院の医局勤務	講師	700万円台
	准教授	800万円台
	教授	1,000万円超
市中病院の勤務医	スタート時	600〜800万円
	5〜10年	1,000万円
	部科長	1,500万円超
	院長	2,000万円超

※勤務医の借入金　　　　　→住宅ローン

開業医	年収	1,500万〜3,000万円
	借入金	5,000万〜2億円

※開業医の借入金　　　　　→クリニックの開業資金
　　　　　　　　　　　　　→医療機器のリース代金
　　　　　　　　　　　　　→住宅ローン

で600〜800万円程度です。

　20代後半〜30代前半の若いドクターは、将来の高額契約者として開拓することになります。当初の生活は厳しいですが、多忙を極めるため、消費活動は概して地味です。将来に備えて貯蓄を先輩から奨励されるなど、生活全般への指導も受けているようです。

　講師、准教授、教授の場合は、開業を予定しているかを見極める必要があります。市中病院に勤務しているドクターの多くは、将来、開業を目指しているため、開業準備としての貯蓄性商品に関心が高いのも特徴です。生家が開業医でない場合は、特に貯蓄に熱心です。

②個人で開業するとき

　個人で開業するのは30代半ばから45歳前後が多いようです。開業医である親の後を継ぐ場合は別にして、通常は5,000万〜2億円程度の借入をしますが、この中には建物や医療設備費のほか、医院スタッフの給与といった運転資金も一部含まれます。

　ドクターにもしものことがあった場合には、借入金返済の負担が大きくなりますから、保険料が割安な医師会、保険医協会などの団体定期保険

図表43　医学部の学費
①私立大学医学部（6年間の総額）

岩手医科大学	約3,400万円	日本大学	約3,310万円
獨協医科大学	約3,660万円	日本医科大学	約2,813万円
埼玉医科大学	約3,800万円	聖マリアンナ医科大学	約3,440万円
北里大学	約3,890万円	東海大学	約3,932万円
慶応大学	約2,132万円	金沢医科大学	約3,950万円
杏林大学	約3,700万円	愛知医科大学	約3,800万円
順天堂大学	約2,090万円	藤田保健衛生大学	約3,800万円
昭和大学	約2,650万円	大阪医科大学	約3,141万円
帝京大学	約4,920万円	関西医科大学	約2,970万円
東京医科大学	約2,940万円	近畿大学	約3,580万円
東京慈恵医科大学	約2,250万円	兵庫医科大学	約3,880万円
東京女子医科大学	約3,284万円	川崎医科大学	約4,550万円
東邦大学	約3,180万円	久留米大学	約3,220万円

②国立大学医学部

6年間の総額	350万円

（グループ保険）をメインに加入しています。不足分は10年定期あるいは
逓減定期などに加入して借入金の返済原資を確保しています。もちろん、
10年定期・逓減定期などが定期付終身保険となっている場合もあります。

　借入金の担保としては、自宅、配偶者の連帯保証となっています。連帯
保証債務は相続を放棄しても消えませんから、夫人をはじめとする遺族を
守るためにも、高額な借入金返済に見合った生命保険加入に関心がありま
す。開業間もない頃から、知合いの生保レディーなどから複数契約を次々
と加入しているドクターもいるようです。

　医療設備などのリースにも注意してください。原則として、リースの中
途解約はできませんし、解約する場合には残余期間のリース料を一括支払
いするのが一般的ですから、「リース＝債務（借入金）」と理解しておきま
しょう。

　個人開業医の多くは世襲制の意識が強く、子供をやはりドクターにする
ために努力します。幼い頃から家庭教師を付けたり、進学塾に通わせたり
していますし、私立医学部あるいは歯学部への高額な進学資金の準備にも
熱心です。ドクターが貯蓄性保険に高い関心を持つのもこのためですし、

中途解約が自由で高利回りな「医師年金」「保険医年金」への加入率が高いのも理解できます。

　自分にもしものことがあっても、子供をドクターにしたいと考えるのがドクターの親心です。

　私立医学部・歯学部の初年度納付金は、約1,000～1,500万円にもなります。医・歯学部は6年制ですから、授業料などの教育費だけでも総額3,000万～5,000万円弱にもなります（図表43）。医・歯学部への入学では二浪三浪も多いこと、私立大学では学費が高いことなど、口には出されませんが、ドクターの悩みは尽きません。

　個人で開業し業容も大きくなり始めると、資金的にも余裕があり、貯蓄性があるとの説明を受け、定期付終身保険などに10件・20件と加入しているドクターも見受けられます。

　サラリーマンの1万円はドクターにとっては10万円の感覚です。既契約を点検し、目的にあった生命保険契約に集約させて保険料を削減すると喜ばれます。

　特に、子弟の教育費積立は、いくらあっても不安のようです。遺族生活資金・遺族子弟教育費の準備として、定期保険、収入保障保険などを提案します。

　収入保障保険を提案する場合は、配偶者もドクターであるか否かを必ずチェックしておきます。配偶者がドクターなどで収入があり、収入保障保険の遺族年金と合算して所得が850万円を超えると、公的遺族年金が受け取れなくなるからです。この場合には、収入保障保険の保険金一括受取りの選択をアドバイスします。

2．医療法人の設立と法人成りによる税金対策

③一人医師医療法人を設立するとき

　医療は国民の健康増進に資する事業であることから、租税特別措置法第26条、通称「医師（優遇）税制」と呼ばれる制度が設けられています。1978（昭和53）年以前は概算必要経費率が72％認められていましたが、以

図表44　医師税制の概算経費率

社会保険診療報酬	概算経費率
2,500万円以下	72%
3,000万円以下	70%＋50万円
4,000万円以下	62%＋290万円
5,000万円以下	57%＋490万円
5,000万円超	実額経費

後、段階的に制度は縮小されています。平成元年からは、図表44のように
なりました。

　引き替えに、医師一人でも医療法人の設立が認められることになり、病
院（20床以上の入院施設を持つ）、診療所合わせて17万6,990施設のうち、
4万7,825施設が医療法人で、このうち3万9,947施設が一人医師医療法人
となっています（平成24年3月末現在）。

　さらに、一人医師医療法人のうち3万2,150施設がメディカル（医科）で、
デンタル（歯科）は7,797施設です。収益の観点から、一人医療法人設立
はメディカルが約80%を占めています。

　一人医療法人の実数を聞いてもピンとこないかもしれませんが、「コン
ビニより多い」と言われると、提案先が潤沢にあることが理解できるので
はないでしょうか。昼夜働きっぱなしで、労働環境が厳しいわりに儲から
ないと言われるコンビニに対して、儲かっているから設立する一人医療法
人のほうが多いのです。

・医師の数　　　　　　　約28万7,000人
・医療法人　　　　　　　4万7,825法人（コンビニ　4万6,905店）
・うち一人医療法人　　　3万9,947法人

　一人医療法人は、以下3度にわたる設立ブームがありました。
・1989（平成元）年：医師優遇税制の改正と一人医療法人設立認可
・1993（平成5）年：1992年の「みなし法人課税制度」の廃止
・2007（平成19）年：「持分の定めがある社団医療法人」の新設停止

　社会保険診療報酬の額、ドクター夫人を医療法人の理事とするか否かな
どの前提条件によって異なりますが、社会保険診療報酬が5,000万円超では、
医師優遇税制の恩恵が受けられないため、一人医療法人の設立を検討する

図表45　医療法人の分類

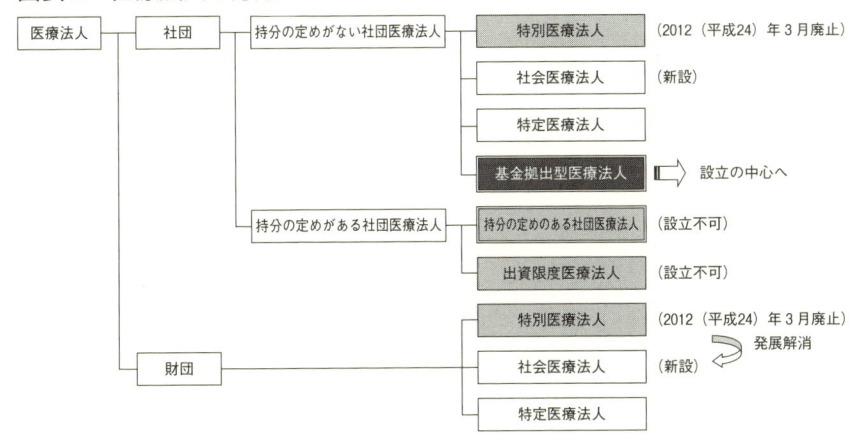

ことになります。

　言葉は悪いかもしれませんが、一人医師医療法人を設立している（看板に「医療法人社団○○会□□内科クリニック」などと表示している）ドクターは、"儲かっている" ということです。

　医療法人を設立すると、個人開業の場合に比べ、高額所得になるほど税制上有利（節税）となります。

　個人開業医の場合、所得は事業所得となって所得税・住民税が課せられます。一方で医療法人は、医療法人の収益には法人税・住民税（医療法人の法人税・法人住民税の合計税率は課税所得800万円以下17.60％、800万円超29.91％）が、ドクターへの役員報酬には所得税・住民税が課せられることになり、ドクターの所得を分散させることができます。

　ドクター夫人が医療法人の理事（役員）に就任すれば、役員報酬を支払うことになります。具体的な職務内容にもよりますが、個人開業の場合の青色専従者給与に比べ、一般的には多くの報酬支払いが可能と言われます。青色専従者は、年間2分の1以上の勤務が必要とされるなど制限が多いことも嫌われているようです。

　個人開業医では、ドクターおよびドクター夫人に役員退職金を支給することはできませんが、医療法人になることで、ドクター（理事長）、ドク

図表46　医療法人と個人開業医の税制

■法人税の概要

所得		普通法人			医療法人	
		年400万円以下	年400万円超 年800万円以下	年800万円超	年800万円 以下	年800万円超
法人税	資本金1億円以下	15.00%	15.00%	25.50%	15.00%	25.50%
	資本金1億円超	25.50%			25.50%	
事業税		2.70%	4.00%	5.30%	–	
住民税	資本金1億円以下	2.595%		4.4115%	2.595%	4.412%
	資本金1億円超	4.4115%				
地方法人特別税	資本金1億円以下	2.187%	3.24%	4.293%	–	
	資本金1億円超	3.996%	5.92%	7.844%		
合計	表面税率　資本金1億円以下	22.48%	24.84%	39.50%	17.60%	29.91%
	資本金1億円超	34.79%	38.02%	43.06%		
	実効税率　資本金1億円以下	21.43%	23.16%	36.05%	17.60%	29.91%
	資本金1億円超	32.61%	34.58%	38.05%		

※住民税は、法人税の17.3%
※地方法人特別税は、資本金1億円以下は事業税の81.0%、資本金1億円超は事業税の148.0%
※社会保険診療にかかる所得については法人事業税は課されない。
　上図は収入がすべて社会保険診療報酬とした場合

個人所得1,800万円超で50%の税率が、法人成りにより800万円までは17.60%、800万円超では29.91%に軽減される

■所得税と住民税の概要

所得税

課税所得金額	税率	控除額		住民税		所得税＋住民税
195万円以下	5%	0万円				15%
330万円以下	10%	9.75万円				20%
695万円以下	20%	42.75万円				30%
900万円以下	23%	63.60万円	+	10%	=	33%
1,800万円以下	33%	153.60万円				43%
4,000万円以下	40%	279.60万円				50%
4,000万円超	45%	479.60万円				55%

ター夫人（理事）各々に役員退職金を支給することが可能です。支給金額の計算は、中小法人の場合と同様に「役員退職金＝退職時の役員報酬月額×役員在任年数×功績倍率」です。

　死亡退職の場合には、

・業務上の死亡…最終報酬月額×36ヵ月

・業務外の死亡…最終報酬月額×6ヵ月

が弔慰金として税務上損金として認められています。

　役員退職金の支払いに関して注意したいのは、役員在任年数は医療法人

設立時から計算し、個人開業の期間は役員在任年数に加算されない点です。医療法人設立後の在任年数が少ないドクターの場合、役員退職金が概して少なくなってしまうケースもあります。

このような場合には、以下のアドバイスをします。

・社会情勢や業績の変化に応じて役員報酬をこまめに改定（増額）する

・役員退職金規程に「特別功労加算」の規定を設け、30％上限とする上乗せ支給する

■各医療法人の特徴についても確認する

一人医師医療法人の設立はドクターにとってメリットが多い制度ですが、注意すべき点もあります。

医療法人が行うことのできる業務については、本来業務が医療法第39条で、附帯業務が医療法第42条で定められています。

附帯業務は、

・医療関係者の養成または再教育

・医学または歯学に関する研究所の設置

・医療法第39条第1項に規定する診療所以外の診療所開設

・保健衛生に関する業務

などとなっています。

社団医療法人は株式会社と同様の運営がなされ、社員総会（出資者である社員で構成）が理事の選任を行い、理事会が最終的な意思決定機関となります。理事会で専任された理事長が法人代表者となります。

財団医療法人では、社員総会はなく、理事会が最高意思決定機関となり、評議員会という監督機関を置くこともあります。

一人医師医療法人には、剰余金の配当支払いが認められていませんから、内部留保額が大きくなります。つまり、相続の場合に、医療法人の持ち分の相続税評価額が高くなってしまいます。

役員退職金準備と併せて、契約者を一人医師医療法人とした長期平準定期保険への加入を提案します。保険料の2分の1は、損金処理が可能ですし、ドクター（理事長）およびドクター夫人（理事）の勇退時に解約して

図表47　社団医療法人と株式会社の比較

	社団医療法人	株式会社
代表者	理事長	社長
最高意思決定機関	社員総会	株主総会
業務執行機関	理事会	理事会
監査機関	監事	監査役

図表48　医療法人のメリット・デメリット

メリット	デメリット
・院長（理事長）および院長夫人等の従業員に給与を払うことで所得を分散できる ⇒節税となる ⇒法人・個人（所得控除）のダブルで経費	・法人に利益が出ても、自由に使えない ・決算報告などに行政手続が発生する ・接待交際費に限度がある
・院長（理事長）や院長夫人（理事）等に退職金を支払うことができる	・配当金が支払えず、内部留保がふくらむ
・社会保険診療報酬の10%源泉徴収がない ⇒資金繰りが楽になる	
	・医療法に規定されていること以外の業務を行うことができない（営利を目的とすることができない） ⇒MS法人を設立することで代替は可能
・医療法人の欠損金は9年間繰越できる	
・対外的な信用力がアップする	・スタッフは社会保険に強制加入となる ⇒保険料
・生命保険料などが経費（損金）となる	・新型医療法人は持分払戻権がない ⇒後継者がいないなどで解散する場合、当初の出資金額のみが返済され、残余財産は国庫

解約返戻金を勇退退職金として支払い、内部蓄積を大幅に圧縮することもできます。

　ドクターの平均勇退年齢は70歳程度ですが、外科・歯科医は「手指の震え＝勇退」となり65歳を目処とするケースが多いようです。

　また、勇退時に契約者を一人医師医療法人からドクター（あるいはドクター夫人）に変更すれば、役員勇退退職金を生命保険契約の現物支給で行ったことになります。

　この後、保険種類を長期平準定期保険から一時払終身保険に変更します。一時払終身保険への変更にあたって健康状態は問われませんから、激務により体調を崩してしまったドクターに対しても、容易に相続税対策を打つことができます。ドクター夫人については、二次相続対策としての提案に説得力があります。

　一時払終身保険は、概して契約（保険種類変更）後、2〜5年程度で解約返戻金が一時払保険料を上回りますから、この点もアピールしておきたいところです。長期平準定期保険などの提案においては、一般法人と実効税率が異なり、30％で設計します。実効税率が低くなるため、提案内容によっては実質返戻率が100％超とならない、節税プランとならないケースもあり得る点に注意しましょう。

　ドクターの年齢が50歳を超えている場合などに逓増定期保険を提案するのは、一般法人と同じです。

　子弟の教育費の積立は、法人契約では準備できない点にも注意しておきましょう。

　一人医師医療法人設立には相当の知識が必要ですから、ドクターマーケットを専門あるいは得意とする税理士、会計士、医業コンサルタント等との提携が必要となります。むしろ、すでに法人成りしたドクターを開拓するほうが効率的でしょう。

④医業承継を検討するとき

　個人開業医の場合、終身保険を提案する理由は他の富裕層と同じです。ドクター死亡時に、後継者と後継者以外の子弟間での"争族"防止としての代償分割交付金準備、配偶者死亡時の二次相続対策などを念頭に置いて提案します。

　一人医療法人の場合も、基本は一般法人と同じですが、差異部分に注意します。

　既に設立されている一人医療法人の多くは「持分の定めのある医療法人社団」がほとんどです。理事長が死亡した（社員資格を喪失した）場合、医療法人を存続させるなら次の理事長を決めて医療法人を継承しますが、理事長は原則として医師または歯科医師に限られます。

後継者が医学部医学科、歯学部歯学科に在学中であるか、卒業後の臨床研修中である場合などは、医師または歯科医師でない配偶者等が理事に就任することができます。

　医療法人の出資持ち分は、配当が禁止されているため評価額が高額となることがあり得ます。評価方法は、一般法人と同様に「類似業種比準価額方式」または「純資産価額方式」などに従います。

　医療法人を解散した場合の残余財産分配請求時も、一般法人と同様の取扱いとなります。

　2007（平成19）年４月以降に設立された「持分の定めのない医療法人社団」が解散した場合には、残余財産分配請求権がないため、残余財産は国または地方公共団体に帰属することになります。

「基金拠出型医療法人」は、出資者の基金拠出で法人設立し、定款に定めます。解散時には、拠出額を限度に払戻しを受けることになります。この拠出額に対する利息等は付利されません。

3．MS法人に生保を提案する際の留意点

　メディカルサービス法人（MS法人）とは、医療に関する営利事業を行う法人で、医療法人が設立することがほとんどです。

　業務内容は、
・院外薬局
・コンタクトレンズの販売（眼科）
・化粧品の販売（皮膚科）
・医療設備のリース、医薬品・医療器具の販売
・病医院の建物を医療法人に賃貸
・介護サービス事業
など多岐にわたります。

　医療機関は、コンタクトレンズや化粧品の販売といった収益事業が行えないために、MS法人を設立して販売しています。特に地方の眼科ではコンタクトレンズの販売が大きな収益となっています。

　MS法人は、一般事業法人であり、原則事業内容に制限はありません。院長夫人、医業を継がない子弟などが代表者に就任します。院長自身は役職員にはなりません。医療法人は非営利団体であり、収益事業のMS法人の代表を務めるのは利益相反行為と捉えられる可能性が高いためです。
「持分の定めのない医療法人」では、解散時の残余財産分配請求権がないため、クリニックの建物等をMS法人から賃貸する提案も行われています。
　MS法人への生保提案には、以下の注意点があります。
・節税、収益多角化につながると設立したが開店休業状態の法人も多い
・節税のために設立されているというのが、税務署の感想
　提案には要件の充足など慎重に進める必要があります。業務にまったく従事していない子弟を役員に据えるなどは、避けましょう。
　提案成功事例を見てみましょう。
　子弟をMS法人の代表者または役員とし、役員報酬を支払うことで資産移転を図ります。長期平準定期、逓増定期などを提案することで、勇退退職金準備を兼ねた節税にもなります。
　生涯医業を現役で続けたいドクターの場合は、医療法人を設立しないことがあります。勇退退職金を法人から受け取ることがないため資産移転ができません。院長夫人等がMS法人の役員となり役員報酬、勇退退職金を受け取ることで資産移転を図り、相続対策を行う提案も可能です。
　医業後継者のいない50歳超のドクターの場合、MS法人からクリニック建物・設備一式を「持分の定めのない医療法人」に賃貸します。医療法人は賃貸・リース料が経費として収益蓄積をセーブし、残余財産を圧縮します。

［3］ 宗教法人①
マーケットの概要

1．開拓余地の大きな宗教法人マーケット

　生命保険で高額契約者と言うと、中小法人、ドクター、不動産所有者が挙げられ、生命保険会社のセールスパーソン・代理店も積極的に訪問しています。ところが、同じ高額契約者である宗教法人への提案活動は意外なほど行われていません。

　医療法人数4万946法人（平成23年／厚生労働省調査）に対して、宗教法人数は17万4,536法人にもなりますが（図表49）、宗教法人は取っつきにくいというイメージが先行しているようです。

　宗教法人とは、「教義をひろめ、儀式行事を行い、および信者を教化育成すること」を主たる目的とする団体であり、都道府県知事もしくは文部科学大臣の認証を経て法人格を取得しています。

　宗教法人は、

・包括宗教法人　　　… 宗派，教派，教団（いわゆる本山）
・単位宗教法人　　　… 神社，寺院，教会など礼拝施設
・被包括宗教法人　… 本山の傘下にある末寺など
・単立宗教法人　　… 単独で活動する寺など

に区分されています。さらに、仏教系、神道系（神社など）、キリスト教系、新宗教系と様々な種類があります。

　このうち、新宗教系とは、第二次世界大戦以後に興隆した宗教法人を一般的にそう呼称しており、仏教系から諸宗教に属するものまで幅広くあります。新宗教系教団では通常、お布施・献金といった信者さんからの浄財が教団本部にて一括管理・運用されていますから、教団本部への提案が必

図表49　文部科学大臣所轄宗教法人数　　　　　　　　　　（単位：人）

		宗教法人数	教師数	信者数
神道系		82,836	63,151	95,161,531
	神社神道系	79,537	25,972	91,547,843
	教派神道系	3,107	34,286	3,311,898
	新教派系	192	2,893	301,790
仏教系		74,539	301,557	46,611,811
	天台系	4,174	15,939	3,121,563
	真言系	12,277	103,467	9,228,148
	浄土系	29,885	53,416	17,117,598
	禅系	20,726	22,537	3,157,805
	日蓮系	7,199	104,956	13,264,997
	奈良仏教系	267	1,169	714,726
	その他	11	73	6,974
キリスト教系		2,744	10,289	977,887
	旧教	47	1,542	455,824
	新教	2,697	8,747	522,063
諸教		14,417	197,846	5,466,660
総数		174,536	572,843	148,217,889

出典：文化庁「宗教年鑑」　平成23年12月31日現在

要になります。

　キリスト教系は、カトリック（旧教）、プロテスタント（新教）、オーソドックス（正教）に大別できます。カトリックでは、各教会での献金は各司教区を通じて中央協議会（日本本部）に集約されますから、生命保険を個別教会へ提案するのは難しくなります。

　プロテスタントは、日本基督教団以外では単立教会（各協会が独立している）が中心です。各教会に所属する信者さんは、月収の1割を献金することが一般的に奨励されており、各教会が単独で資金管理を行っています。しかし、信者数が少なく比較的小規模な教会が多いのが特徴です。

　オーソドックスは、ギリシア正教やロシア正教を指します。日本ではロシア正教の有名な教会が東京神田、函館、豊橋などにありますが、信者数は少なく、信者さんの紹介を得ないと生命保険提案は難しいでしょう。

　神道系では、天理教や金光教など教派神道13派と呼ばれる比較的規模の大きな教団もありますが、これらも資金運用は教団本部で行うのが基本です。また神道系には、氏神様と呼ばれる地域密着型の神社が多数あります

が、神職（神主）が常駐していない小規模なものも少なくありません。生命保険提案の対象は、神職のいる比較的規模の大きな神社が中心となります。参考までに、各種統計等では天理教は教派神道系から諸教に変更となっています。

2．有力な契約見込先となる伝統仏教系寺院

これらに対して、生命保険提案が比較的行いやすいといえるのが、伝統仏教系寺院です。各寺院は本山（包括宗教法人）傘下にありますが、各々も単立宗教法人としての法人格を有します。

檀信徒の数が減少しているとはいえ、葬儀・年回供養等で比較的まとまった資金が入ります。檀信徒の極端に少ない寺院では、ご住職が学校の教職員、公務員を兼務する例もありますが、大半の寺院ではお布施のみで寺院を運営しています。一般的には、檀信徒が200〜400家程度あれば、ご住職が公務員を兼職せずに済む安定ラインとなるようです。

伝統仏教系寺院への生命保険提案は、1980年代に「大阪市仏教会」が一部の生命保険会社と提携したのが有名です。その後、ソニー生命が月払い終身保険を「こころ」のブランドで販売しているほかは、プルデンシャル生命、メットライフ生命などのセールスパーソン、税会計士が個別に提案しています。全社組織的な提案が積極的に行われているわけではなく、開拓余地の大きなマーケットといえます。

今も一部の仏教会では、特定の生命保険会社を指定会社としていますが、加入に対する強制力は、もちろんありません。

ご住職が、今悩んでいることを理解し、最適な提案をすれば、十分話を聞いてもらえるのも、このマーケットの特徴です。仏滅、お彼岸、お盆など多忙な時期を除けばアポイントなしでも面談してもらえます。職業柄、来訪者を無碍に断わることはまずありません。

寺院を訪問した前後には、最低でもご本尊の前で頭を下げるようにします。ご住職などは、必ずそうした姿を見ています。

図表50　株式会社と仏教系寺院の比較

株式会社	伝統仏教寺院	備考
株主	総代（檀家）	─
株主総会	檀家総代会	─
代表取締役（社長）	代表役員	住職
取締役	責任役員	3人以上 住職、裏方（住職夫人）、後継者、檀家総代 などで構成することが多い
取締役会	責任役員会	ほとんどの事項を決定している 決定事項は、境内の掲示板、檀家向けニュース等で告知するのが一般的

■仏教系寺院の特徴と抱える問題を理解する

　伝統仏教系寺院の概要を見てみましょう（図表50）。檀家は規定の檀家名簿に記載されており、檀家総代会（株式会社における株主総会にあたる）を組織しているのが一般的です。信徒は信徒名簿に記載されていますが、区分せずに檀信徒と呼称することが多いようです。

　責任役員とは、株式会社の取締役に該当します。これは3人以上を定めることになっており、任期が定められます。小規模な宗教法人では、住職、裏方（住職夫人）、後継者、檀家総代で構成するのが一般的です。責任役員のうちから代表責任役員を選定します。株式会社の代表取締役（社長）にあたり、普段は「住職」と呼ばれています。

　宗教法人への生命保険提案では、代表役員の権限が極めて大きく、実際にはほとんどすべてを取り仕切っていると言ってよいでしょう。

　伝統仏教系寺院に共通する懸念事項は、

①宗教法人法の改正

②檀信徒の減少

③後継者問題と勇退退職金

④ペイオフ対策（浄財の安全な運用）

などが挙げられます。

　宗教法人法の改正により、収益事業を営んでいない宗教法人も収入金額が8,000万円を超えると収支計算書等の提出が義務付けられました（図表

図表51　宗教法人に備え付けることが義務付けられている書類

(1)　**規則、認証書**
　　宗教法人の運営は、常に規則の定めるところに従って行わなければなりませんので、所轄庁の認証を受けた「規則」とそれを証明する「認証書」を備え付けておき、規則による法人運営の適法性が常時確認できる状態にしておく必要があります。
(2)　**役員名簿**
　　宗教法人の運営は、責任役員等の役員により行われるものです。常時、現在の役員が誰であるかを把握できるように「役員名簿」等を整備しておく必要があります。特に、代表役員以外の役員は登記事項ではありませんので、一層その必要性があります。
(3)　**財産目録**
(4)　**収支計算書**
　　一定の条件を満たす場合には、収支計算書の所轄庁への提出は免除されます。
(5)　**貸借対照表（作成している場合）**
(6)　**境内建物に関する書類**
(7)　**責任役員会等の議事録**
　　宗教法人の意思は、責任役員会で決定されるので、後日の証拠書類として会議の経過と決定した事項を記録として残しておく必要があります。
　　責任役員会以外の規則で定める機関（総代会など）の会議内容についても同様です。
(8)　**事務処理簿**
　　宗教法人の管理運営に関する事務を処理した経過を簡潔に記録しておき、後日の参考とするため「事務処理簿」を備えておく必要があります。
(9)　**事業を行う場合には、その事業に関する書類**

51）。要求があれば、檀信徒に対して経理の開示も必要です。言い換えれば、法人規定・制度に則った経理による運営・管理が要求されるわけで、"お寺さんの経理は不明朗"では済まされなくなっているのです。

　檀信徒の減少も大きな問題となっています。特に新宗教へ宗旨替えする檀信徒が増加していることや、宗教に関心のない「無宗教派」の増加により、浄財も減少傾向にあります。

「葬式のときだけのお付き合い」はますます増える傾向です。現在の財産をどれだけ効率よく運用するか、勇退するときに、いかに宗教法人から個人に財産移転を行うかを腐心しているご住職が多いのです。

　これら外的要因に加え、ご住職が内的な問題として挙げるのが、後継者問題と勇退退職金です。

　ご住職が亡くなった場合、浄土真宗本願寺派では後継者が僧籍を取得し祭儀を取り仕切れるまでの間、近隣寺院の住職が兼務する慣習がありますから、遺された寺族（住職の家族）は引き続きお庫裏（一般に、住職一家の居住する建物を指す）に居住することができます。

　曹洞宗系、日蓮宗系の多くは、両宗派とも第二次世界大戦前まで独身の住職が多かった影響か、近隣寺院の住職が兼務してくれる制度がなく、本山より新しい住職が派遣されて来ます。この場合、遺された寺族はお庫裏を出なければなりません。

　他の宗派でも制度化されているところは少なく、本山、近隣寺院、檀家総代などの話し合いで決められているところが多いようです。遺された寺族に対して、宗教法人から引越代と、新たに借りるマンションの敷金、わずかばかりの生活費が支払われただけという例もあります。

　ご住職の死亡弔慰金、個人年金、火災などの共済制度を宗派で運営しているところもあります。加入率は比較的高いようですが、付き合いで加入しているケースも多く、金額的に十分とは言えません。個々の宗教法人として、死亡退職金が十分支払われるような（死亡）退職金規程の整備が急がれます。

　ご住職も個人で生命保険に加入していますが、その金額は一般家庭並みで、特段高額な契約ではありません。檀信徒からの浄財の一部で生活しているという自覚があるため、寺族の生活も決して華美ではありません。生活費の大半はお寺自体の経費と峻別されておらず、生活費として振り替えられている額が少なめになっていることもあります。

　高額の生命保険料を個人として支払い、遺された寺族が十分生活できるだけの死亡保険に加入している例はむしろ少ないようです。ご住職の個人契約についてもアドバイスが必要でしょう。

［4］宗教法人②
寺院への生保提案

1．寺院の後継者問題と死亡・勇退退職時への備え

　ご住職が亡くなった場合の葬儀（寺葬）は、それなりの格式を持って執り行わなければなりません。本山より高僧など十数人が寺葬に派遣される宗派も珍しくなく、参列した僧侶たちには相応のお金が支払われます。

　檀信徒からの浄財が充てられるとはいえ、檀信徒の減少も気にかかるところです。本堂・お庫裏の改築費やご住職寺葬用に、別途「護寺会費」などの名義で積立をしている寺院もありますが、それも十分な額とは言えないようです。

　ご住職の平均勇退年齢は、宗派によっても異なりますが70歳が一般的です。ご住職の勇退時には、確実に勇退退職金を支給できるよう、支給規程を作成しておくことが望ましいのですが、規程を作成していない寺院が大半です。いまだに、寺院の資金と寺族の生活費が峻別されていないケースも多いようです。

　宗教法人改正に伴い、税務署の調査も頻繁に行われつつあります。勇退退職金が確実に支給されるように、退職金規程のひな形を示し、時代の変化についても言及しておく必要があるでしょう。

　責任代表役員であるご住職の退職金規程は、株式会社における役員退職金規程に準じた流れとなりますから、「代表役員退職慰労金（弔慰金）支給規程」を責任役員会で決定します（図表52）。

　小規模な宗教法人では、責任役員会は住職およびその家族と檀家総代で構成されていますので、規程の制定は比較的容易です。

　住職の死亡・勇退退職金準備に反対意見を述べる可能性があるのは檀家

図表52　寺院の退職金規程の制定手順

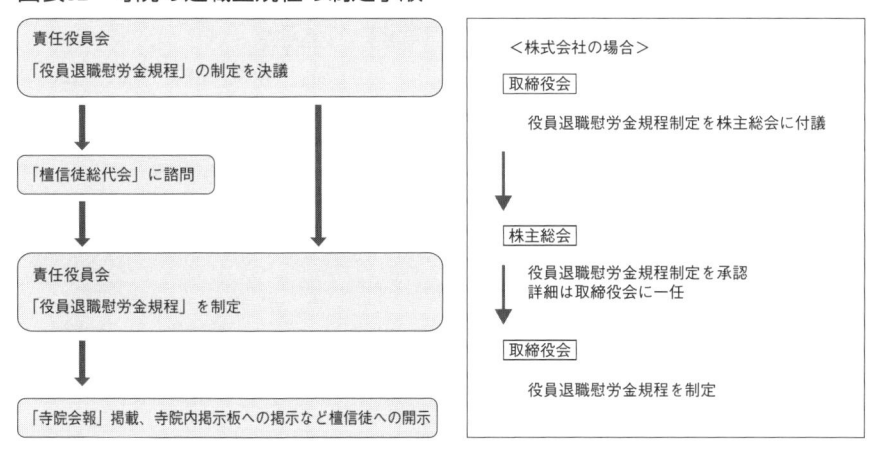

総代だけです。前住職が亡くなり、後継者が比較的若い場合には、寺院運営にもいろいろと口を挟み、入り浸り状態となっているケースもあります。高額の浄財を寄付している檀家の代表として、若い住職をサポートしているというわけです。

　そこで、提案する生命保険契約は、勇退・死亡退職金だけではなく、寺葬の資金積立でもある点を強調します。檀家総代も、地域の名士、院殿戒名を受けた資産家とはいえ、ご住職の葬儀に数百万円単位のお布施をすることには抵抗があります。寺葬代金を前もって積み立てておくという提案に反対はありません。

「代表役員退職慰労金（弔慰金）支給規程」を制定した際には、檀信徒会報や、寺院の掲示板等に表示するとよいでしょう。

■宗教法人の資産は低リスクの安全資産で運用

　伝統系仏教寺院の責任役員会では、長期間にわたる低金利とペイオフも話題となります。

　ペイオフが実施されると、元本1,000万円までの預貯金は全額保護されますが、1,000万円を超える部分については破綻金融機関の精算見込額に

図表53　退職慰労金規程（ひな型）

代表役員退職慰労金（弔慰金）支給規程

（目的）
第1条　当宗教法人の代表役員が退職（死亡退職を含む）したときには、本規程に基づき、退職慰労金を支給し、もって役員在任中の功労に報い、退職後における役員または遺族の生活の安定に寄与することを目的とする。

（退職慰労金の額の決定）
第2条　支給すべき退職慰労金は、本規程にも基づき、総代会の同意を得た上で、責任役員会が決定し、支給する。

（適用範囲）
第3条　本規程は、代表役員に適用する。
　　2　責任役員会において、当宗教法人に特に功労があったと認める責任役員については、総代会の同意および責任役員会の決定を得て、本規程の取扱いを準用した退職慰労金を支給することがある。

（退職慰労金額）
第4条　本規程に基づき支給する退職慰労金は、第8条・第9条により増減する場合を除いて、次の計算式で算出した額とする。
　　　・退任時最終報酬月額　×　在任年数　×　係数
　　　ただし、算出額に万円未満の端数が生じた場合には、万円単位に切り上げる。収益事業への配分については、別途定める「配賦基準」による。以下同じ。
　　2　前項計算式の係数については、下記の通り定める。
　　　・代表役員　　　3

（弔慰金額）
第5条　任期中に死亡したときには、第4条の金額に加え、次の金額を弔慰金として支給する。
　　　・業務上の死亡の場合　　　死亡時の報酬月額　×　36カ月
　　　・その他の死亡の場合　　　死亡時の報酬月額　×　6カ月

（報酬月額）
第6条　報酬月額とは、名目の如何を問わず、毎月定まって支給されるものの総額をいう。

（在任期間）
第7条　在任年数は1カ年を単位とし、端数は月割とする。1カ月未満は1カ月に切り上げるものとする。

（功労加算）
第8条　特に功績顕著と認められる代表役員に対しては、第4条により計算した金額にその30%を超えない額を限度として加算することがある。

（減額または不支給）
第9条　代表役員が業務上背任等により解任された場合または責任役員会で背任に準ずる理由があると認められたときには、本規程に基づく退職慰労金は、減額または支給しないことがある。

（支給時期および方法）
第10条　退職慰労金は、責任役員会での決定後、2カ月以内にその全額を支給する。
　　2　経済界の景況、法人の経営状態により、当該代表役員と協議の上、支給時期および方法について別に定めることができる。

（死亡代表役員に対する退職慰労金）
第11条　在任中死亡した代表役員または退任後に死亡した代表役員に対する退職慰労金は、遺族に支給する。
　　2　遺族とは、当該代表役員の配偶者を第一順位とし、配偶者のない場合には、子、孫、父母、祖父母、兄弟姉妹の順位とする。なお、該当者が複数いるときには、代表者に対して支給するものとする。

（生命保険契約の締結）
第12条　当宗教法人は、退職慰労金の支払いに際し、一時的な資金負担を軽減するため、○○生命保険○○会社との間に、代表役員を被保険者とする生命保険契約を締結する。
　　2　代表役員が勇退退職したときには、退職慰労金の全部または一部として、この生命保険契約上の名義を退職した代表役員に変更の上、保険証券を交付することがある。この場合、保険契約の評価額は解約返戻金相当額とする。

（規程の改正）
第13条　本規程の全部または一部を変更するときは、総代会の同意を得た上で、責任役員会が決定することを要する。

（施行日）
第14条　この規程は、平成　　　年　　　月　　　日より施行し、施行後に退職する代表役員に対して適用する。

応じて払い戻されることになります。日本振興銀行の破綻後、ペイオフに対する関心も再び高まっています。

公益事業を営む宗教法人では、大切な浄財を安全に運用するため、格付の高い銀行に預金を集中させたり、国債を購入したりしています。為替リスクのある外貨預金や株式投資はご法度で、証券投資でも、せいぜい公社債投信を購入する程度です。

安全性が高く、比較的高い運用利回りで、ご住職の勇退退職金準備を兼ねて生命保険を提案する方法を考えてみましょう。

生命保険の活用というと、「保険会社の破綻」が連想され、まだまだ不安を感じる消費者が多くいます。

ただ、生命保険会社の格付では「BBB−」以上を"投資適格"、「BB+」以下を"投機的"と規定しており、「BBB−」以上の格付を得ていれば破綻の危険性は極めて低くなっています。例えば、破綻した協栄生命の破綻直前の格付は、スタンダード＆プアーズで「BB−」よりも5ランク下の「B」でした。

ソルベンシー・マージン比率（支払余力）を見ても、安全といわれる200％以上を全社が維持しています。

生命保険会社の破綻、外資系生命保険会社の営業停止など、一般消費者からは分かりにくい報道によっても、高額の生命保険契約に一抹の不安を抱きます。生命保険会社の会社案内などを使い、丁寧に不安を払拭しておきましょう。

「有利さは理解できるけど…」とご住職の抵抗感の強いのが「変額保険」と「変額年金」です。「大切な浄財をリスクの大きなものに投資はできない」「解約返戻金が不確定では不安」という拒絶反応が大きいのも、公益事業を担う宗教法人らしい見識かもしれません。

「予定利率変動型終身保険」「アカウント型」についても、特徴をきちんと説明しないと、リスクの高い保険と誤解されるため注意が必要です。提案する商品を含めて、奇をてらわず、テクニックに走らないオーソドックスな提案に徹したほうがよいでしょう。

宗教法人には、公益事業（本来の布教などの宗教活動）部分が非課税になるという特典がありますから、保険料を宗教法人の経費負担とすれば、損金あるいは実質返戻率といった概念とは実質無縁です。

勇退退職金積立を主目的とするならば、単純に勇退予定時の解約返戻金が最も高くなる保険種類を選択すればよいのです。

利回り重視ということでは個人年金や養老保険が考えられますが、勇退退職だけではなく、在職中の死亡退職金確保、寺葬費用の確保という点も勘案すると、終身保険あるいは長期平準定期での提案が適しています。

低解約返戻金型の終身保険・定期保険は、保険料払込満了後の解約返戻金が払込保険料累計を大きく上回りますし、保険金額も十分に確保できますから、こちらを提案商品の1つに加えるのもよいでしょう。

2. 宗教法人が営む収益事業と生保提案のポイント

収益事業を営んでいるときは、これに応じて支払い保険料も、給与、従事時間など合理的な方法により按分（区分）することになります。この場合には、保険料の按分など経理処理について、税理士と事前に相談しておきましょう。収益事業を営んでいる場合には、収益事業と公益事業に分けて経理します。収益事業については課税されますが、宗教法人の法人税は通常の25.5％が22％に軽減されているうえ、寄付金の損金算入限度にも特例が設けられるなど優遇されています。

収益事業に該当する事業は、主に下記のようなものが挙げられます。
・駐車場業…………駐車場経営のために、他社に土地を貸し付ける場合も含む
・倉庫業……………自転車等の預かり業
・不動産貸付業……墳墓地以外の土地、建物の貸付
・飲食業……………挙式、葬儀・法要等における飲食物の提供
・物品販売業………お守り、お札など宗教目的以外の物品販売、経営する幼稚園での教材以外の物品販売等
・席貸業……………集会場や本堂の席貸し

・旅館業……………………参詣人や僧侶の宿舎の経営
・斡旋業または仲立業……墓石業者から収受する墓石仲介手数料

　それでは、具体的な提案例を見てみましょう。

　ご住職は、今年就任され50歳です。収益事業は営んでいません。勇退想定年齢を70歳（在任年数20年）、勇退時最終報酬月額50万円、係数3倍と仮定します。勇退時最終報酬月額は、20年も先のことを予測するのは難しいので、現在の報酬月額にある程度の金額を上乗せしておきます。

　勇退退職金は、「50万円×20年×3倍＝3,000万円」となりますから、まずは70歳時点での解約返戻金が3,000万円近くになる生命保険を設計します。月払の終身保険でシミュレーションしてみると、60歳払込満了、保険金額3,700万円、保険料24万2,757円であれば、70歳時点で解約返戻金が3,015万1,300万円となります。

　檀信徒の少ない寺院では、24万円という保険料を新たに負担するのは難しいと思われがちですが、そうした寺院でも、浄財の蓄積額は通常千万円単位になります。また、「安全で多少なりとも有利な運用先を見つけたい」と思案に暮れている寺院も多数あります。小規模寺院では、ご住職の一存で資産を運用していますし、1,000万〜2,000万円程度であれば、檀家総代を交えた責任役員会への報告・決議は行っていないケースがほとんどです。

　そこで、銀行の定期預金あるいは普通預金で運用している浄財で、一時払終身保険を検討します。

　例えば、1,590万1,400円を一時払終身保険（保険金額2,000万円）の保険料に充てると、契約当初での解約では元本割れとなりますが、5年後の解約返戻率は101.0%、10年後の解約返戻率は104.6%となります（図表54）。大口定期預金と比べても、その優位性は明らかです。

　20年後の70歳時点では、解約返戻金は1,774万6,000円、解約返戻率は111.6%となっています。

　これで、勇退退職金の想定額3,000万円に対する不足額は、「3,000万円−1,774万円＝1,226万円」となるため、あとは70歳時点で解約返戻金が1,226

図表54　終身保険の合算シュミレーション

経過年数	年齢	■一時払終身保険				■終身保険 月払保険料131,420円／60歳払込満了			
		死亡保険金	払込保険料累計①	解約返戻金②	解約返戻率②/①	死亡保険金	払込保険料累計①	解約返戻金②	解約返戻率②/①
1	51	20,000,000	15,901,400	15,614,000	98.1	20,000,000	1,577,040	1,076,000	68.2
5	55	20,000,000	15,901,400	16,068,000	101.0	20,000,000	7,885,200	6,810,000	86.3
10	60	20,000,000	15,901,400	16,638,000	104.6	20,000,000	15,770,400	14,616,000	92.6
11	61	20,000,000	15,901,400	16,752,000	105.3	20,000,000	15,770,400	14,786,000	93.7
12	62	20,000,000	15,901,400	16,866,000	106.0	20,000,000	15,770,400	14,956,000	94.8
13	63	20,000,000	15,901,400	16,980,000	106.7	20,000,000	15,770,400	15,126,000	95.9
14	64	20,000,000	15,901,400	17,092,000	107.4	20,000,000	15,770,400	15,298,000	97.0
15	65	20,000,000	15,901,400	17,204,000	108.1	20,000,000	15,770,400	15,468,000	98.0
16	66	20,000,000	15,901,400	17,316,000	108.8	20,000,000	15,770,400	15,636,000	99.1
17	67	20,000,000	15,901,400	17,426,000	109.5	20,000,000	15,770,400	15,804,000	100.2
18	68	20,000,000	15,901,400	17,534,000	110.2	20,000,000	15,770,400	15,972,000	101.2
19	69	20,000,000	15,901,400	17,640,000	110.9	20,000,000	15,770,400	16,136,000	102.3
20	70	20,000,000	15,901,400	17,746,000	111.6	20,000,000	15,770,400	16,298,000	103.3
21	71	20,000,000	15,901,400	17,850,000	112.2	20,000,000	15,770,400	16,460,000	104.3
22	72	20,000,000	15,901,400	17,952,000	112.8	20,000,000	15,770,400	16,620,000	105.3
23	73	20,000,000	15,901,400	18,052,000	113.5	20,000,000	15,770,400	16,778,000	106.3
24	74	20,000,000	15,901,400	18,152,000	114.1	20,000,000	15,770,400	16,936,000	107.3
25	75	20,000,000	15,901,400	18,250,000	114.7	20,000,000	15,770,400	17,090,000	108.3
26	76	20,000,000	15,901,400	18,344,000	115.3	20,000,000	15,770,400	17,242,000	109.3
27	77	20,000,000	15,901,400	18,438,000	115.9	20,000,000	15,770,400	17,390,000	110.2
28	78	20,000,000	15,901,400	18,528,000	116.5	20,000,000	15,770,400	17,534,000	111.1
29	79	20,000,000	15,901,400	18,618,000	117.0	20,000,000	15,770,400	17,676,000	112.0
30	80	20,000,000	15,901,400	18,704,000	117.6	20,000,000	15,770,400	17,814,000	112.9
35	85	20,000,000	15,901,400	19,088,000	120.0	20,000,000	15,770,400	18,440,000	116.9
40	90	20,000,000	15,901,400	19,392,000	121.9	20,000,000	15,770,400	18,944,000	120.1
49	99	20,000,000	15,901,400	19,742,000	124.1	20,000,000	15,770,400	19,526,000	123.8

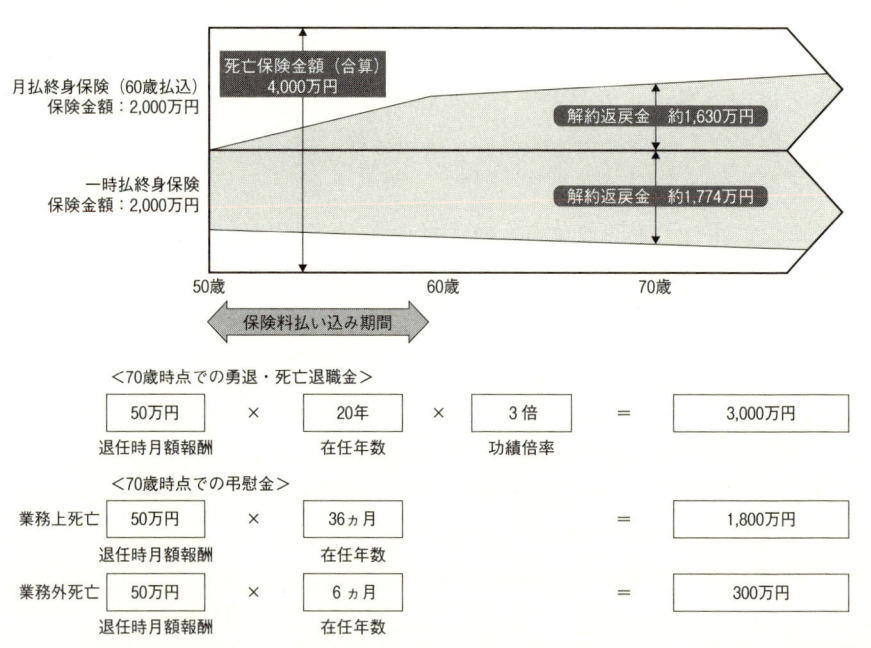

| | ■合算シミュレーション | | |
死亡保険金	払込保険料累計 ①	解約返戻金 ②	解約返戻率 ②/①
40,000,000	17,478,440	16,690,000	95.5%
40,000,000	23,786,600	22,878,000	96.2%
40,000,000	31,671,800	31,254,000	98.7%
40,000,000	31,671,800	31,538,000	99.6%
40,000,000	31,671,800	31,822,000	100.5%
40,000,000	31,671,800	32,106,000	101.4%
40,000,000	31,671,800	32,390,000	102.3%
40,000,000	31,671,800	32,672,000	103.2%
40,000,000	31,671,800	32,952,000	104.0%
40,000,000	31,671,800	33,230,000	104.9%
40,000,000	31,671,800	33,506,000	105.8%
40,000,000	31,671,800	33,776,000	106.6%
40,000,000	31,671,800	34,044,000	107.5%
40,000,000	31,671,800	34,310,000	108.3%
40,000,000	31,671,800	34,572,000	109.2%
40,000,000	31,671,800	34,830,000	110.0%
40,000,000	31,671,800	35,088,000	110.8%
40,000,000	31,671,800	35,340,000	111.6%
40,000,000	31,671,800	35,586,000	112.4%
40,000,000	31,671,800	35,828,000	113.1%
40,000,000	31,671,800	36,062,000	113.9%
40,000,000	31,671,800	36,294,000	114.6%
40,000,000	31,671,800	36,518,000	115.3%
40,000,000	31,671,800	37,528,000	118.5%
40,000,000	31,671,800	38,336,000	121.0%
40,000,000	31,671,800	39,268,000	124.0%

万円程度になる月払終身保険の保険金額を逆算します。保険料は60歳払込満了とし、解約返戻率が高くなるようにします。

　保険金額1,500万円、月払保険料9万8,565円なら、70歳時点での解約返戻金額は1,223万5,000円となります。

　ここで、死亡退職の場合は、業務上死亡36ヵ月、業務外死亡6ヵ月の弔慰金が別途支払われますので、最大で1,800万円（50万円×36ヵ月）を上乗せした、4,800万円の死亡保険金が必要となります。

　ただし、ご住職の業務上の死亡は、車・バイク等で檀家を訪問する際に交通事故に遭うこと程度でリスクは高くありません。そこで、月払終身保険を2,000万円とし、一時払終身保険との合算4,000万円とします。

〔契約例〕

・一時払終身保険　2,000万円　（一時払保険料　1,590万1,400円）

・月払終身保険　　2,000万円　（60歳払込　13万1,420円）

当初設計した月払終身保険を3,700万円で契約した場合に比べると、月払保険料で11万1,337円の負担減となります。この寺院では、今回の提案以前に定期付終身保険に加入していましたが、定期保険特約を減額し「終身300万円、定期保険特約700万円」として継続することとなり、死亡退職の場合の弔慰金もしっかりカバーできました。

　このように、一時払終身保険の保険金額を調整しながら、宗教法人の月払保険料に無理のない提案をします。

　三大都市圏の寺院では、より高額の契約となります。一度に高額の契約を提案することも悪くありませんが、生命保険契約だけで死亡・勇退退職金を準備しようとは思っていないご住職が多くいます。機会を改めて追加契約を提案するといった柔軟な提案姿勢が好感を得られるようです。

　保険料払込満了は60歳にこだわらず、65歳、終身払などいろいろシミュレーションしてみればよいでしょうが、保険料水準、解約返戻率、個人契約への名義変更の可能性等を勘案すると、勇退退職年齢あるいはその少し前に払込満了として設計したほうが無難です。

　保険種類も、低解約返戻金型終身保険を提案することで、解約返戻率を高めるプランも説得力があります。

　在来仏教系寺院への提案では、最近新増設、改築を行った見栄えのよい寺院よりも、伽藍などの外見は質素な寺院のほうが高額の浄財が蓄積されています。外見に捉われずに提案しましょう。

　誠実な提案が行われると、地域の仏教会、宗派の集まりなどの情報交換や後席などで話題となります。ご契約いただいたご住職から、別のご住職を紹介していただけることもあります。場合によっては、宗派の集まりの席で説明会の開催を依頼されることもあります。

■宗教法人全体のリスクマネジメントも考える

　伝統仏教系寺院のリスクと対応する保険種類を図表55にまとめましたが、伝統系仏教寺院に限らず、宗教法人全体のリスクマネジメントも重要です。

　比較的規模の大きい宗教法人では、

・複数建物がありながら火災保険を包括契約せず個別に契約している

図表55　伝統仏教寺院のリスクマネジメント

人リスク	住職、家族の病気・ケガ	個人契約の生命保険
	住職、家族の老後生活	個人契約の個人年金 →法人契約で勇退退職金が準備できない 　ケースもある →日蓮宗など一部の宗派では、共済年金が 　あるが、加入していない場合も多い
	住職の勇退退職金準備	法人契約の生命保険
	住職の死亡退職金	法人契約の生命保険
物リスク	本堂・庫裏などの火災	火災保険 →複数建物がある比較的規模の大きい寺院 　では、個別契約か包括契約かを確認する →宗派によっては、共済制度があるが、金 　額は低くすべてをカバーできない
	特別財産（本尊・財宝）	火災保険 →専門家の鑑定を受けずに付保している 　ケースが多く、一部保険の場合がある
	本堂・庫裏の建替補修	積立火災保険・法人契約の生命保険 →リスクの分散を求めており、預貯金以外 　での運用に熱心
賠償 リスク	檀信徒や参詣者のケガ	施設管理者賠償責任保険
	法事の食中毒	生産物賠償責任保険　等
	自動車・バイク	自動車保険・バイク保険
収益事業 リスク	営利法人と同様のリスクをチェックする	
	幼稚園を経営する場合には、傷害保険の一括加入などを検討する	
	※収益事業を営んでいる場合、収益事業における勇退退職金を別途準備 　する提案も可能である	

・寺宝物特別財産（本尊・財宝）に専門家の鑑定を受けずに火災保険を付
　保している
・縁日、お祭りなど檀信徒や参詣者のケガに対応する施設管理者賠償責任
　保険を付保していない
・法事の食中毒に対する生産物賠償責任保険等を付保していない
といったリスクが見落とされがちです。
　また、寺院で僧侶が働いている場合には、働いている僧侶のケガ、病気
に対する保障、退職金準備など、一般の営利法人と同様の保障手当てが必
要となります。

[5] アパマンオーナーへの 生保活用提案

1．賃貸建設による相続対策の現状と課題

富裕層といえば、「中小企業の社長」「ドクター」と「不動産所有者」が挙げられます。不動産所有者の中でも特に、アパマンオーナー（アパート・マンションの所有者）が該当します。アパマンオーナーへの生命保険提案について検証する前に、現状と課題を整理してみましょう。

土地を所有する場合、更地のままでは収益を上げることができないにもかかわらず固定資産税が課せられます。相続の際には、路線価または固定資産税評価額に一定の係数を乗じた価格が課税対象となります。

所有する土地上に賃貸アパマンを建設すれば、底地は「貸家建付地」となります。評価は「1 −（借地権割合×借家権割合）」となり、借地権割合70％、借家権割合30％の場合で、21％の評価減となります。相続税評価額の圧縮ができるわけです。

借地権割合は、地価の高い地域ほど高くなり、相対的に底地評価が低くなります。商業地では80〜90％、住宅地では60〜70％割程度となります。路線価の評価がある地域では、地域ごとの借地権割合が設定されています。

借家権割合は、2006（平成18）年に大阪国税局管内の40％が30％に変更され、相続税評価においては一律30％となりました。実務的には、相続税評価と実態とは乖離がある点など、注意が必要です。

■少子高齢化によって都市部でも供給過多の状況

アパマンの建設費用を金融機関からの借入で賄えば、相続発生時には残債額が負債として相続財産から差し引かれるため、相続財産を減らすこと

ができます。

　しかし、賃貸アパマンを借入金で建設して相続財産の圧縮ができても、一定期間経過すると借入金の返済が進み負債が減少します。一方で「家賃収入－ローン返済金額」が現預金として増加しますから、相続財産の減少幅はさらに縮小します。被相続人が賃貸アパマン建設後の早い時期に死亡した場合は相続税対策としての効果が大きいのですが、時間の経過とともにその効果は縮減します。

　現預金が蓄積されてくると、新たな賃貸アパマンを建設します。アパマンオーナーで一棟所有者が少ないのも、相続財産圧縮効果の縮減と関係があります。また、相続が発生した場合、アパマンを複数人で共有財産として相続すると、マンション管理、次の相続時などにもめるため、複数棟建設を決意するアパマンオーナーも多くいます。

　農地相続税制の改正により、都市部では農地から賃貸アパマン経営に転身する例が今後増加することが予想されます。しかし、既に首都圏を中心にアパマンの供給が続いていることに加え、少子高齢化社会の進展で空室率は増加傾向にあります。

　全国平均では約20％が空室になっています。三大都市圏への人口集中により、地方での空室率が特に高く、福井県の44.24％を筆頭に、山梨県39.14％、長野県37.99％と続きます。一番空室率の低いのが沖縄県で13.18％ですが、東京都16.05％、大阪府24.56％、愛知県19.09％と想像以上に空室率の高いことが分かります。

　首都圏では特に、郊外住宅地での空室率上昇が顕著です。一見恵まれたように見えるアパマンオーナーですが、実情はかなり厳しいものがあるのです。

2．アパマンの老朽化による入居率低下を防ぐ

　賃貸アパマンオーナーは、建設した賃貸物件の管理にも頭を悩ませています。アパマンの建築後には、
・3〜5年　……小規模な修理・補修

図表56　アパマンの建築後に必要な修理・補修

構造	部位		1	2	3	4	5	6	7	8	9	10+
建築	屋根	セメント瓦葺										■
	屋上防水	露出										■
		保護モルタル押え										■
	外壁	タイル										■
		吹き付け										■
	コーキング	打継・伸縮・化粧		■	■	■		打継・伸縮・化粧				
	外部鉄部				塗替							■
	外部建具				塗替							■
	共用部床	シート系										
	共用部壁	クロス・塗装										
	マンション部分	雑設備				補修						■
		ユニットバス										■
		エアコン										
		給湯器										
外構	路盤	アスファルト塗装										
		インターロッキング										
	屋外設備	FRP製										
機械設備	受水槽											
	給水管	加圧給水										
	ポンプ											
	雑排水	共用部堅管							取替			
		専用管										
		屋内配管										
	ガス配管											
電気設備	幹線設備	内部										
	照明器具	外部										
		バッテリー										
	非常照明・誘導灯	アンテナ・配線								取替		
	TV設備											
	自動火災報知器											
昇降機設備	乗用エレベーター											

※■濃いアミの部分は国土交通省の例示、黒文字は優良リフォーム会社の推奨

・10〜15年　……外壁修繕、屋根の防水、非常用階段等の塗装、給水管・設備補修

・20年　…………外壁修繕、屋根の防水、配水管設備補修、電気設備修繕

・30年　…………全体の大規模補修として各種設備入替

などの補修・修繕が必要で（図表56）、高額の費用がかかります。10年目以降の大規模修繕費の目安は、物件の建築資材、施工場所、面積、業者に

（築年数）

10	11	12	13	14	15	16	17	18	19	20	21	22	23	24	25	26	27	28	29	30
																		補修		
取替																				取替
										取替										
補修																補修				
補修・塗装															補修・塗装					
					打継・伸縮・化粧									打継・伸縮・継続						
塗替						塗替					塗替							塗替		
塗替						塗替					塗替							塗替		
			補修			取替												補修		
			補修															補修		
			補修						補修							補修				
						取替														
		取替																取替		
		取替												取替						
				補修													取替			
				補修													取替			
				補修												補修				
																	取替			
						補修														
							取替													
				補修																
							取替							取替						
								取替												
								取替												
																				取替
							取替													
							取替													
取替																				
								取替										取替		
					取替															
					取替															
																				取替

よって千差万別です。

　本格的な改修を加えた場合、一戸当たりの費用目安は、

・100戸以上　……約50万円

・50〜99戸　……約60万円

・30〜49戸　……約70万円

・29戸以下　……約80万円

図表57　アパマンの補修工事例

外壁再塗装・陸屋根防水（最も多い工事例）	
補修内容	・外壁再塗装 ……洗浄後、微弾性下地の調整、トップコート、足場 ・陸屋根防水 ……絶縁工法シート防水 ・屋外廊下・バルコニー ……塩化ビニル製ノンスリップシート貼、外壁同様補修
費用例	新築後15年目の補修 ・単身者用マンション（18㎡程度） 　中小規模（15室程度）…40～45万円／戸程度 　大規模（100室）　　　…32～35万円／戸程度 ・世帯向けマンション 　大規模（100～150戸）…32～35万円／戸程度
費用の目安	外壁再塗装・陸屋根防水 ・新築時工事費×5～7％程度 ・工費1億円の学生向けマンション…500～700万円
内装・間取りの一新（時代ニーズに合わせたリニューアル）	
補修内容	・床壁天井の張替 ・室内ドア・クローゼットの新品入替 ・ユニットバス・給湯器・エアコンの新品入替
費用例	・世帯向マンションの1室（90㎡程度）…450万円／戸程度 ※和室畳からフローリングに変更、3点ユニットバスから風呂／ 　トイレセパレートへの変更では、さらに費用がかかります。

程度というシミュレーションがあります。規模のメリットが働くため、小規模アパマンよりも大規模マンションのほうが、一戸あたりの費用は割安となります。

　1回目の修繕費用に対して2回目はその約1.5倍、3回目は1回目の約2倍を目安としています。10年目の修繕費用は、「建築費用×5～7％を目安に準備してください」と賃貸アパマンオーナーに説明している建設会社も多くあります。例えば、1億円の学生向けマンションの場合で500～700万円程度となります（図表57）。

　賃貸アパマンの入居希望は新築物件に集中し、古い物件ほど入居率が低くなります。中古物件の入居率が低くなるのは、内外装の状態だけが理由ではありません。間取りや設備面で、時代のニーズに合わなくなっているケースもあるため、時代に即したメンテナンスも必要です。

　代表的な例としては、
・2DKを1LDKに変更する
・和室畳からフローリングに変更する
・3点ユニットバスをバス／トイレのセパレートへ変更する
などがあります。この場合には、改装内容にもよりますが、400〜600万円
程度の費用が見込まれます。

　メンテナンスの行き届いた物件は、コストパフォーマンスの良さから引
き続き人気がありますから、修繕費用の計画的な積立が安定した賃貸アパ
マンオーナーには重要であることが分かります。

2．アパマンの家賃収入を有効に活用する

　前述のとおり、賃貸アパマンオーナーへの生保活用提案は、①修繕費用
積立と②相続（争族）対策にフォーカスします。

①修繕費用積立

　賃貸アパマンオーナーの特徴は、毎月の家賃収入を生命保険料に充当で
きる点にあります。個人経営の場合は、短期払いの低解約返戻金型終身保
険が提案の中心となります。大規模修繕時期の前に保険料の払込みを終了
させ、解約返戻率を高める提案です。

　法人（不動産管理会社、不動産所有会社）では、逓増定期保険を中心に
提案します。提案にあたっては、入居率なども考慮して無理のない保険料
を前提としましょう。

　長期平準定期保険も併せて提案すれば、オーナー勇退時に生命保険契約
の名義を法人から個人に変更し、勇退退職金代わりに現物給付を受けるこ
とができます。この契約を終身保険に変更することで、納税資金原資とす
ることもできます。

②相続（争族）対策

　富裕層の相続では、納税資金準備が最大のポイントですが、定期的に家
賃収入のある賃貸アパマンオーナーは、その準備も比較的容易です。

　懸念されるのは、図表58でまとめたように、遺産の大半が不動産、特に

図表58 アパマンオーナーの現状と課題

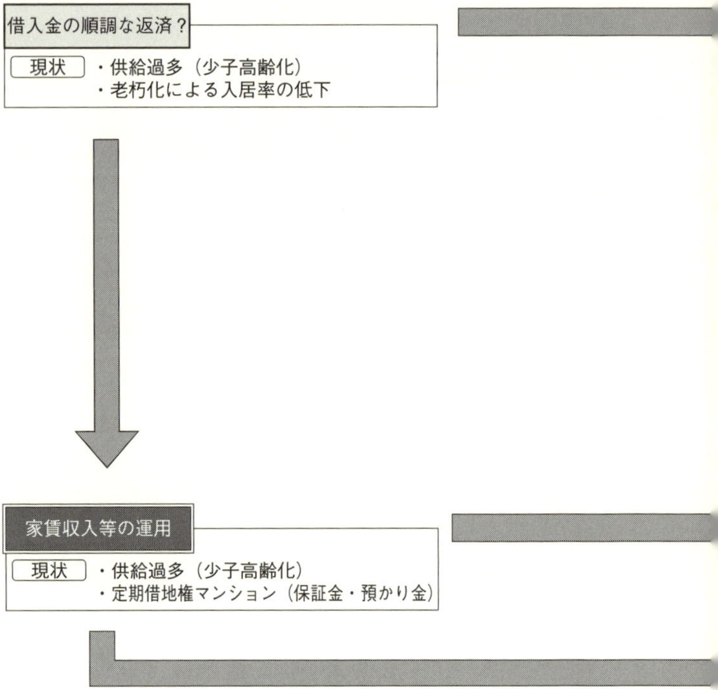

借入金の順調な返済？

現状	・供給過多（少子高齢化）
	・老朽化による入居率の低下

家賃収入等の運用

現状	・供給過多（少子高齢化）
	・定期借地権マンション（保証金・預かり金）

賃貸アパマン1棟所有の場合です。マンションを共有相続すると、管理方法や大規模修繕などの際、相続人間の意見が相違するおそれがあるため、できる限り避ける必要があります。

■ "争族" への対策として生保で代償分割資金を準備

さらに次の相続（二次相続）では、ほとんど顔を見たことのない者同士が相続人となることもあり、中古物件の劣化、入居率の低下に対して何ら対策が打てず空き家となる懸念もあります。

戦前は家督（長子）相続でしたが、今では均等相続になったため、

・賃貸アパマン経営の後継者とそれ以外の相続人がいる場合

相続税の増加		相続税の改正
・負債の減少、現預金の増加	←	・小規模宅地等の評価減の適用拡充 ・基礎控除の縮小、相続税率のアップ

"争族"対策

感情	・家督（長子）相続から均分相続へ
	・マンション経営の後継者とその他の相続人 ・親の面倒・介護をした相続人としなかった相続人 ・独立したが苦労する相続人
	・先妻の子と後妻の子 ・兄弟姉妹・甥姪が相続人となった場合 ・二次相続（母親死亡時）の時に相続人の本音が出る
資産	・遺産の大半が不動産で現預金が少ない ・マンションの共有は次世代相続に禍根を残す

修繕・改築費用準備

・3～5年の小規模、10～15・20・30年の大規模修繕
・退去時期（未定）に合わせたリニューアル（内装、間取りの一新）

新賃貸物件の建設 ← **ローン金利の見直し**

・一棟所有の限界
・共有相続への不安
・新たな借入れへの不安

・親の面倒・介護をした相続人としなかった相続人がいる場合

・生家を離れたが、生活が苦しい相続人がいる場合

・先妻の子と後妻の子がいる場合

・兄弟姉妹、甥姪が相続人となる場合

といったケースでは、長男とそれ以外の相続人が遺産分割でもめることが多くなります。

　父親が死亡した際は、母親の手前もあり騒動にならなくても、母親の死亡時（二次相続）では、権利主張がぶつかり収拾がつきません。特に、相続人の配偶者など相続権のない人物が登場し、骨肉の"争族"が勃発します。

図表59　生保を活用したアパマンオーナーの相続対策

□**納税資金準備**

契約者	被相続人（アパート・マンションオーナー）
被保険者	被相続人（アパート・マンションオーナー）
死亡保険金受取人	相続人

・相続発生時に相続人に死亡保険金が支払われ、納税資金となる
・終身保険のため、被相続人が何歳となっても死亡保障（納税資金）が確保できる
・コストパフォーマンスを考慮し、払込期間は長期（20年以上）が多い

□**代償分割**

契約者	被相続人（アパート・マンションオーナー）
被保険者	被相続人（アパート・マンションオーナー）
死亡保険金受取人	相続人（長男など、被相続人の同居者）

・複数の相続人がいる場合、長男など被相続人の同居者がマンション棟を相続
・長男などの死亡保険金受取人は、受け取った死亡保険金を代償分割交付金として他の相続人に渡す
・アパート・マンションなどを１棟のみ所有する場合に有効

□**相続財産評価減**

契約者	被相続人（アパート・マンションオーナー）
被保険者	相続人（子または孫）
死亡保険金受取人	被相続人（高齢のアパート・マンションオーナー）

・契約者死亡時の相続財産評価は「解約返戻金額」となるため、保険料払込期間中に契約者（被相続人）が死亡した場合は、払込保険料よりも圧縮評価される
　→相続税法第３条１項３号、相続税法基本通達３－36、財産評価基本通達214
・契約者（被相続人）死亡後は、契約者を相続人に変更する
・孫を被保険者とした場合は、代飛ばしの効果もある
・保険料払込期間は、長期（15〜20年以上）となることが多い

　この争族対策として、生命保険金を代償分割交付金として活用する提案が有効です。

・契約者　　：父親（被相続人／アパマンオーナー）

・被保険者：父親（被相続人／アパマンオーナー）

・受取人　　：長男（相続人／後継者）

とした終身保険・低解約返戻金型終身保険を提案してみましょう。

　父親（被相続人／アパマンオーナー）が死亡した時点で、後継者である長男はアパマンを相続するとともに、受け取った死亡保険金を他の相続人である弟姉妹などに代償分割交付金として渡します。

　図表59は、アパマンオーナーの相続対策をまとめたものです。個別案件ごとにオーナーの年齢、家族構成、財産状況、経営実体（個人、法人）等に合わせた適切な提案を行いましょう。

［6］ 農家に対する 生命保険の提案方法

1．農家は生保提案の有力マーケット

　重要マーケットにもかかわらず「相続税の心配がいらない」「JA共済が普及していて提案の余地がない」と、ほとんど生命保険の提案がなされていない農家について検証してみましょう。

　かつて、都市周辺の農地が都市化の浸透で大幅に値上がりし、都市近郊の農家では、相続が発生した際に、納税のためやむを得ず農地を手放す事例が頻発しました。そこで、均等相続による農地の細分化を防止するとともに、農業後継者を育成する目的で「農地等の納税猶予」制度が設けられています。

　この制度では、贈与税および相続税の大幅減免などの特例措置が講じられたため、以来、農家に対する生命保険提案は積極的になされなくなってしまいました。

　農業を成り立たせるには、農業を継ぐ者に農地など財産の大半を相続させなければなりません。相続に対する考え方は、家督（長子）相続から均等相続へと180度転換されているため、「農地を相続しない兄弟姉妹に対して生命保険金を代償分割交付金として支払う」という話法は、今も十分に有効です。特に、地方においては長男などが農業を継ぎ、その他の兄弟姉妹は都市部のサラリーマンになるケースが多く、均等相続の概念が浸透しているため、それなりの財産分与を請求することになります。

　農地等の納税猶予制度は、1991（平成3）年12月31日までは、20年間営農していれば免除されましたが、1992（平成4）年、2009（平成21）年の改正により、図表60のようになっています。

図表60　農地等の納税猶予制度の変遷

			固定資産税	相続開始時期と農地の相続税納税猶予		
				昭和50年1月1日〜平成3年12月31日	平成4年1月1日〜平成21年12月14日	平成21年12月15日〜
三大都市圏の特定市	市街化区域	宅地化農地	宅地並み	20年	適用除外	適用除外
		生産緑地	農地		終身営農が条件	終身営農が条件
上記以外	市街化区域農地		農地		20年	20年
	農地					終身営農が条件

　猶予を受けている農地についても、「宅地化してマンション・アパートを建設したい」「公共事業で土地収用になった」「区画整理された」「任意売却した」など、当初想定していない事情が発生することもあります。これらの場合には納税猶予が適用されなくなったり、売却代金などが大幅に増加し、相続税が急増したなどという例もままあります。

　農地等の納税猶予制度の改正によって、三大都市圏の農地は、売却あるいは宅地に転用する予定を立てているケースも増えており、相続人間での"争族"が今後頻発することが予想されます。

　時代の変化にも対応しなければならない農家は、生命保険の提案についても魅力的なマーケットと言えるでしょう。

■農地等の納税猶予制度の概要を理解する

　農地等の納税猶予制度について見ておきましょう。この納税猶予は、贈与税と相続税について適用があります。

①贈与税

　農地の一括贈与の場合の要件は、以下のとおりです。

・贈与者は贈与の日まで3年以上農業を営んでいた個人であること
・対象となる農地は、①農地の全部、②採草放牧地の3分の2以上、③準農地の3分の2以上のいずれかであること

・受贈者は18歳以上で推定相続人の１人であり、３年以上農業に従事しているか贈与を受けた後すみやかに農業経営を開始すること

　この適用を受けると、贈与者または受贈者が死亡したとき、納税猶予されていた贈与税が免除されます。

　贈与者の死亡により贈与税の免除を受けた場合には、改めてその農地等を贈与者の相続財産とみなして相続税の計算を行います。このときは、相続税の納税猶予の対象となります。

　贈与税の納税免除を受ける前に、受贈者が農業経営を廃止、農地等を譲渡・転用（マンション・アパートを建てるなど）、農地等への使用貸借権・賃借権を設定した場合などは、納税猶予されていた贈与税の一部または全部を、利子税とともに納税する必要があります。

②相続税

　相続税の納税猶予では、以下の要件があります。

・被相続人は死亡の日まで農業を営んでいた個人、あるいは農地等の一括贈与をした個人であること

・対象となる農地は、申告期限内に分割等により取得しているか、贈与税の納税猶予の適用を受けていた農地等であること

・農業相続人は、申告期限までに農業経営を開始する相続人、あるいは贈与税の納税猶予の適用を受けていた受贈者であること

　相続により農地等を取得した相続人がサラリーマンであった場合も、農業相続人となることは可能です。農業相続人となるための要件は、①相続税の申告書の提出期限までに、相続または遺贈により取得した農地等で農業経営を開始し、②その後、引き続き農業経営を営むと市町村単位で設立されている「農業委員会」が証明することです。

　例えば、普段は会社に勤め、農繁期の早期・夜間・休日にのみ実際に農耕に従事している場合なども認められます。また、実際の農耕は配偶者などが行っており、当人は農耕に従事していない場合でも、農業経営の方針を決定するなど支配的影響力を有しているときなどは、農業相続人として認められることがあります。農業収入の多寡によって認定されるわけではありません。

図表61　田および畑の農業投資価格（10アール当たり）

国税局	適用地域	農業投資価格 田（千円）	農業投資価格 畑（千円）	国税局	適用地域	農業投資価格 田（千円）	農業投資価格 畑（千円）
東　京	東 京 都	900	840	名古屋	愛 知 県	850	640
	神奈川県	830	800		静 岡 県	850	640
	千 葉 県	790	780		三 重 県	720	520
	山 梨 県	700	530		岐 阜 県	720	520
関東信越	埼 玉 県	900	790	金　沢	石 川 県	570	260
	茨 城 県	790	660		福 井 県	580	260
	栃 木 県	790	660		富 山 県	580	260
	群 馬 県	790	660	広　島	広 島 県	700	380
	長 野 県	730	490		山 口 県	650	310
	新 潟 県	660	280		岡 山 県	750	400
大　阪	大 阪 府	930	650		鳥 取 県	680	370
	京 都 府	750	470		島 根 県	580	295
	兵 庫 県	830	540	高　松	香 川 県	740	360
	奈 良 県	770	490		愛 媛 県	700	340
	和歌山県	770	530		徳 島 県	680	330
	滋 賀 県	770	500		高 知 県	615	287
札　幌 北海道	中央ブロック	300	136	福　岡	福 岡 県	770	440
	南ブロック	236	117		佐 賀 県	710	400
	北ブロック	169	55		長 崎 県	550	320
	東ブロック	169	73				
仙　台	宮 城 県	550	270	熊　本	熊 本 県	730	420
	岩 手 県	445	215		大 分 県	530	330
	福 島 県	510	255		鹿児島県	510	400
	秋 田 県	540	190		宮 崎 県	580	410
	青 森 県	430	180	沖　縄	沖 縄 県	220	230
	山 形 県	540	235				

　相続または遺贈により農地等を取得した者が未成年者である場合は、その未成年者と生計を一にする親族が未成年者の取得した農地等について農業経営を行うときに限り、その未成年者は農業相続人とみなされます。

　長男以外にも複数人に農地を相続させる場合も、上記要件が整っていれば、農地面積による制限はありません。

　この適用を受けると、「①農地を通常評価した場合の相続税」と「②農地を農業投資価格で評価した場合の相続税」の各々を算出し、②－①の税額が免除されます。

図表62 相続税の納税猶予の例

設例 農地500アール（相続税評価額１億4,000万円、農業投資価格4,200万円）、その他の財産（相続税評価額6,600万円）を相続人である配偶者、長男、長女の３人で分割取得した。取得内容は、長男が農地500アール全部、配偶者と長女はその他の財産を２分の１ずつ取得。長男が農地全部について納税猶予の適用を受けることとした場合の各人の納付税額、納税猶予額はどうなるか。

1．農業投資価格ベースによる相続税計算

①課税価格の合計額＝農地4,200万円＋その他の財産6,600万円＝10,800万円

②基礎控除額＝3,000万円＋600万円×３人＝4,800万円

③②－①＝10,800万円－4,800万円＝6,000万円

④相続税の総額
- 配偶者　6,000万円×1/2＝3,000万円　　・長男、長女　6,000万円×1/2×1/2＝1,500万円
- 配偶者　3,000万円×15％（税率）－50万円＝400万円
- 長男　　1,500万円×15％－50万円＝175万円
- 長女　　1,500万円×15％－50万円＝175万円
- ⇒総額　　400万円＋175万円＋175万円＝750万円

⑤各人の納付税
- 配偶者（相続税の総額）750万円×3,300万円/10,800万円＝225万円
- 　　　　（配偶者の税額軽減）750万円×3,300万円/10,800万円＝225万円
- 　　　　⇒よって納付税額は０
- 長女　（相続税の総額）300万円×3,300万円/10,800万円＝225万円
- 　　　　⇒納付税額225万円

2．通常計算による相続税の総額

①課税価格の合計額＝14,000万円＋6,600万円＝20,600万円

②基礎控除額＝3,000万円＋600万円×３人＝4,800万円

③②－①＝20,600万円－4,800万円＝15,800万円

④相続税の総額
- 配偶者　15,800万円×1/2＝7,900万円　　・長男、長女　15,800万円×1/2×1/2＝3,950万円
- 配偶者　7,900万円×30％（税率）－700万円＝1,670万円
- 長男　　3950万円×20％－200万円＝590万円
- 長女　　3950万円×20％－200万円＝590万円
- ⇒総額　1,670万円＋590万円＋590万円＝2,850万円

④相続税の総額の差額　2850万円－750万円＝2,100万円

3．農業相続人（長男）の納付税額

①農業投資価格による算出相続税額

　750万円×4,200万円/10,800万円＝292.5万円

②算出相続税額

　292.5万円（①）＋2,100万円（上記２の④）＝2392.5万円

③納税猶予額

　2,850万円－750万円＝2,100万円

④納付税額（②－③）

　2392.5万円－2,100万円＝292.5万円

出典：『保険税務のすべて』（新日本保険新聞社）より一部抜粋

　農業投資価格は、恒久的に農業の用に供されるべき農地等として自由に取引が行われる通常価格を指し、都道府県単位で田と畑について定められています（図表61）。価格は、宅地等の価格に比べて相当安くなっていることが分かります。

　納税猶予されていた相続税は、以下の場合に免除されます。

①農業相続人が死亡した場合

②地方の市街化地域以外の農地は、申告期限から20年を経過した場合

③農業相続人がその農地等を、贈与税の納税猶予が認められる一括贈与した場合

2．廃農や転用等により高まる相続対策の必要性

　三大都市圏とその周辺区域の農地は、「都市計画法」によりほとんどが市街化区域に指定され、宅地への転用が推奨されています。この農地は、1991（平成4）年1月1日時点で「宅地化農地」か「生産緑地」のいずれかを選択しています。

　宅地化農地は、農業を続けるか否かは自由ですが、固定資産税は宅地並みの評価となり、税額は一気に上がります。農業収入には限界があるため、営農への意欲が失われることにつながり、結果として宅地転用が促進されます。

　宅地等として売却している場合、貸宅地としている場合などは、相続税の納税猶予はなく、一般の不動産所有者であり、相続人となる兄弟姉妹間での“争族”は熾烈を極めることになるでしょう。

　生産緑地は、市街化区域内農地等のうち、公害・災害防止、農業と調和した都市環境の保全など良好な生活環境の保全に資するために必要な500㎡以上のものを、所有者の同意を得て指定されています。

　所有者が生産緑地指定を受けると、固定資産税は農地評価となり軽減されますが、終身営農の必要があります。また、30年間はその生産緑地に建物の建設や宅地等の造成ができません。

　相続発生時には、ふたたび納税猶予を申請することができます。

相続発生時、または主たる農業従事者が病気・ケガなどで営農が難しい場合は市町村に売却申請することができます。購入の諾否決定は3ヵ月ですが、実際に購入された事例は少ないようです。市町村からの購入決定通知がない場合には、建物の建設や宅地等の造成等の制限は解除されます。

　生産緑地の指定解除は、相続発生時以外に、指定後30年経過した時点でも可能です。生産緑地の指定は、1991（平成4）年1月1日時点でほとんど受けていますから、2022（平成34）年には、解除申請が可能となります。

　相続税の納税猶予については、納税免除を受ける前に受贈者が農業経営を廃止、農地等を譲渡・転用と同様に、生産緑地指定の解除申請があった場合には、納税猶予されていた相続税の一部または全部を、利子税とともに納税する必要があります。

　生産緑地は、相続税の納税猶予を必ず受けなければならないわけではありませんし、複数所有する場合、一部についてのみ納税猶予の適用を申請することも可能です。

　農地等の納税猶予制度も、兼業農家が大半となった現在では、適用要件に厳しいものがあります。大都市近郊のベッドタウン化した地域での営農は限界に達しつつあるとも言われます。

　農業相続人と認定されたサラリーマンが農業経営を廃止したり、農地等をデベロッパーに譲渡したり、アパート・マンション経営を始めるなどして、結局は納税猶予されていた贈与税の一部または全部を納税するケースが多くなっています。

　前述のとおり、2022（平成34）年には生産緑地指定から30年経過するため、宅地化への転換が一層促進されることが予想されます。

　相続税の納税猶予対象外となり、宅地分譲などが行われれば、納税猶予のために均等相続を諦めていた兄弟姉妹が相応の財産相続を要求するようになることは火を見るよりも明らかです。

■納税資金準備に加えて代償分割交付金活用を提案

　農地は、①純農地、②中間農地、③市街地周辺の農地、④市街地農地、⑤生産緑地に区分して評価されます。

　それぞれの評価方法は、以下のとおりです。

①純農地…………固定資産税評価額をベースとした「倍率方式」で評価

②中間農地………固定資産税評価額をベースとした「倍率方式」で評価

③市街地周辺農地…その農地を市街地農地として評価した額の80％評価

④市街地農地………「宅地比準方式」または「倍率方式」にて評価

⑤生産緑地…………生産緑地でないものとして評価した価額に、一定割合を乗じて計算し評価

　宅地比準方式とは、その農地が宅地であるとした場合の価額から、その農地を宅地に転用した場合にかかる造成費相当額を控除した金額で評価するものです。

　都市近郊に住むサラリーマンあるいは自営業者で、両親が宅地化農地で農業を営む場合と、生産緑地で将来の売却・宅地化を予定し農地等の納税猶予の適用を受けていない場合には、宅地並みに評価された農地を相続することになり、相続税の事前準備が必要となります。

　農業相続人として両親の跡を継ぐわけではないため、兄弟姉妹からは法定相続分の財産、少なくとも遺留分は要求されることになります。生命保険を活用した納税資金準備に加え、代償分割交付金活用を提案することになります。この場合も、父親が死亡した際の一次相続に加え、母親が死亡した場合の二次相続対策を視野に入れておきましょう。

　JAでも農業経営・相続環境の変化に合わせて積極的な提案を行っており、農家の側も意識が変わっています。農家への生命保険提案を積極的に進める時期に来ていると言えるでしょう。

［7］ 税理士と提携して顧客を開拓する

1．税理士を味方につけることが法人生保提案の早道

　中小企業の社長の法人契約の際や、富裕層向けに相続対策プランを提案したときに、「顧問税理士の先生に相談してみます」「税理士の先生から同じようなプランを勧められているので…」といった断りを受けたことはないでしょうか。

　法人や富裕層への生命保険提案においては、顧問税理士を味方につけてしまうことが早道です。「提案の際には顧客に代わって税理士に面談し、先にお墨付きをもらっておけ」とも言われます。いっそのこと、税理士と提携して顧客を紹介・共同開拓することを検討してみましょう。

　税理士と提携する方法は3つあります。

①共同募集

　税理士あるいは税理士事務所が生命保険募集代理店登録をしており、その生命保険会社が自分の取り扱う生命保険会社と同じ場合、共同（分担）募集をし、手数料を一定比率で折半する方法です。

②紹介代理店

　共同募集ができない場合には、税理士の先生自身に「紹介代理店」として生命保険会社に登録してもらいます。見込み客の紹介を受けた後、募集行為はすべてこちらが行い、契約成立後、生命保険会社が募集手数料の中から紹介代理店手数料を税理士に直接支払います。

　紹介代理店手数料は生命保険会社で一律に決められていますが、その額は比較的少額で税理士側が承諾しないケースもあり得ます。また、紹介代

図表63　開業税理士の実態

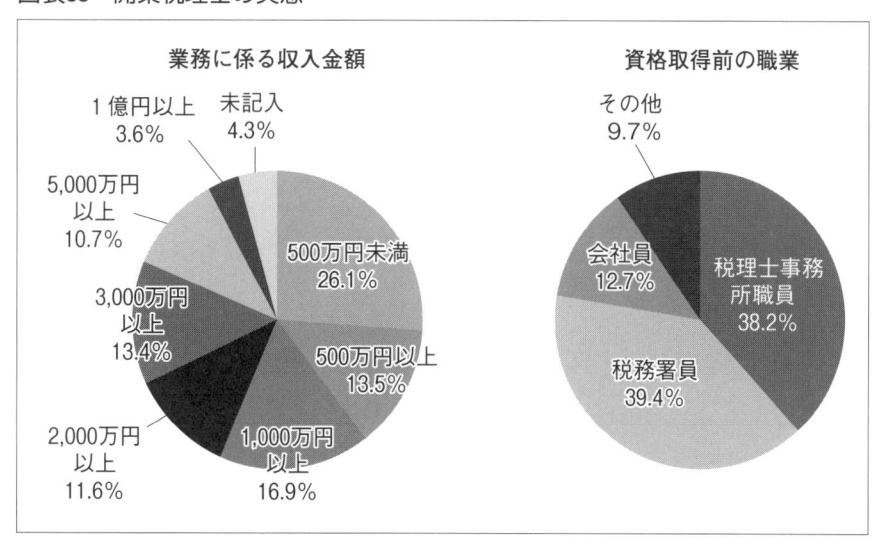

図表64　法人顧問契約先からの報酬

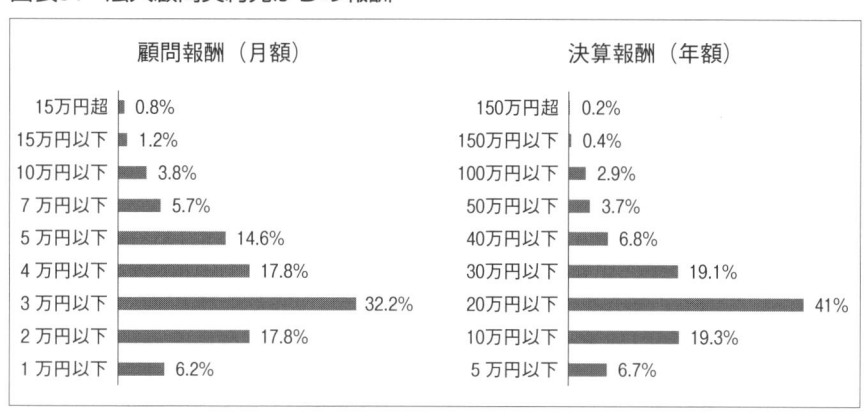

出典：日本税理士連合会「税理士実態調査報告書」平成16年

理店は個人登録のみで、法人登録はできませんので注意してください。

③個別提携

　税理士と個別提携し、「事務委託手数料」「顧問料」等の名目で個別に手
数料を支払う方法です。生命保険会社の定める紹介代理店手数料規定に縛

られることなく、柔軟な提携が可能ですが、無資格募集をはじめ、法令等に違反しないよう慎重な対応が必要です。

提携にあたっては、事前に双方が十分に納得のいくまで取り決めをしておかないと、後日思わぬトラブルになることがあります。

その他、顧問先から保険相談を受けたときに、アドバイスしてくれるプロを探している税理士も多数います。こうした税理士からは、紹介手数料、顧問料はいらないので、顧客本位のアドバイスをして欲しいと切望されることが多いようです。

■生保の付保アドバイスも行うMAS業務に注目

税理士と提携するにあたっては、まず税理士事務所の実態について知っておくことが必要です。図表63・64は、2004（平成16）年に日本税理士連合会が実施した「税理士実態調査報告書」からデータを抜粋したものです。地域別に顧問料水準等に多少差異はありますが、全体像はつかめると思います。

一般的な規模の事務所の収入は、1,000万円以下が39.6％もあります。この収入層は、税務署OBが退職後に個人で開業している場合が多いようです。2,000万円以上で職員を雇っている場合などは、給与支払いもあり、決して高収入とは言えないのが実態です。

昨今の不況の影響も大きく、関与先（顧問先）数の減少や顧問料の低下が事務所経営にダメージを与えています。また、税理士資格を取得した職員が関与先を持って独立する際のトラブルも多発しています。

図表65は首都圏の税理士事務所のモデルですが、所長を含めて３～５人程度の事務所では、収入増が最優先の課題です。とりわけ関与先の拡大が最大のテーマとなっていますが、現実には難しいようです。

そこで注目されるのが、MAS業務（マネジメント・アドバイザリー・サービス）です。これは、相続・事業承継を含め、中堅企業の"経営指導"を行うコンサルティング業務です。

この手法を最初に導入したのが「TKC」です。TKCは旧社名を栃木計算センターといい、税理士事務所の事務処理についてPCを積極活用する

図表65　税理士事務所のモデル例

規模	・職員2名、パート1名 ・関与先数100件（うち法人顧問55件）		
収支関係	顧問先からの報酬	所長　　関与先15社×顧問料（年100万円） 　　　　　　　　　　　　　　　　＝1,500万円 職員1　関与先20社×顧問料（年 50万円） 　　　　　　　　　　　　　　　　＝1,000万円 職員2　関与先20社×顧問料（年 50万円） 　　　　　　　　　　　　　　　　＝1,000万円	
	顧問先以外からの収入等 総収入等 諸経費 所長の収入	＝　300万円 ＝3,800万円 総収入×約70％＝2,650万円 ＝1,150万円	

ように指導したばかりでなく、「巡回監査」「年13回監査」と呼ばれる関与先への徹底した指導で有名です。

　MAS業務のうち、関与先のリスクについては、経営者、幹部、従業員、家族に万一のことが発生した場合に備えて、企業の実態に即し加入状況にムリ・ムダ・ムラがないか、税法上の不合理な点はないか、社内規定や取締役会議事録等は整備されているかどうかなどを確認し、適切な付保をアドバイスすることになります。

　TKC全国会の会員となっている税理士は、生保販売を行うことに比較的抵抗感はないようですが、一般的には「関与先から顧問料をもらっているうえに生保販売手数料をもらうのは後ろめたい」「生保販売まで手を広げたくない」「生保販売は難しい」と公言する税理士が多いのも事実です。

　もちろん、だからといって提携をあきらめる必要はありません。「関与先から生保レディなどの生保提案について照会を受けますよね。関与先のことを一番よく理解しているのは先生です。やっぱり先生の行うリスクマネジメントが、関与先にとって一番信頼されるのではありませんか。生保販売手数料は、そのコンサルティングフィーとして支払われるのです。正当な報酬です。生保コンサルティング、事務処理等は、生命保険のプロである私がお付き合いさせていただきます」といった、アプローチが有効です。

　モデルケースのような規模の事務所では、生保販売の手数料の高さは魅

力です。税理士事務所の経費率は60〜70%程度ですから、例えば年間100万円くらい生保販売手数料を得られるなら、関与先2〜3社分にも相当します。

　税理士の中には、生命保険販売の重要性を認識していても、事務処理等の煩雑さに辟易しているケースもあります。事務処理等の多くを肩代わりしてもらえ、企業財務分析を通じてのリスクマネジメント、付保プランニングに特化できる提携は、税理士にとっても魅力があります。

2．生保募集の提携相手となる税理士を見つける

　提携する税理士としては、以下が目安となります。
①30〜40歳台前半
②二代目
③試験合格者（税務署OBではない）
④事務所の員数が3〜5人程度

　図表66にあるように、税理士の平均年齢は年々高くなっており、50歳以上が72.2％を占めています。高齢の税理士は、概して現状維持で満足しており、生命保険募集など新たな業務には消極的です。

　30〜40歳台前半の税理士や二代目は、業容の拡大にも積極的ですから、リスクマネジメントとしての生命保険募集にも前向きです。

　税務署に23年以上勤務した国税従事者（都道府県税事務所等の職員は28年）は無試験で税理士資格を取得できますが、この税務署OBの税理士は概して保守的です。試験免除までの期間が長いこと、60歳などで退職してから開業するケースが多いことから、高齢の税理士が多くなります。

　税務署で資産税をメインに担当していた人以外は、生命保険を活用した節税話法、退職金積立などに消極的な立場をとることがままあります。

　税務署に勤務する以外にも、大学院で経済・法律の修士となることで一部試験が免除されます。この試験免除により税理士資格を取得した税理士も、23.5％います。税務署OBを非難する発言は当然にご法度ですが、試

図表66　税理士の年齢分布

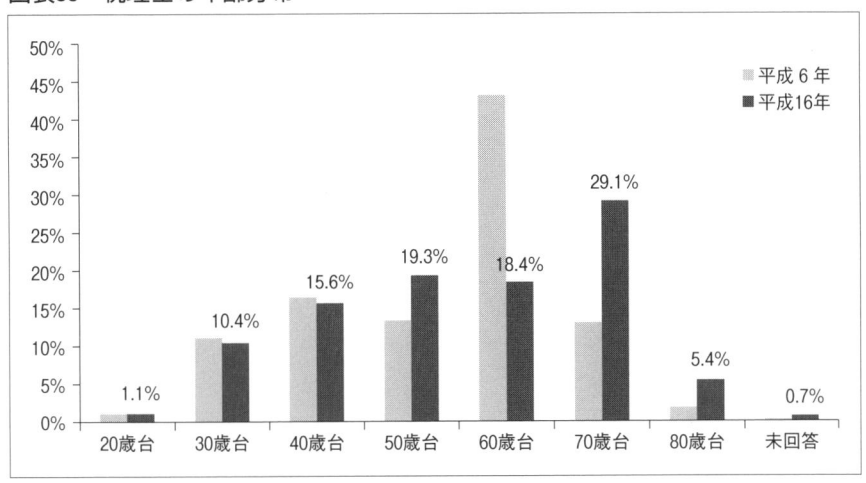

出典：日本税理士連合会「税理士実態調査報告書」平成16年

験免除についてもあえて語る必要はありません。

■知識習得意欲・生保募集への関心が高い税理士を狙う

　税理士事務所に勤務しながら試験を受けた税理士、特に若手は知識習得意欲が高いうえに、事務所の規模拡大が急務ですから、生命保険募集にも積極的です。

　職員数が10名を超えるような大型事務所では、MAS業務の別法人を設立し、その法人で生損保代理店を営んでいるケースが大半です。生損保募集専任者を置いているところもあり、収益管理も徹底しています。

　モデルのような小規模事務所では、通常業務に忙しく生命保険募集業務に手が回らないのが実情です。生命保険募集代理店手数料に魅力を感じながらも、

・生命保険募集業務にかかる知識に不安がある

・セールスが苦手

・多忙で生命保険募集業務に時間が割けない

・関与先に対して生命保険募集を行うのにまだ抵抗感がある

などの理由で逡巡している税理士事務所との提携が最も効果的です。

　提携にあたっては、企業の紹介をお願いするだけでなく、所長を含めた職員に生保業務知識を身に付けてもらうことも重要です。知識習得意欲の高い人たちですから、研修会には前向きです。研修会を実施した場合、反応が薄く不安になることもありますが、心配はいりません。コツコツと事務作業をこなすことに特徴がある人達で、派手ではないため反応が少ないだけです。

　研修実施後には、個別に質問を受けることがありますから、すぐに帰らず雑談しながら、質問を受けるようにします。定期的な研修会を実施していれば、具体的な企業紹介にもつながります。委託生命保険会社のソリシター（営業担当者）あるいはインストラクターに研修を依頼してもよいでしょう。

3．税理士との提携交渉における注意点

　税理士事務所を訪問する場合には注意点もあります。図表67にあるように、12〜5月の繁忙期には、提携交渉等は原則避けます。税理士会では、6〜8月の比較的時間的余裕のある時期に、新税制などの研修会を開催しています。提携交渉などは、この時期が1つの狙い目です。

　月末の訪問も避けましょう。それ以外の夕方5時以降であれば、比較的時間に余裕があり、面談することは可能です。

　1〜3月は特に忙しい時期ですが、3月末決算企業に対する節税策を講じる時期でもあります。3月決算企業に対して税理士は、9月末に中間仮決算を行い、11月頃その結果を経営者に報告します。中小企業の社長など経営者はその結果を見ながら、年間の収益予想を年末から正月にかけ予測します。

　1〜2月頃には、当該年度の決算概要がある程度分かりますので、場合によっては決算対策・節税プランとしての生保契約に関心が向きます。生命保険会社のセールスパーソンやソリシターは、それを見越して中小企業の社長あるいは税理士に節税プランを積極的に提案しています。

図表67　税理士の主要業務とスケジュール

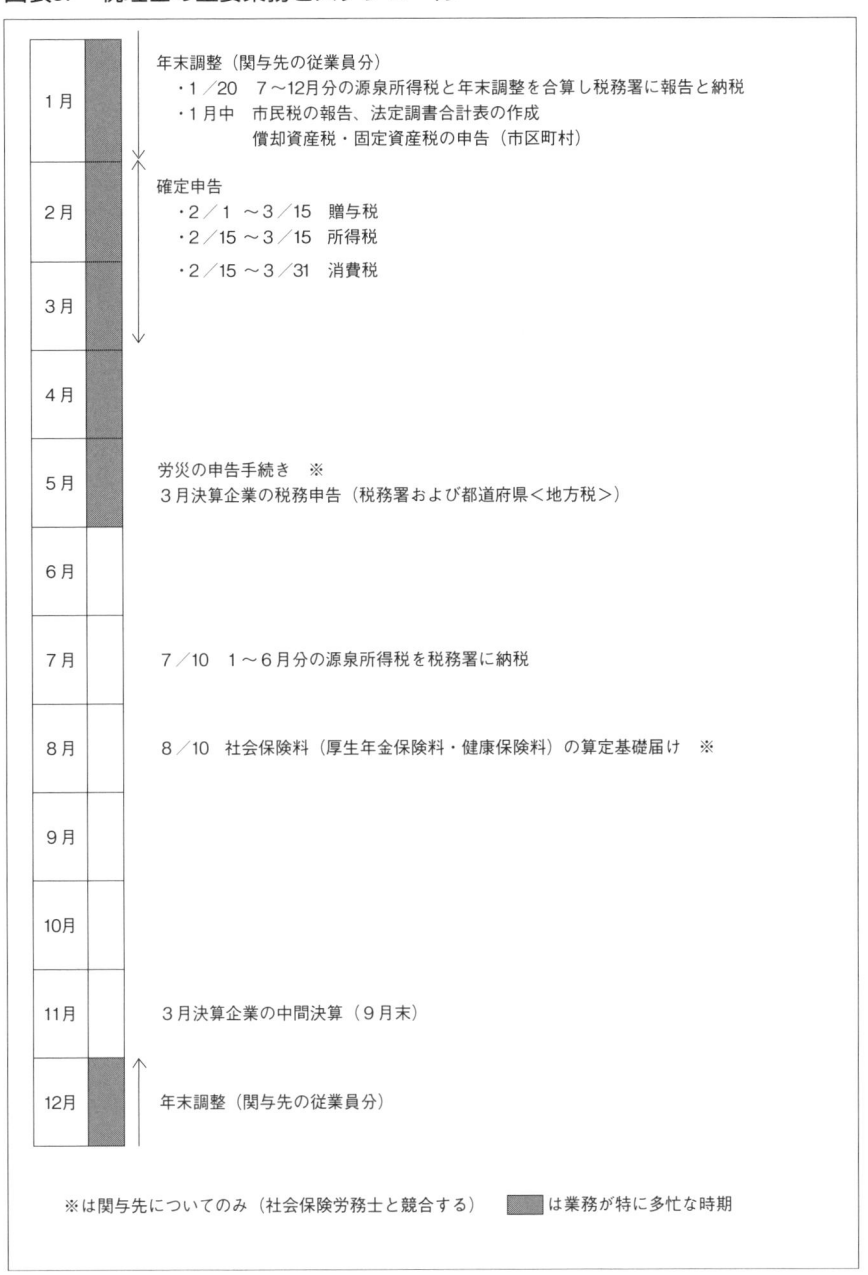

1月	年末調整（関与先の従業員分） ・1／20　7〜12月分の源泉所得税と年末調整を合算し税務署に報告と納税 ・1月中　市民税の報告、法定調書合計表の作成 　　　　　償却資産税・固定資産税の申告（市区町村）
2月	確定申告 ・2／1 〜3／15　贈与税 ・2／15 〜3／15　所得税 ・2／15 〜3／31　消費税
3月	
4月	
5月	労災の申告手続き　※ 3月決算企業の税務申告（税務署および都道府県＜地方税＞）
6月	
7月	7／10　1〜6月分の源泉所得税を税務署に納税
8月	8／10　社会保険料（厚生年金保険料・健康保険料）の算定基礎届け　※
9月	
10月	
11月	3月決算企業の中間決算（9月末）
12月	年末調整（関与先の従業員分）

※は関与先についてのみ（社会保険労務士と競合する）　▨は業務が特に多忙な時期

不況、節税商品への課税強化、法人税率の引下げなどで、節税プランはかつてのように爆発的に売れるわけではありませんが、その潜在需要は侮れません。提携税理士に対しては、月ごとの決算企業を教えてもらい、帝国データバンク等の企業情報と併せてそれぞれ打ち合わせるとよいでしょう。

生命保険会社の多くは「乗換募集」を嫌い、現契約と同様の契約に切り替えた場合、生命保険募集手数料を大幅カットする会社があります。例えば、10年定期から70歳定期・長期平準定期保険への切替えなどが手数料カットの対象となっています。

複数の生保と代理店委託をしている乗合代理店の場合、A生保の70歳定期をB生保の長期平準定期保険へ切り替えれば問題は生じません。

職員数が3〜5名程度の小規模税理士事務所では乗合代理店となっておらず、委託生命保険会社に適切な商品がない場合もあります。このようなケースにも、業務提携のアプローチは効果的です。

■提携税理士には関与先の勘定科目をチェックしてもらう

税理士は毎日のように財務諸表を作成し、チェックを行っています。その財務諸表の中で生命保険に関する勘定科目を確認してもらうよう、具体的にお願いします。

長期平準定期保険は保険料の2分の1が「前払保険料」として資産に計上されます。言い換えれば、全額損金の逓増定期保険で勇退退職金を準備しているケースを除き、貸借対照表（B／S）上の「前払保険料」という勘定科目がなければ、生命保険で勇退退職金の準備ができていない可能性が高くなります。

提携税理士と事務所職員には、「前払保険料」という勘定科目がない企業のリストアップを依頼します。新たな知識を研修等で得た後は、特に熱心に探してくれます。

ハーフタックス養老保険なども同様です。保険料の2分の1が損益計算書（P／L）で「福利厚生費」として損金処理され、残り2分の1がB／Sで「保険料積立金」として資産計上されるので、福利厚生費の勘定科目

があれば、ハーフタックス養老保険に加入しているケースが想定されます。

　普遍的加入の要件を充足しているか、関与先の社長に確認してもらいましょう。要件を充足していないのであれば、すぐに充足しないと2分の1損金処理の"特例"が認められないことを伝えてもらい、具体的な提案をさせてもらいます。

団体組織と専用商品
～法人会・納税協会、ＴＫＣ、商工会議所

　中小企業の社長に生保提案をする際に、理解しておきたい事項の１つに、中小企業を対象とした団体組織と専用商品があります。特に、
・法人会・納税協会…「経営者大型総合保障制度」
・ＴＫＣ全国会　　…「企業防衛制度」
・商工会議所　　　…「生命共済制度」「特定退職金制度」
です。特定の生損保会社の商品を、専用ブランド名で販売しているだけですが、税会計士が販売を行う、ソリシター（代理店営業担当者）の名刺に「○○制度担当」「○○共済普及員」などと記入されているなど、信頼感の醸成につながっています。保険料も、団体扱いとすることで３～５％程度割安となっているのも魅力です。

①法人会・納税協会
　法人会・納税協会は、「良き経営者の団体」として、健全な申告思想や税務知識あるいは経営に関する知識の普及を目的とした自主団体で、税務、事業承継などの研修会も数多く行っています。
　法人会は、近畿２府４県を除く全国41都道県の税務署管轄単位に442単位法人会が設立され、上部組織として県法人会連合会、全国法人会連合会が設置されています。加入法人数は約100万社です。
　納税協会は、大阪国税局管内（近畿２府４県）の税務署管轄単位に83設立され、上位組織として納税協会連合会が設置されています。法人会が法人企業のみで構成されているのに対し、法人企業と個人事業者を会員としている点が異なります。会員数は、法人会員数８万4,000社、個人会員数

9万9,000人の合計約18万3,000社人となっています。

　法人会・納税協会の会員を対象にした保険商品が、「経営者大型総合保障制度」で、定期保険（大同生命）に普通傷害保険（ＡＩＵ）をセットした商品です。税会計士事務所が代理店として販売していますが、保険設計書作成、診査手配などは、大同生命の社員が積極的にサポートしています。

　定期保険は、10年・70歳・長期平準定期保険のほか、低解約返戻金型定期保険、重大疾病保障定期保険、逓増定期保険などもラインナップされています。

②ＴＫＣ

　1966（昭和41）年に、栃木県宇都宮市に設立された「栃木県計算センター」が2004（平成16）年に、社名変更しています。税会計士事務所の事務処理にパソコンを積極的に活用するように指導したばかりでなく、「巡回監査」「年13回監査」と呼ばれる関与先への徹底した指導で有名です。

　関与先のデータを集計した各種統計は、税会計士のみならず、金融機関などでも幅広く利用されています。

　創業者の飯塚毅氏は、1946（昭和21）年に会計事務所を開業、1962（昭和37）年に米国で開催された「第８回世界会計人会議」に参加したことで、会計事務所専用の計算センター設立を決意。卓越した税務知識と徹底した関与先への指導、同業者への惜しみないノウハウの提供と、清廉潔白な性格で絶大なる信頼を得ていました。

　一方で課税当局の不法・不当な課税処分には不服審査請求を提出しますが、その請求はことごとく認められることとなり、当初は国税当局からはその存在が疎まれ、私怨を抱く官吏もいました。

　1963（昭和38）年、飯塚毅会計事務所とその関与先69社が関東信越国税局から一斉に税務調査を受け、会計事務所の職員４名が「法人税法違反教唆罪」「証憑湮滅罪」で逮捕・起訴される「飯塚事件」が起きます。この税務調査を指揮したのが、自らが発令した更正処分を飯塚氏の主張により

取り消された人物でした。

　6年後の1970（昭和45）年には、全員の無罪判決が下りますが、国会でも取り上げられるなど、大きな話題となりました。この事件は、高杉良氏が「不撓不屈」の題名で小説化し、2006（平成18）年には、映画化もされています。

　1995（平成7）年には、私財を投じた「飯塚毅奨学金」がスタートし、苦学生の支援を行っています。

　飯塚氏は2004（平成16）年に永眠され、鎌倉の円覚寺に葬られましたが、氏を慕う税会計士、関与先などが今も慕い墓前の花は絶えないと言います。

　「ＴＫＣ全国会」の会員である税会計士事務所が販売するのが、「企業防衛制度」です。

　1976（昭和51）年から販売が始まり、2011（平成23）年現在で、約12万2,000社が契約しています。

　経営者大型保障制度とは異なり、ＡＩＵの普通傷害保険とのセット販売はされておらず、大同生命の保険商品を単独で販売しています。「ＴＫＣ全国会企業防衛集団」として集団扱いとなるため、経営者大型総合保障制度と同様に、割安な保険料で契約できます。

■10年定期から長期平準定期への切替を提案

　経営者大型総合保障制度、企業防衛制度も、当初は10年定期保険の販売がメインでした。10年更新ごとに新契約扱いとなり、代理店となっている税理士・会計士には販売手数料が自動的に支払われることになります。契約者である中小企業の社長から特にクレームのない限り大半の税会計士は自動更新させていました。

　提案する税会計士から見れば、「経営状態が必ずしも磐石といえない中小企業が、無節操に損金を作りたがることこそ問題がある。常に資金繰りに余裕を持たせることを最優先すべきである。生命保険はできるだけ割安

な保険料で必要な保障額を確保する10年定期がベスト」ということになります。

　ここにターゲットを絞って、契約見直しを積極的に提案したのが生保プロや外資系生保のセールスパーソンや代理店です。10年定期では勇退退職金の準備ができない点を積極的にアピールすることで、70・80歳定期あるいは長期平準定期への切替は容易に行われました。中小企業の社長も、バブル経済の最中であり、高額になる保険料に躊躇することは少なかったようです。

　1990（平成2）年頃より、経営者大型総合保障制度も中小企業の財務状況によっては、70歳定期への切替えを勧めるようになります。

　各生命保険会社で配付されている保険プランニングソフトでのシミュレーション、あるいは顧客に手渡されている「メリット表」等で確認すると分かるように、「70歳定期」の解約返戻率が最も高くなる（全額損金タイプなので実質返戻率のピークも同じ）のは、契約後7～10年目です。

　70歳定期を長期平準定期への切替提案を行う場合、解約返戻率がピークになるまで待つという方法もありますが、極めて稀です。70歳定期の解約返戻率がピークに達するまでに支払う保険料累計と解約返戻金額・率の増加を見ると、長期平準定期にすぐに切り替えることのメリットのほうが大きいからです。

　経営者大型総合保障、企業防衛制度も、最近では提案する中小企業の財務状況に合わせ、10年定期あるいは長期平準定期を適切にセレクトして提案されていますが、企業財務から長期平準定期保険の活用が可能であっても、10年定期のまま自動更新という例もまだまだあるようです。

　中小企業の社長自体も、税会計士事務所などを通じて契約していることから、契約内容に全幅の信頼を寄せており、多少の不満があっても解約は税会計士との関係を悪化させると解約を躊躇する事例、生命保険契約であること自体を理解していないケースもあるようです。

③商工会議所

法人に特化した制度としては、アクサ生命が商工会議所の会員企業に対して集団扱いで生命保険制度を提案しています。

アクサ生命の前身の1つに日本団体生命があります。日本団体生命は、1934（昭和9）年に商工会議所の前身組織である日本経済団体連合会（通称日経連。当時は全國産業團體聯合會）の協賛による法人・団体を専門とした生命保険会社として設立されています。日本団体生命は、第二次世界大戦後に、他生命保険会社に団体保険を開放する見返りに、個人保険にも進出することになりました。

商工会議所との関係は設立経緯からも分かるように緊密で、2012（平成24）年現在で、全国514商工会議所のうち511ヵ所でアクサ生命の各種保険制度が採用されています。

旧日本団体生命時代から各地の商工会議所の会員事業所向け福利厚生制度（共済制度）の一環として団体保険の普及に取り組み、
・1967（昭和42）年「生命共済制度」（福祉団体定期）
・1970（昭和45）年「生命共済制度」（新企業年金）
の販売を皮切りに、アクサ生命の各種保険を積極的に販売しています。

医療保険の販売にも積極的で、ＡＦＬＡＣが銀行窓販で医療保険を積極的に販売するまでは、医療保険のシェアは日本一を誇っていました。

アクサ生命では、商工会議所共済制度や生命保険販売を推進するため、専門知識を持った専任の営業スタッフ（営業社員）体制を敷き、手厚いサポートを行っています。

中小企業への生命保険提案にあたっては、こうした背景も理解しておくとよいでしょう。

PART 3

相続・事業承継と社長の関心事

［1］ 相続の実態と　相続税法の改正

1．平成24年における相続の現状

　富裕層に生命保険を活用した相続（争族）対策を提案するにあたっては、相続の現状を知っておく必要があります。

①相続財産の種類

　種類別の相続財産割合を見ると、土地と家屋・構造物等を合わせた不動産が全体の51％を占めています（図表68）。不動産は換金性が低く（現金化しにくい）、分割が難しいケースも多いため、相続発生時にはトラブルの原因となります。

　相続財産が不動産に偏ることで、納税資金不足となることもあります。納税資金準備のために売却すれば、売却益は譲渡所得として所得税が課せられますし、不動産業者からは足元を見られ、買い叩かれることもあります。不動産の有効活用等により、安定した収益（現金）を得る対策が必要となります。

②遺産総額

　平成24年中に相続が開始した被相続人の遺産総額は、

・1億円以下　　　　　　　26％
・1億円超〜2億円以下　　47％
・2億円超〜3億円以下　　13％

となっており、この3区分で全体の86％を占めています。富裕層の代表格、中小企業の社長、不動産所有者（アパート・マンションオーナー）、ドクターなど、ターゲットは選定しやすいでしょう。

③遺産分割を巡る調停

図表68　相続に関する統計

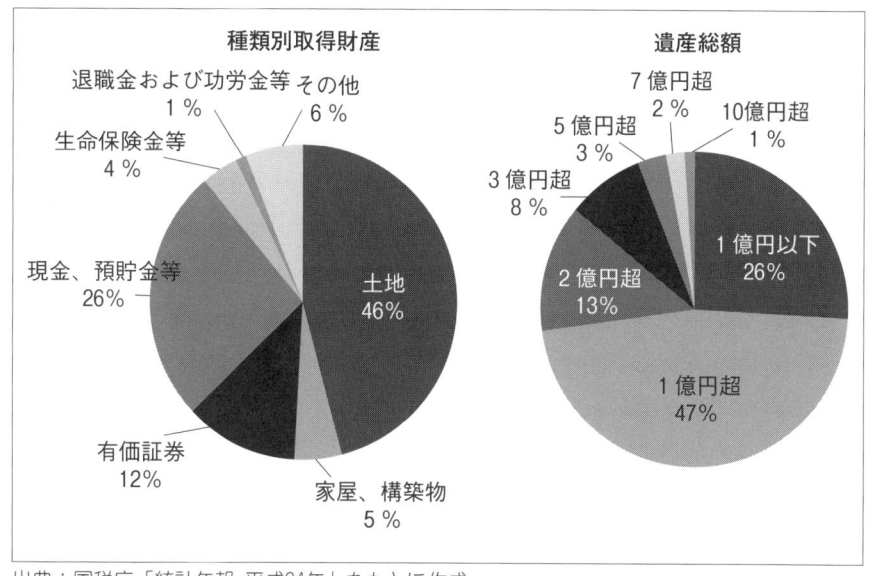

出典：国税庁「統計年報 平成24年」をもとに作成

　遺産の分割に関する調停件数（裁判所司法統計による）は、1985（昭和60）年には5,141件でしたが、2012（平成24）年には12,697件（約2.5倍）と急増しています。家督（長子）相続から均等相続への転換など、バブル経済時代をはさんで大きく意識変化が進んでいるようです。

　ただし、遺産分割事件で扱う財産額（遺産分割事件のうち認容・調停件数。全8,740件）は、

・1,000万円以下	2,824件	（32.3％）
・5,000万円以下	3,797件	（43.4％）
・1 億円以下	1,000件	（11.4％）
・5 億円以下	555件	（ 6.3％）
・5 億円超	47件	（ 0.5％）

となっており、財産額の少ない場合ほど骨肉の争いとなるケースが多いようです。相続（争族）対策は、富裕層固有の悩みと言われてきましたが、一戸建所有のサラリーマン世帯等においても、対策の必要があります。

図表69　相続税の申告事績

被相続人数	125万6,359人
相続税の申告書の提出に係る被相続人数	5万2,394人
課税割合	4.2%
相続税の納税者である相続人数	12万6,452人
課税価格	107,706億円
税額	12,514億円
被相続人1人当たり課税価格	2億557万円
被相続人1人当たり税額	2,388万円

出典：国税庁「平成24年分の相続税の申告の状況について」

遺産分割協議が整わない場合、最悪の事態としては「配偶者の税額軽減」が適用されないこともあり得ます。

④被保険者1人当たりの相続税納税額

図表69は、平成24年分の相続税の申告状況です。被相続人1人当たりの税額は、全国平均で2,388万円となっています。

相続税は、相続発生から10ヵ月以内に現金で納めるのが原則です。物納は、投資収益を生むような優良物件が中心で、抵当権の設定されている不動産等は認められないこともあります。

延納の場合には、預貯金よりはるかに高い利息が課せられることになりますので、相続対策では、円滑な遺産分割の準備と納税資金準備が重要となります。

2．税制改正の背景と改正による影響

2015（平成27）年1月より、相続・贈与税が大きく改正され、様々な影響が出ています。今回の改正の背景、趣旨を押さえておくために、「平成23年度税制改正大綱」から概観しておきましょう。

民主、自民、公明の3党合意により2012（平成24）年8月に成立した消費増税法は、格差是正のために所得税と相続税について「平成24年度中に必要な法制上の措置を講ずる」と付則に明記していました。

相続税の改正について民主党政権は、「平成23年度税制改正大綱」に基礎控除額の引下げを含む改正案を盛り込んでいましたが、政権交代により

図表70　旧税制と新税制の比較

	旧税制	平成23年度 税制改正大綱	平成25年度 税制改正
実施時期			2015（平成27）年1月
相続税率	10〜50%（6段階）	10〜55%（8段階）	
基礎控除	5,000万円	3,000万円	
	1,000万円×法定相続人数	600万円×法定相続人数	
保険金 非課税枠	500万円×法定相続人数	法定相続人は、 ・未成年者 ・障害者 ・被保険者と生計を一 　にする者	旧税制に同じ （法定相続人の適用要 　件なし）
小規模宅地等 の評価減	特定居住用宅地　240㎡		330㎡
	・配偶者 ・持家なしの別居親族 ・同居親族（二世帯住宅は対象外）		要件緩和 ・二世帯住宅 ・老人ホーム入居 ＊平成26年1月〜
相続時精算課 税制度	贈与者　65歳以上 受贈者　20歳以上の子	贈与者　60歳以上 受贈者　20歳以上の子・孫	
贈与税率	10〜50%（6段階）	20歳以上の直系卑属　10〜55%（8段階） 上記以外　10〜55%（8段階） ＊直系卑属への贈与は緩和	
教育資金贈与	ー	ー	・1,500万円 ・受贈者…30歳以下の 　直系卑属 ＊平成25年4月1日〜 　平成27年12月31日 （平成27年度税制改正 　大綱で平成31年3月 　31日まで延長※）
事業承継税制	・経営承継相続人は親族 ・常時雇用従業員80%（5年間維持）		・経営承継相続人が親 　族である必要なし ・常時雇用従業員80% 　（5年平均）

※結婚・子育て資金一括贈与の非課税措置も創設（平成27年4月1日〜平成31年3月31日までの措置）。
　結婚・子育て資金として直系尊属が金銭等を拠出し金融機関に信託等した場合、受贈者（20〜49歳
　に限る）1人につき1,000万円（結婚資金は300万円）まで贈与税が非課税となる。

　自民党政権が成立したため、公明党の合意を得て、2013（平成25）年3月
に成立した「平成25度税制改正法案」に引き継がれることになりました。

　民主党政権時代の「平成23年度税制改正大綱」をベースに、

・保険金の非課税枠の適用要件の厳格化の見送り

・小規模宅地等の評価減の対象面積拡大と適用要件の緩和

など、批判の大きかった部分を改定しましたが、大筋は変わりません。

　税制改正が議論される背景には、国税不足があります。国税の不足は国税で補うのが原則ですから、消費増税法とはセットで議論されます。

　消費税、所得税などは、幅広い国民に負担が重くのしかかりますが、相続税は富裕層を対象にする税制度のため、太宗を占める課税対象外の一般国民から反対の声が上がることはありません。富裕層にしても、相続財産は不労所得であり、声高に反対を唱えることはありません。最も課税強化しやすい税金と言えるでしょう。

　図表70は新税制までの推移を要約したものです。

　平成23年度税制改正大綱で特に批判の大きかった、

・保険金非課税枠の適用要件厳格化

・小規模宅地等の評価減の適用要件

・事業承継税制

について緩和策がとられたことが分かります。

　生命保険販売においては、みなし相続財産（保険金）非課税枠の適用厳格化が見送られたことは大きいでしょう。

■新税制のポイント

①相続税率の改正

　最高税率が50％から55％に引き上げられ、税率バンドも一部改正されました。

②基礎控除の縮小

　4割縮小されました。都市部に一戸建てを持つサラリーマン世帯など、従来は相続税がかからなかった一般大衆層が新たに相続税納税に苦しむことになります。

③小規模宅地等の評価減

　2010（平成22）年に先行実施されていますが、すでに都市部で納税者数・割合が増加するなど影響がでています。

図表71　相続税率の改正と基礎控除の縮小

■相続税率の改正

課税額	旧税制	2015年以降
1,000万円以下	×10%	×10%
3,000万円以下	×15%−50万円	×15% −　50万円
5,000万円以下	×20%−200万円	×20% −　200万円
1 億円以下	×30%−700万円	×30% −　700万円
2 億円以下	×40%−1,700万円	×40% − 1,700万円
3 億円以下		×45% − 2,700万円
3 億円超	×50%−4,700万円	
6 億円以下		×50% − 4,200万円
6 億円超		×55% − 7,200万円

■基礎控除

旧税制　 5,000万円 　＋　 1,000万円 　×　法定相続人数

改正　 3,000万円 　＋　 600万円 　×　法定相続人数 　（2015年以降）

図表72　贈与税・相続時精算課税の改正

■贈与税（6 段階→ 8 段階）

旧税制			→	2015年以降					
				20歳以上の直系卑属			左記以外		
課税価格	税率	控除額		課税価格	税率	控除額	課税価格	税率	控除額
200万円以下	10%	−		200万円以下	10%	−	200万円以下	10%	−
300万円以下	15%	10万円		400万円以下	15%	10万円	300万円以下	15%	10万円
400万円以下	20%	25万円		600万円以下	20%	30万円	400万円以下	20%	25万円
600万円以下	30%	65万円		1,000万円以下	30%	90万円	600万円以下	30%	65万円
1,000万円以下	40%	125万円		1,500万円以下	40%	190万円	1,000万円以下	40%	125万円
1,000万円超	50%	225万円		3,000万円以下	45%	265万円	1,500万円以下	45%	175万円
				4,500万円以下	50%	415万円	3,000万円以下	50%	250万円
				4,500万円超	55%	640万円	3,000万円超	55%	400万円

■相続時精算課税制度

	贈与者	受贈者
旧税制	65歳以上	20歳以上の子
改正	60歳以上	20歳以上の子・孫

（2015年以降）

図表73　遺産総額別・納税額早見表（改正前・改正後）　　　（単位：万円）

遺産総額	配偶者がいる場合					
	配偶者＋子供1人		配偶者＋子供2人		配偶者＋子供3人	
	改正前	改正後	改正前	改正後	改正前	改正後
5,000	0	0	0	0	0	0
7,500	0	0	0	0	0	0
10,000	0	0	0	0	0	0
15,000	0	0	0	0	0	0
20,000	500	668	380	540	325	487
25,000	1,440	1,771	1,134	1,429	990	1,296
30,000	2,707	3,229	2,147	2,669	1,867	2,371
50,000	6,900	7,605	5,850	6,555	5,275	5,962
70,000	11,050	12,250	9,900	10,870	8,825	9,885
100,000	18,550	19,750	16,650	17,810	15,575	16,635

遺産総額	配偶者がいない場合					
	子供1人		子供2人		子供3人	
	改正前	改正後	改正前	改正後	改正前	改正後
5,000	0	160	0	80	0	20
7,500	0	580	0	395	0	270
10,000	600	1,220	350	770	200	630
15,000	2,000	2,890	1,200	1,840	900	1,440
20,000	3,900	4,860	2,500	3,340	1,800	2,460
25,000	5,900	6,930	4,000	4,920	3,000	3,960
30,000	7,900	9,180	5,800	6,920	4,500	5,460
50,000	17,300	19,000	13,800	15,210	11,700	12,980
70,000	27,300	29,320	22,100	24,500	19,700	21,240
100,000	42,300	45,820	37,100	39,500	31,900	35,000

・遺産総額は、基礎控除前の課税価格
・法定相続人が法定相続分により相続した場合の相続税の総額
・配偶者がいる場合は、遺産総額3億円までの部分は、配偶者の税額軽減を最大限活用
・税額は、万円未満を四捨五入して概算数値を記載

　賃貸アパート・マンションを建設し、最上階に家主が住むことがよくありますが、この場合も当該不動産全体を評価減できていたものが、占有面積に応じた評価減となるなど影響は甚大です。

　新税制（平成25年度税制改正）では、次のようになっています。

・特定居住用宅地の対象面積240㎡を330㎡に拡大（2015年1月より適用）

・要件緩和措置として「被相続人と二世帯住宅に住む場合」を同居に含め、「被相続人が介護のために老人ホームに入居しているが、当該家屋は貸付を行っていない場合」を被相続人の自宅と認める（2014年1月より適

用）

相続税の補完税である贈与税についても見てみましょう（図表72）。

税率については、高齢の富裕層から消費意欲旺盛な次世代への財産移転を促し経済を活性化させることを目的に、20歳以上の直系卑属に贈与する場合に低く抑える予定です。

2015（平成27）年からは相続時精算課税制度の対象者も、

・贈与者　65歳以上を60歳以上に

・受贈者　20歳以上の子に孫を追加し、拡大します。

教育資金贈与も、2013（平成25）年4月1日から2015（平成27）年12月31日までに限定されていましたが、2019（平成31）年3月31日まで延長されました（平成27年度税制改正大綱）。30歳以下の直系卑属への教育資金贈与は1,500万円まで非課税です。相続財産の移転策として、積極的に活用したい制度です。

■税制改正が納税額等に与える影響

税制改正による納税額と納税者の変化を見てみましょう。

まず納税額は、遺産総額5億円、相続人は妻と子供2人のケースで、

・一次相続（遺産総額5億円）5,850万円→6,555万円（＋705万円）

・二次相続（遺産総額2億5,000万円）4,000万円→4,920万円（＋920万円）

となり（図表73）、1,625万円の増税です。この増税額分を現金で準備する必要があります。

相続人全体のうち、相続税納税者の割合は、

・1987（昭和62）年　7.9％（ピーク）

・2010（平成22）年　4.2％

と大幅に低下しています。国税当局では、この割合を7％程度にまで引き上げたいという意向があると言われています。

すでに、東京都心3区（千代田、渋谷、港）では、23〜17％程度、23区平均でも10％を超えています。今後は、都市部周辺地域での納税者割合が増加することが想定されます。

［2］相続対策提案の　　　ターゲットとなる顧客

1．税制改正により生まれる相続のニューマーケット

相続税と贈与税の改正を概観して分かるのは、「新たな相続税対策マーケットが生まれ、生保提案のチャンスが広がる」ということです。

富裕層マーケットは、遺産状況から「ストックリッチ」「フローリッチ」「スーパーリッチ」の3つに分類することができます。

①ストックリッチ

古くからの地主、アパート・マンションオーナーが該当します。不動産は所有するものの、フローは家賃収入等に限られるため、相続税の納税資金準備に最も腐心します。

所有不動産の相続税評価額も改正され、影響が最も大きい層でもあります。

②フローリッチ

新規上場オーナー（IPO）などが該当します。他には、最近マーケットが拡大している人材派遣企業のオーナー、ソフトウェアハウスのオーナーなどが相当します。フローは多いものの、課税対象額も多いのが悩みです。

③スーパーリッチ

何代も続く老舗企業や、地域で歴代開業しているドクターなどが該当します。長期にわたるフローは、やがて不動産等の購入につながります。相続税対策も経験しており、顧問税理士、信託銀行の財務コンサルタントなどとも親しい関係にあります。

生命保険による相続税対策には限界がありますが、意外に生命保険が好きな顧客層でもあります。

図表74　職業別年収ランキング（平成20年）

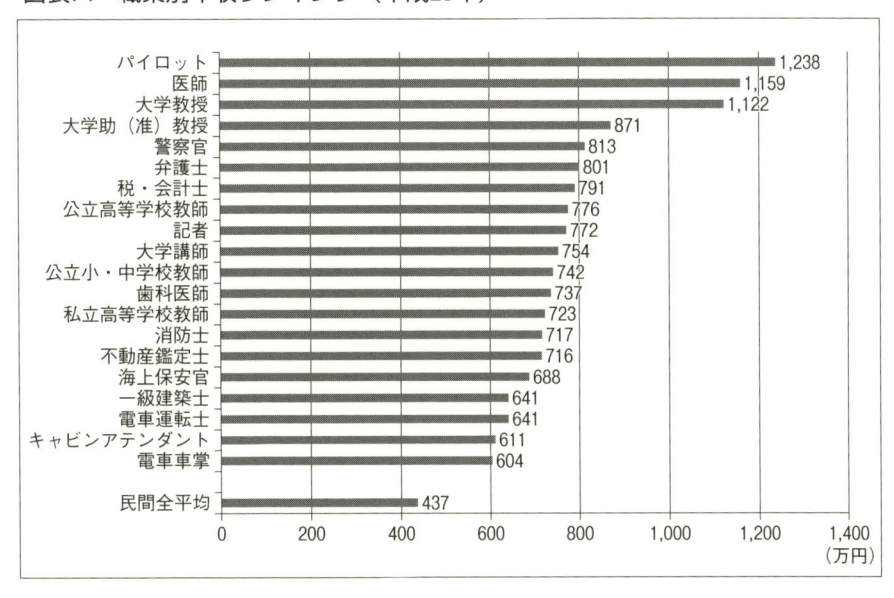

職業	年収（万円）
パイロット	1,238
医師	1,159
大学教授	1,122
大学助（准）教授	871
警察官	813
弁護士	801
税・会計士	791
公立高等学校教師	776
記者	772
大学講師	754
公立小・中学校教師	742
歯科医師	737
私立高等学校教師	723
消防士	717
不動産鑑定士	716
海上保安官	688
一級建築士	641
電車運転士	641
キャビンアテンダント	611
電車車掌	604
民間全平均	437

図表75　相続のニューマーケット

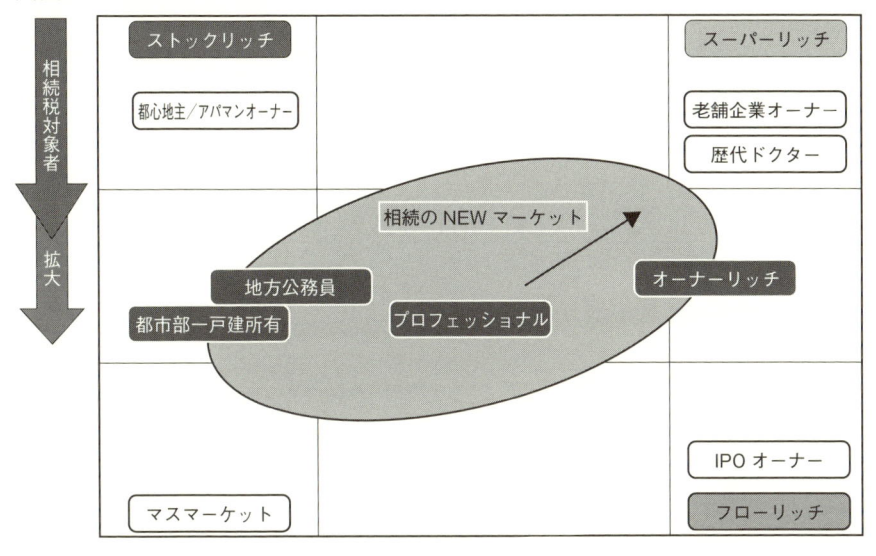

相続税対象者

拡大

- ストックリッチ
- スーパーリッチ
- 都心地主／アパマンオーナー
- 老舗企業オーナー
- 歴代ドクター
- 相続の NEW マーケット
- 地方公務員
- オーナーリッチ
- 都市部一戸建所有
- プロフェッショナル
- IPO オーナー
- マスマーケット
- フローリッチ

■地方公務員＆戸建て所有のサラリーマンに注目

　これらの富裕層に加え、基礎控除の縮小、相続税率のアップ等により、新たな相続税対策マーケットとして登場するのが、「地方公務員」と「都市部に一戸建てを所有するサラリーマン」です。

①地方公務員

　地方公務員は、地方・地域の名士の長男が奉職することが多く、もともとが比較的豊かであるうえに、安定した収入を得ています。住居に関する費用もかからず、預貯金残高も多いため、見た目以上に豊かです。老後生活費は公的年金で相当分カバーできるなど恵まれていますが、相続税改正には注目しています。

　都心周辺の住宅地に居を構えている場合には、賃貸アパート・マンション経営を行っていることもあります。

②戸建て所有のサラリーマン

　都市部に一戸建てを所有するサラリーマンは、上場企業の部長、中堅企業の役員などが挙げられます。親と別居し生計を立てている場合では、小規模宅地等の評価減が受けられないうえに、自身の相続対策も検討する必要があります。

　市街化区域農地所有者は、農地相続の特例が厳格適用されるようになったこと、廃農し、アパート・マンション経営に転換することを検討するなど、ある意味で激動のさなかにあります。

2．団塊の世代以降の富裕層の特徴を押さえる

　団塊の世代も定年退職を迎え、いよいよ相続税対策にも本腰が入るタイミングです。

　彼らは、戦中派の先代とは異なった価値観を持っています（図表76）。先代が、コツコツ積立で資産を形成してきたのに対し、投資信託・株式などの証券投資を経験しており、消費行動も旺盛です。

　団塊の世代以降の比較的若い富裕層への生命保険の提案にあたっては、

図表76　団塊の世代以降の富裕層の特徴

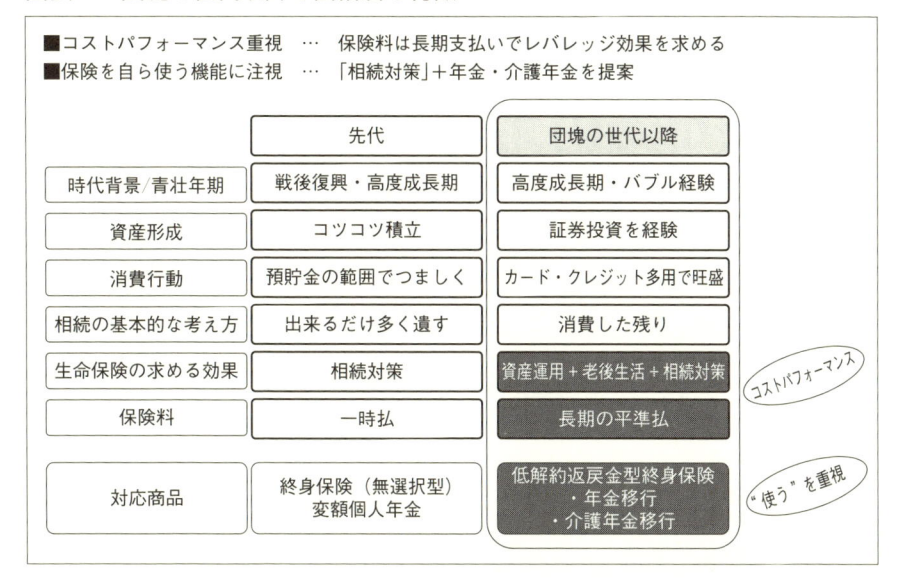

相続税対策など"死亡保険金をメイン"に提案すると、自分では使えないことへの不満があります。終身保険の提案においては、年金移行、介護年金移行など、場合によっては自らが"使う"というオプションを持っておくことがポイントとなります。

　また、一時払終身保険は、一時払保険料と死亡保険金の差が少ないため、彼らには「資金が固定されるだけで、得ではない商品」としか映りません。

　平準払の終身保険のように、契約後短期間で死亡した場合には保険料比で高額の死亡保険金が受け取れるという「レバレッジ効果」があり、保険料払込満了後には、解約、年金移行などライフスタイルに合わせた使い方ができる点なども併せてアピールするとよいでしょう。

［3］ 相続税計算の基本と対策のポイント

1．相続税計算の基本を理解する

　相続税対策に生命保険が有利なことは理解していても、なかなか効果的な提案ができない理由に、相続税計算の基本と相続税対策のポイントが十分理解できていないことが挙げられます。

　一般的な相続対策は、以下の4つです。

①相続税納税資金準備

②相続税の負担軽減対策（財産評価額の圧縮）

③遺産分割のための対策（"争族"対策）

④事業承継対策

　かつては、②相続税の負担軽減対策（財産評価額の圧縮）が対策の中心となっていました。所有地上に賃貸物件を建て、貸家建付地として土地の相続財産評価額を圧縮させるとともに、建設費用を銀行から借り入れて負債を作るのが代表的な対策でした。

　都心を歩くと、入居者のいない縦長のビルを見ることがあります。通称ペンシルタワーと揶揄されるこれらは、バブル経済時代の行き過ぎた相続税対策の負の象徴です。評価額は下がったものの、家賃収入が入らずキャッシュフローはマイナスとなり、競売物件となったものも少なくありません。

　変額個人年金を活用した相続財産評価も、数年で課税強化の対象となりました。株式市況等の低迷とあいまって、以後は相続対策としての販売量は大幅減となり、本来の目的である老後生活資金準備と運用へと販売手法も大きく転換しています。

図表77　相続税の概算計算表

ケース（被相続人は平成27年1月に死亡）
・相続人：妻と子供（成人）2人（計3人）
・法定相続分どおりに相続
・相続財産：23,500万円（土地・家屋・預貯金1億7,000万円、死亡保険金5,000万円、死亡退職金1,500万円）、債務200万円、葬儀費用300万円

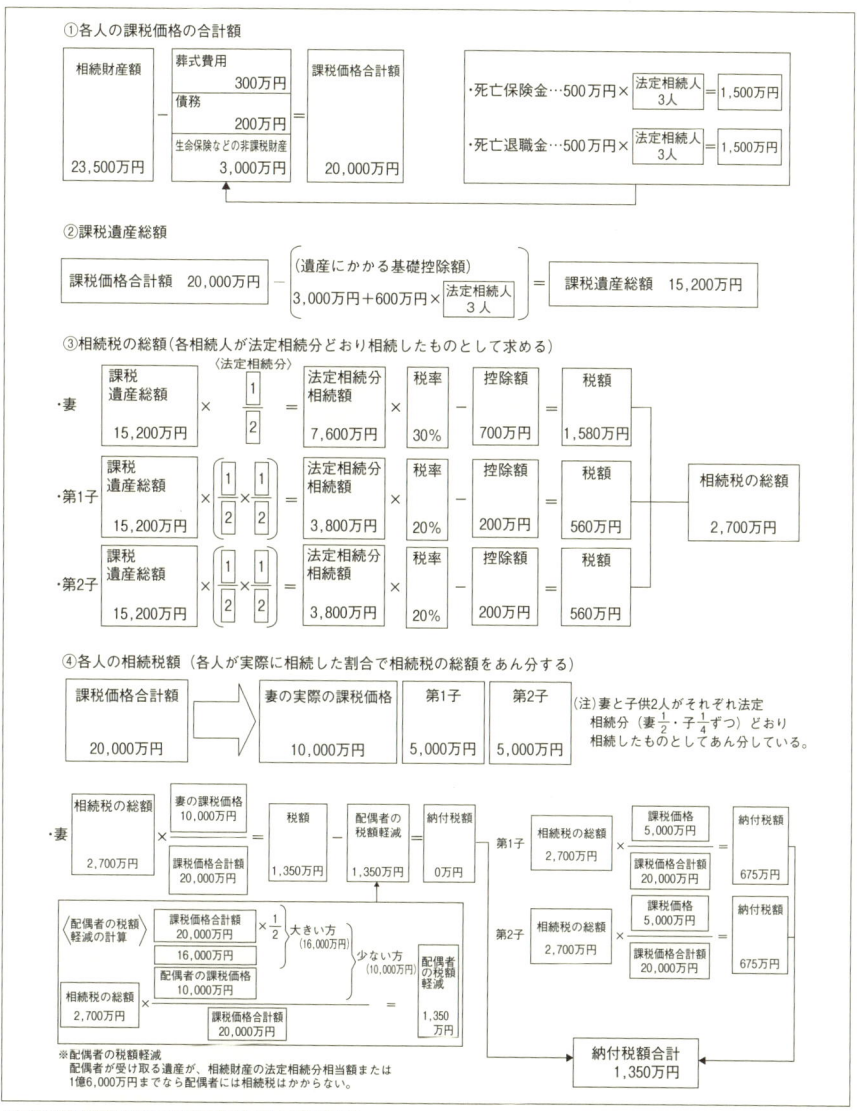

※配偶者の税額軽減
　配偶者が受け取る遺産が、相続財産の法定相続分相当額または
　1億6,000万円までなら配偶者には相続税はかからない。

＊相続時精算課税制度に係る贈与財産があれば加算する。

209

相続対策の基本は、①相続税納税資金準備と、③遺産分割のための対策（"争族"対策）が中心となります。そのうえに④事業承継対策があると考えると、分かりやすいと思います。

■小規模宅地等の評価減の概要とポイントを整理

　相続対策を提案するにあたっては、相続税計算の基礎を理解することが大切です。「平成25年度税制改正法案」において、相続関連の主な改正の実施時期は2015年（平成27）年1月からとなりました。まずは、相続税の計算方法を順を追って整理しておきましょう。

　富裕層の多くは顧問税理士あるいは信託銀行の財務コンサルタントなどから、相続税の概算計算をしてもらっていますし、相続税対策の基本についてはレクチャーを受けているものです。しかし、本業が忙しいのと、まだ先のことと関心を寄せず、相続税の概算計算すらしたことがないという中小企業の社長も多数います。

　中には、税理士からレポートを受け取っていながら、自社株の評価を全く知らず、例えば「資本金が1,000万円で自身の持株比率が80％だから、相続財産評価額は800万円」などと思い込んでいる社長もいます。

　図表77は、顧客と一緒に相続税の概算計算ができるシートです（同シートは「FP手帳（近代セールス社）」にも掲載）。税理士から相続税概算は知らされていても、具体的な計算過程はよく理解していないという富裕層の場合も、この相続税概算計算シートは意外なほど喜ばれます。

　図表に沿って、相続税計算のポイントを見てみましょう。

①各人の課税価格の合計額

　まずは、相続財産を時価評価した合計額（相続財産額）を記入します。預貯金、債券、上場株式等は時価がすぐに分かりますし、未上場の自社株式も顧問税理士に問い合わせれば、数日で時価を算出してくれます。

　中小企業の社長が経営する企業に貸し付けている場合には、その金額も合算します。

　不動産評価額は毎年変わりますが、細かな不動産評価方法に固執することなく、路線価、固定資産税評価額をベースにした概算数値を把握すれば

図表78　小規模宅地等の評価減

相続開始の直前における宅地等の利用区分			要件	限度面積	減額割合	
居住用	特定居住用宅地 a）配偶者 b）持家なしの別居親族 c）同居親族		①	330m²	80%	＊限度面積は2015年より（以前は240m²） ＊二世帯住宅可 ＊被相続人が老人ホーム等に入所していた場合で、貸家としていない場合も可
	上記以外		—	対象外		
事業用	貸付事業以外の事業用宅地等		②	400m²	80%	
	貸付事業用の宅地等	特定同族会社等に該当する宅地等（一定の法人の事業の用に供されていたもの）	特定事業用宅地等	③	400m²	80%	＊事業継続要件又は保有継続要件を満たす場合
		貸付事業用宅地等に該当する宅地等	④	200m²	50%	
	上記以外		—	対象外		

（注1）特定居住用宅地等（①）又は特定事業用宅地等（②又は③）を選択する場合
　　　①≦330m²であること。また、（②＋③）≦400m²であること
（注2）貸付事業用宅地等（④）およびそれ以外の宅地等（①、②又は③）を選択する場合
　　　①×200/330＋（②＋③）×200/400+④≦200m²であること

足ります。自用宅地は、「小規模宅地等の評価減の特例」の適用を確認します。賃貸マンションの経営など不動産の有効活用による相続税の負担軽減対策（財産評価額の圧縮）を講じている場合は、「貸家建付地」および「貸家」として評価します。

　小規模宅地等の評価減の特例は、2010（平成22）年4月1日以降の相続より、相続人等が相続税の申告期限まで事業または居住を継続しない宅地等が適用対象から除外されています。小規模宅地等の評価減の概要は図表78のとおりです。

・借地権　　　……宅地の評価額×借地権割合
・貸宅地　　　……宅地の評価額×（1－借地権割合）
・貸家　　　　……固定資産税評価額×（1－借家権割合×賃貸割合）
・貸家建付地　……宅地の評価額×（1－借地権割合×借家権割合×賃貸割合）

■配偶者の税額軽減・二次相続対策を考慮

　次に、銀行借入などの負債や葬儀費用等を差し引いて、「課税価格合計額」を計算します。算出にあたっては、みなし相続財産である「死亡保険金」と「死亡退職金」が、「500万円×法定相続人の数」だけ控除できます。社長にはこの点を説明し、法人生保への加入を促すのも効果的です。

　死亡保険金は、被保険者（被相続人）の死亡によって発生するため、厳密には相続財産ではありません。相続を放棄していても、死亡保険金を受け取ることはできます。有名な例としては、『黒い花びら』で第1回レコード大賞を受賞した水原弘には莫大な借金があったため、遺族は相続を放棄、自宅を出て、受け取った死亡保険金で生活したと言われています。

②課税遺産総額

　課税価格の合計額から基礎控除額を差し引き、相続税計算の基礎数値「課税遺産総額」を算出します。基礎控除は、遺族の生活費を確保するという趣旨です。基礎控除額の「600万円×法定相続人の数」を計算する場合、法定相続人には、相続を放棄した者も加えます。養子は、実子がいる場合は1人、実子がいない場合は2人までに制限されています。

③相続税の総額

　相続財産は、遺言書がある場合を除き、相続人間の同意があれば原則どのような割合で相続してもかまいませんが、ここでは"法定相続分どおりに相続したもの"として各相続人の相続税額を算出し、合計額（相続税の総額）を計算します。

　計算には、相続税計算の基礎数値となる課税遺産総額を使用します。

④各人の相続税額

　相続税の総額を、各人の実際の相続割合によって按分します。

　按分する際に注意するのは、分母には「①課税価格合計額」（基礎控除前の金額）を使用する点です。②課税遺産総額は、相続税額を計算する過程で基礎控除等を差し引いた金額となっているため、実際の相続財産額とは異なるためです。

　配偶者は「配偶者の税額軽減」により、法定相続分あるいは1億6,000

図表79　相続税額早見表（改正前・改正後）

（単位:万円）

●配偶者あり

正味の遺産額	配偶者と子1人		配偶者と子2人		配偶者と子3人	
	改正前	改正後	改正前	改正後	改正前	改正後
10,000	0	0	0	0	0	0
	175	385	100	315	50	262
16,000	0	0	0	0	0	0
	700	1,070	550	860	437	767
17,000	94	144	75	115	62	104
	800	1,220	638	975	525	880
18,000	211	304	161	244	136	221
	950	1,370	725	1,100	612	992
19,000	347	480	264	387	221	349
	1,100	1,520	838	1,225	700	1,105
20,000	500	668	380	540	325	487
	1,250	1,670	950	1,350	812	1,217
21,000	667	867	512	702	440	633
	1,400	1,820	1,075	1,475	925	1,330
22,000	845	1,075	655	873	566	787
	1,550	1,970	1,200	1,600	1,037	1,442
23,000	1,035	1,290	807	1,050	700	947
	1,700	2,120	1,325	1,725	1,150	1,555
24,000	1,233	1,513	967	1,233	842	1,117
	1,850	2,270	1,450	1,850	1,262	1,675
25,000	1,440	1,771	1,134	1,429	990	1,296
	2,000	2,460	1,575	1,985	1,375	1,800
26,000	1,654	2,046	1,308	1,662	1,144	1,492
	2,150	2,660	1,700	2,160	1,487	1,940
27,000	1,874	2,330	1,487	1,903	1,304	1,703
	2,300	2,860	1,825	2,335	1,600	2,090
28,000	2,143	2,623	1,671	2,151	1,479	1,920
	2,500	3,060	1,950	2,510	1,725	2,240
29,000	2,421	2,923	1,905	2,407	1,659	2,143
	2,700	3,260	2,125	2,685	1,850	2,390
30,000	2,707	3,229	2,147	2,669	1,867	2,371
	2,900	3,460	2,300	2,860	2,000	2,540
35,000	3,900	4,460	3,175	3,735	2,750	3,290
40,000	4,900	5,460	4,050	4,610	3,525	4,155
45,000	5,900	6,480	4,925	5,493	4,400	5,030
50,000	6,900	7,605	5,850	6,555	5,275	5,962
55,000	7,900	8,730	6,850	7,618	6,150	6,900
60,000	8,900	9,855	7,850	8,680	7,025	7,838
65,000	9,900	11,000	8,850	9,745	7,900	8,775
70,000	11,050	12,250	9,900	10,870	8,825	9,885
75,000	12,300	13,500	11,025	11,995	9,950	11,010
80,000	13,550	14,750	12,150	13,120	11,075	12,135
85,000	14,800	16,000	13,275	14,248	12,200	13,260
90,000	16,050	17,250	14,400	15,435	13,325	14,385
95,000	17,300	18,500	15,525	16,623	14,450	15,510
100,000	18,550	19,750	16,650	17,810	15,575	16,635

●配偶者なし

正味の遺産額	子1人		子2人		子3人	
	改正前	改正後	改正前	改正後	改正前	改正後
3,000	0	0	0	0	0	0
4,000	0	40	0	0	0	0
5,000	0	160	0	80	0	20
6,000	0	310	0	180	0	120
7,000	100	480	0	320	0	220
8,000	250	680	100	470	0	330
9,000	400	920	200	620	100	480
10,000	600	1,220	350	770	200	630
11,000	800	1,520	500	960	300	780
12,000	1,100	1,820	650	1,160	450	930
13,000	1,400	2,120	800	1,360	600	1,080
14,000	1,700	2,460	1,000	1,560	750	1,240
15,000	2,000	2,860	1,200	1,840	900	1,440
16,000	2,300	3,260	1,400	2,140	1,050	1,640
17,000	2,700	3,660	1,600	2,440	1,200	1,840
18,000	3,100	4,060	1,900	2,740	1,400	2,040
19,000	3,500	4,460	2,200	3,040	1,600	2,240
20,000	3,900	4,860	2,500	3,340	1,800	2,460
21,000	4,300	5,260	2,800	3,640	2,000	2,760
22,000	4,700	5,660	3,100	3,940	2,200	3,060
23,000	5,100	6,060	3,400	4,240	2,400	3,360
24,000	5,500	6,480	3,700	4,540	2,700	3,660
25,000	5,900	6,930	4,000	4,920	3,000	3,960
26,000	6,300	7,380	4,300	5,320	3,300	4,260
27,000	6,700	7,830	4,600	5,720	3,600	4,560
28,000	7,100	8,280	5,000	6,120	3,900	4,860
29,000	7,500	8,730	5,400	6,520	4,200	5,160
30,000	7,900	9,180	5,800	6,920	4,500	5,460
35,000	9,900	11,500	7,800	8,920	6,000	6,980
40,000	12,300	14,000	9,800	10,920	7,700	8,980
45,000	14,800	16,500	11,800	12,960	9,700	10,980
50,000	17,300	19,000	13,800	15,210	11,700	12,980
55,000	19,800	21,500	15,800	17,460	13,700	14,980
60,000	22,300	24,000	17,800	19,710	15,700	16,980
65,000	24,800	26,570	19,800	22,000	17,700	18,990
70,000	27,300	29,320	22,100	24,500	19,700	21,240
75,000	29,800	32,070	24,600	27,000	21,700	23,490
80,000	32,300	34,820	27,100	29,500	23,700	25,740
85,000	34,800	37,570	29,600	32,000	25,700	27,990
90,000	37,300	40,320	32,100	34,500	27,700	30,240
95,000	39,800	43,070	34,600	37,000	29,700	32,500
100,000	42,300	45,820	37,100	39,500	31,900	35,000

※「改正前」は平成26年12月31日までの相続、「改正後」は平成27年1月1日以後の相続。
（注1）配偶者が法定相続分（2分の1）まで相続した場合の子供の相続税額。但し、正味の遺産額が30,000万円までの部分については、配偶者の税額軽減を最大限適用した場合の税額も　　　で記入。
（注2）税額控除等は配偶者の税額軽減のみとして計算した。
（注3）早見表の税額は万円未満を四捨五入しているので、実際の税額とは若干の相違がある

万円までは相続税がかかりません。配偶者の税額軽減は、寡婦となった妻の遺族生活費の確保や、夫の財産形成に対する内助の功の評価、二次相続までに不動産等の値上がりがあれば相続税が増加することなどを理由に設けらた措置です。図表77には細かな計算式が記載されていますが、「配偶者は法定相続分あるいは1億6,000万円までは相続税がからない」という点だけ押さえておきましょう。

　配偶者の税額軽減は、あくまでも課税の繰り延べにすぎません。二次相続（寡婦の死亡）では、配偶者の税額軽減は使えませんから、多額の相続税を納めなければならないのです。相続税対策では、夫の生存中から二次相続まで考慮しておく必要があります。

　概算計算をしたことがあるという資産家などに対しては、図表79の相続税早見表を提示し、一次相続（配偶者あり）と二次相続（配偶者なし）の相続税額を具体的に提示しましょう。

　例えば、遺産総額が3億円、相続人は妻と子供2人の場合、一次相続では「遺産総額：3億円、相続人：妻・子供2人、相続税：2,860万円」ですが、二次相続（妻死亡）では「遺産総額：1億5,000万円、相続人：子供2人、相続税1,840万円」となります。二次相続では配偶者の税額軽減特例が適用されないため、高額の相続税が課せられます。

2. 相続手続きのスケジュール等を理解する

　具体的な相続税額を算出した段階で、以下に挙げたような留意点について説明します。

①相続税は、原則として10ヵ月以内に現金納付しなければならない

②「延納」「物納」という方法もあるが、延納にしても収入がなければ支払うことはできず、延納には預貯金よりも高い延納利子が課せられる。また、境界が定まらないなど有効活用できない不動産等は物納できない

③現金がなければ、相続した不動産や株式を売却して納税資金を作ることになる。しかし、納税資金確保のために不動産を売却する場合には譲渡所得となって課税されるうえに、場合によっては事情を知った業者から

図表80　相続に関する期間制限等（一般例）

相続開始前	3年以内	生前贈与加算対象期間
	1年間	遺留分算定の基礎となる財産に加算する贈与対象期間 ただし、相続開始前1年超でも加算する場合あり
相続開始後	7日以内	死亡届
	14日以内	取締役の変更登記（支店所在地は3週間以内）
	2ヵ月以内	被相続人白色申告者→相続人の青色申告承認申請
	3ヵ月以内	相続放棄・限定承認期限
	4ヵ月以内	・被相続人青色申告者→相続人の青色申告承認申請 ・準確定申告期限
	6ヵ月以内	根抵当権の債務者変更登記期限
	10ヵ月以内	・相続税申告期限（納期限） ・延納申請期限 ・物納申請期限 ┐ ・相続税の納税猶予の適用有無 ┘　遺産分割が前提 ・国などに相続財産を贈与した場合の非課税の適用期限 ・小規模宅地等の減額特例においては、特定事業用宅地等（居住用宅地等）の80％減額を受ける保有継続、事業継続等の適用期限
	1年以内	・遺留分の減殺請求期限
	2年以内	・保険金請求、ただし、保険約款では3年以内 ・国等に相続財産を贈与した場合の公益事業の用に供する期限（贈与を受けてから2年以内）
	3年以内	・相続税の対象となる退職手当金の支給額確定期限
	3年10ヵ月以内	・未分割財産について配偶者の税額軽減 ・小規模宅地等の減額特例を受ける場合の分割期限 ・相続税額の取得費加算の特例を受ける場合の譲渡期限 ・増額更正の期限（法定納期限から3年以内）
	法定納期限から5年	・減額更正・決定の期限、増額更正の期限 ・国税の徴収権の時効（平成16年以後の贈与税は6年）
	法定納期限から7年	・仮装、隠ぺい等があった場合の増額更正期限および国税徴収権の時効
	10年経過	・遺留分の減殺請求の時効

　買い叩かれることもある

　図表80のような、相続発生から相続税納付までのタイムスケジュールを活用すると分かりやすいでしょう。

　生命保険金は、生命保険会社の本店に請求書が到着後5営業日以内に支払われることから、相続開始から10ヵ月以内に現金で納めなければならない相続税納税資金対策としては最も優れた準備手段である点を強調します。

［4］ 相続財産防衛額と 生前贈与の活用

1．「相続財産完全防衛額」を算出する

196ページで説明したように、相続財産の約半分は不動産が占めていますから、相続税対策の中心は「納税資金を調達すること」になります。そのために生命保険に加入するわけですが、いったいいくらの生命保険に加入していれば、不動産などの相続財産を売却することなく、相続税を全額納めることができるのでしょうか。

例えば、5億円の相続財産を妻と子供2人で相続した場合、相続税は6,555万円となります（213ページ図表79参照）。一般的には、「相続税相当額の6,555万円の生命保険に加入しておけば、相続税は生命保険金で支払うことができ、その他の財産は無キズで残せる」と考えがちです。

しかし、死亡保険金は「みなし相続財産」として相続財産に上乗せされるため、その分の相続税も加味する必要があるのです。

そこで、上乗せされた生命保険金に対する相続税分も考慮して（相続財産5億7,919万円）7,919万円の生命保険に加入すれば、相続税は生命保険金ですべて賄うことができ、相続した5億円の財産は無キズのまま手元に残すことができます。

この相続財産を無キズで残すために必要な生命保険金額が、「相続財産完全防衛額」と言われるものです（図表81）。

相続対策に生命保険が有効であると再認識してもらうには、「相続税の概算計算表」「相続税早見表」「相続財産完全防衛額表」という3つのツールを駆使することが最適です。

図表81　相続財産完全防衛額表（平成27年１月１日〜）　（単位：万円）

現在の遺産総額	配偶者がいる場合				子のみの場合			
	配偶者と子1人	配偶者と子2人	配偶者と子3人	配偶者と子4人	子1人のみ	子2人のみ	子3人のみ	子4人のみ
8,000	0	0	0	0	725	470	330	260
	235	175	137	100				
10,000	0	0	0	0	1,528	770	630	490
	385	315	262	225				
15,000	0	0	0	0	4,433	2,200	1,440	1,240
	920	748	665	587				
20,000	668	540	487	450	8,100	4,343	2,871	2,150
	1,788	1,350	1,217	1,125				
25,000	2,064	1,429	1,296	1,215	12,500	7,533	5,014	3,543
	2,825	2,088	1,800	1,687				
30,000	4,075	3,100	2,482	2,193	17,500	10,867	7,300	5,685
	4,075	3,148	2,635	2,350				
35,000	5,325	4,209	3,551	3,206	22,500	14,564	10,633	7,828
40,000	6,619	5,270	4,612	4,088	27,877	18,654	13,967	10,400
45,000	8,071	6,570	5,723	5,038	33,988	23,000	17,300	13,733
50,000	9,522	7,919	6,877	6,192	40,099	28,000	21,027	17,066
55,000	11,000	9,268	8,031	7,346	46,211	33,000	25,118	20,400
60,000	12,667	10,687	9,271	8,500	52,322	38,000	29,209	23,733
65,000	14,333	12,139	10,723	9,750	58,433	43,000	33,500	27,490
70,000	16,000	13,590	12,174	11,000	64,544	48,000	38,500	31,581
75,000	17,667	15,103	13,626	12,250	70,655	53,311	43,500	35,672
80,000	19,333	16,661	15,077	13,661	76,766	59,422	48,500	39,763
85,000	21,000	18,218	16,529	15,113	82,877	65,533	53,500	43,999
90,000	22,667	19,776	17,981	16,564	88,988	71,644	58,500	48,999
95,000	24,333	21,333	19,432	18,016	95,099	77,755	63,500	53,999
100,000	26,027	22,890	20,884	19,467	101,211	83,867	68,500	58,999
110,000	29,821	26,334	24,000	22,434	113,433	96,089	78,744	68,999
120,000	33,614	29,893	27,333	25,549	125,655	108,311	90,966	78,999
130,000	37,407	33,452	30,667	28,664	137,877	120,533	103,189	88,999
140,000	41,200	37,012	34,000	31,833	150,099	132,755	115,411	98,999
150,000	44,993	40,571	37,333	35,166	162,322	144,978	127,633	110,288
200,000	63,958	58,576	55,129	51,890	223,433	206,089	188,744	171,399

（注１）表の「現在の遺産総額」は加入する死亡保険（共済）金を考慮する前の金額である。
（注２）「配偶者がいる場合」は配偶者が法定相続分（２分の１）まで相続した場合の子の相続税額である。ただし、「現在の遺産総額」が30,000万円までの部分については、配偶者の税額軽減を最大限適用した場合の税額も□□で記入。
（注３）税額控除等は配偶者の税額軽減のみとして計算した。
（注４）早見表の税額は万円未満を四捨五入しているので、実際の税額とは若干の相違がある。

■目的に応じて適した保険を提案する

・納税資金

　相続税納税資金準備としては、「契約者：父（被相続人）、被保険者：父（被相続人）、受取人：子（相続人）」という契約形態で、終身保険を提案

するのが基本です。

　二次相続を考慮して、被保険者を母とする提案も必要です。「生命保険は一家の大黒柱が入るもの」という認識が強いためか、母を契約者・被保険者として加入する生命保険契約は少ないようです。

　課税価額合計額の計算において、みなし相続財産である死亡保険金は「500万円×法定相続人の数」だけ差し引くことができます。にもかかわらず、変額個人年金の販売が開始された当初、終身保険の保険金額がすでに非課税枠を満たしていたり、年齢が70歳以上などで診査を通らないといった富裕層をメインターゲットとしていました。

　一時払終身保険は、健康状態を問わないもの、加入年齢が85歳程度まで可能なものなどが登場し、提案はしやすくなっています。

・代償分割資金

　アパート・マンションオーナー、中小企業の社長、個人商店主などが相続で最も頭を悩ませているのが、遺産分割のための対策（"争族"対策）です。アパート・マンションを共有財産として相続した場合、管理方法、修繕費用負担、建替え、次の相続時の紛争などが発生しやすくなります。アパート・マンションを複数棟所有していれば、各相続人が1棟ずつ相続できますが、1棟所有の場合には、事業の後継者である長男などがアパート・マンションを相続し、父親を被保険者とする生命保険契約から支払われる死亡保険金を他の相続人に代償分割交付金として支払う提案を行います。

　中小企業の社長や、個人商店主なども、相続財産の大半が自宅兼事業所となっている場合は財産分割ができないため、生命保険金を代償分割交付金として支払う提案が有効です。

2．相続時精算課税と保険料の生前贈与

・税負担の軽減

　相続財産を圧縮する手段として、「生命保険料の生前贈与」を活用する方法もあります。まず、生前贈与について整理してみましょう。

図表82　生前贈与の例

	贈与財産	贈与税	相続財産	相続税	贈与税＋相続税（①との差額）
①生前贈与なし	0	0	5億円	6,555万円	6,555万円
②子供2人に　毎年110万円贈与	2,200万円	0	4億7,800万円	6,087.5万円	6,087.5万円（▲467.5万円）
③子供2人に　毎年310万円贈与	6,200万円	400万円	4億3,800万円	5,275万円	5,675万円（▲880万円）

　事例として、遺産総額5億円、相続人は妻と子供2人、10年後に相続が発生したケースで比較してみましょう（図表82）。

①生前贈与を一切せずに相続が発生した場合、相続税は6,555万円です。

②2人の子供に、贈与税の基礎控除額である110万円を毎年贈与していると、10年後の相続財産は4億7,800万円に減少し相続税は6,087.5万円となります。贈与税と相続税の合計額は6,087.5万円となり、贈与を一切行わなかった①に比べると税負担額は467.5万円少なくなります。

③2人の子供に贈与税の基礎控除額を超えた310万円を毎年贈与すると、相続財産は4億3,800万円に減少します。相続税は5,275万円、10年間に支払った贈与税400万円と相続税の合計額は5,675万円となり、①に比べて880万円も税負担は少なくなります。

　一般的には、「贈与は基礎控除の範囲内で行えば、贈与税がかからないので得」と思われていますが、富裕層の場合には基礎控除額を超えた金額を暦年贈与するのが有利となるケースもあります。生命保険料として充当するときには連年贈与が認められていますので、高額の契約にもつながります。

■相続時精算課税制度の活用も考慮する

　生前贈与には、暦年贈与のほかに「相続時精算課税制度」を利用する方法があります。この制度を使うと、受贈者は推定相続人に対して通算2,500万円まで非課税で贈与することができます。父は暦年課税制度、母は相続時精算課税制度の利用といったことも可能です。

　相続発生時には、その贈与財産と相続財産を合算した価額をもとに算出

された相続税額から、すでに支払った贈与税を差し引きます。相続税計算時の贈与財産の評価は、贈与時の価額となるため、贈与時よりも相続時に財産評価額がアップするものを対象として贈与するのが有利です。

　残念ながら、不動産、株式等も将来の値上がりが見通せないため、贈与対象として活用されるケースは少ないようです。

　相続財産を圧縮する手段として生前贈与を活用する場合には、「契約者：子（相続人）、被保険者：子（相続人）、受取人：子の妻・孫」という形態で生命保険を契約し、保険料は父（被相続人）が毎年贈与します。

　ここで注意が必要なのが、まとまった金額を一括で贈与せず、節税のために贈与税の基礎控除110万円の範囲内で毎年贈与を繰り返すと（連年贈与）、控除が認められないことがある点です。生命保険料として贈与する場合には、「昭和58年国税庁　事務連絡」により認められています。

　通達のポイントは、以下のとおりです。
①毎年「贈与契約書」を作成すること
②受贈者は自分名義の銀行口座を開設し、贈与者は、自分名義の口座から受贈者名義の口座に贈与金額を振り込むこと。受贈者は、通帳・印鑑を個人管理しておくこと
③受贈者は、贈与税の申告を行うこと
④受贈者を契約者とする生命保険契約に加入し、生命保険料控除の申告を行うこと

　この暦年贈与は、早く始めて長く続けることがポイントですから、提案する商品は平準定期（年払）とするのが基本です。父親が高齢の場合、10年程度での贈与プランを検討しがちですが、20年以上の長期プランを提案しましょう。

　父親が死亡した後は、母親が贈与を続ければ、二次相続の際の相続財産圧縮につながります。夫婦の年齢が同じ場合でも、女性の平均寿命から考えて、夫の死亡後に妻は10年程度生きることになります。

　子供達に現金を贈与した場合、無駄遣いをしてしまうのではないかという悩みを持つ富裕層もいます。

図表83　暦年課税と相続時精算課税

	暦年課税制度	相続時精算課税制度
概要	暦年（1月1日〜12月31日までの1年間）ごとに、その年中に贈与された価額の合計に対して贈与税を課税	親または祖父母から子や孫への贈与について、贈与時に軽減された贈与税を負担し、相続時に相続税で精算する
贈与者	制限なし	60歳以上
受贈者	制限なし	20歳以上の子、孫（代襲相続人を含む）
選択の届出	不要	必要（一度適用すれば、相続時まで継続適用）
控除	基礎控除額　110万円	非課税枠　2,500万円（限度額まで複数年にわたり使用可能）
税率	基礎控除額を超えた部分に対して10〜55％の累進課税	非課税枠を超えた部分に対して一律20％
適用手続き	贈与を受けた年の翌年3月15日までに贈与税の申告書を提出し納税する	選択を開始した年の翌年3月15日までに、本制度を選択する旨の届出書および申告書を提出する
相続時精算	相続税とは切り離して計算する（相続開始3年以内の贈与は、相続財産に加算する）	相続税の計算時に、すべて合算し精算（贈与財産は、贈与時の時価で評価する）

　この場合には、低解約返戻金型終身保険を提案します。保険料払込期間中の解約は、解約返戻金が通常の終身保険に比べて70％に抑えられていますから、中途解約は「元本割れ」となり解約防止となります。

　生命保険料を贈与しますが、「契約者：子（相続人）、被保険者：親（被相続人）、受取人：子（相続人）」という契約形態にするプランもあります。

　親は、保険料相当額を贈与することで、相続財産が圧縮されます。受贈者である子供は、贈与された現金で生命保険契約に加入しますが、被保険者である父が死亡した際に受け取る保険金を相続税の納税資金として活用することができます。

　死亡保険金には、「一時所得」として所得税が課せられますが、課税対象は「（死亡保険金−支払保険料−50万円）×1／2」となりますから、相続税率が高い場合には、一時所得を選択するほうが税制的にも有利となるケースがあるわけです。

［5］ 中小企業の 事業承継の現況

1．各種データに見る事業承継の現状と課題

　中小企業、特に同族会社のオーナーの悩みは、売上（利益）の拡大、資金繰り、後継者育成、勇退退職金準備、事業承継など様々なものがあります。特に、事業承継は大きな課題であり、関心が高いにもかかわらず、なかなか具体的な対策に着手できていないのが現状です。

　中小企業の事業承継に関しては、様々な調査結果がインターネット上に公開されています。これらデータ等を参考に、事業承継の現状を俯瞰してみましょう。

①社長の年齢

　総務省の「労働力調査」によると、中小企業の社長の年齢は近年特に高齢化しています。自営業主の年齢構成を見ると、55歳以上の割合は、1993（平成5）年には38.4％だったものが、2011（平成23）年には61.1％と大幅に増加しています（図表84）。

②社長の交代率

「帝国データバンク」の「全国社長分析」による社長の交代率は、

・1978年　　6.4％
・1980年代　4％台後半〜5％台
・1990年代　4％台
・2000年代　3％台
・2011年　　2.46％

と、1978年の調査以来、最低水準となっています。

　1980年代は、第二次世界大戦直後に創業した社長の交代時期にありまし

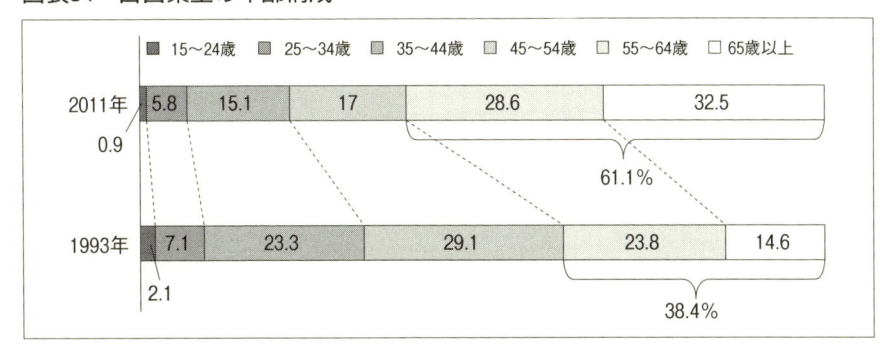

た。現在は、彼らの次世代や、新たな創業者が経営を担っています。1980年代のように事業承継が頻繁に起こるわけではありませんが、中小企業の社長の高齢化は着実に進展しており、事業承継対策が大きな問題としてのしかかってくることは間違いありません。

③事業承継の見通し

　日本政策金融公庫総合研究所の「中小企業の事業承継（2010年）」によると、後継者が決定している企業は、現経営者の年齢群別に、

・50〜54歳　18.5%
・55〜59歳　37.4%
・60〜64歳　47.5%
・65〜69歳　58.6%
・70歳以上　69.4%

となっており、60歳台に入ると事業承継も具体化してきます（図表85）。

　中小企業の後継者（社長の長男が中心）は、専門学校・大学卒業後、家業が大手企業の下請けの場合、大手企業に就職し、20歳台後半から30歳前半で親の経営する会社に入社する例が多く見られます。

「他人の釜の飯を食う」ことで従業員の立場を知り、外部の眼から経営を見させることで経営の厳しさを知り、小規模ながらも会社の後継者だから「飯の食いっぱぐれはない」といった甘えを排除する親心でしょう。40歳前後で取締役に就任しますが、父親である社長はその頃60歳台になっています。

図表85　後継者の決定状況

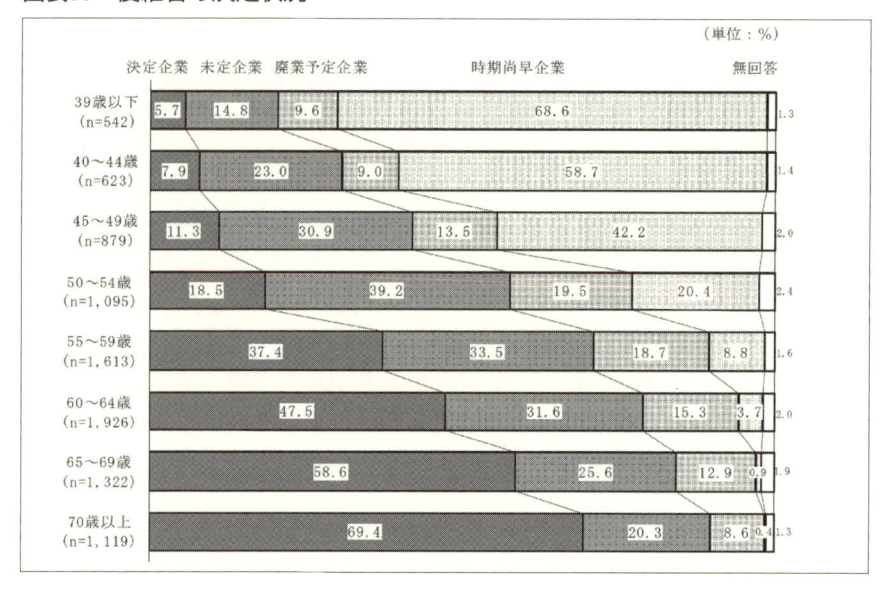

（単位：%）

決定企業　未定企業　廃業予定企業　　　　時期尚早企業　　　　　無回答

年齢	決定企業	未定企業	廃業予定企業	時期尚早企業	無回答
39歳以下（n=542）	5.7	14.8	9.6	68.6	1.3
40〜44歳（n=623）	7.9	23.0	9.0	58.7	1.4
45〜49歳（n=879）	11.3	30.9	13.5	42.2	2.0
50〜54歳（n=1,095）	18.5	39.2	19.5	20.4	2.4
55〜59歳（n=1,613）	37.4	33.5	18.7	8.8	1.6
60〜64歳（n=1,926）	47.5	31.6	15.3	3.7	2.0
65〜69歳（n=1,322）	58.6	25.6	12.9	0.9	1.9
70歳以上（n=1,119）	69.4	20.3	8.6	0.4	1.3

図表86　主要な事業用不動産の所有状況

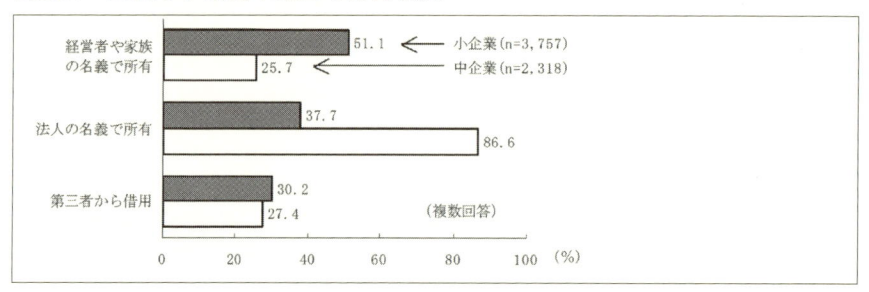

経営者や家族の名義で所有　51.1　← 小企業（n=3,757）
　　　　　　　　　　　　　25.7　← 中企業（n=2,318）

法人の名義で所有　37.7　／　86.6

第三者から借用　30.2　／　27.4　　（複数回答）

0　　20　　40　　60　　80　　100　(%)

④後継者の育成

　事業承継の何年前から後継者の育成を始めればよいかについては、

〔従業員数19名以下の企業〕　　　〔従業員数20名以上の企業〕

・3年未満　　　　　11.6%　　　　・3年未満　　　　　7.5%

・3〜5年未満　　　24.6%　　　　・3〜5年未満　　　21.5%

・5〜10年未満　　 43.2%　　　　・5〜10年未満　　 46.8%

・10〜20年未満	17.7%	・10〜20年未満	19.4%
・20年以上	2.9%	・20年以上	4.7%

となっており、いずれも5〜10年前から経営者とするべく指導を始めることが伺えます。

　一方で、「後継者の入社以降に育成を開始する」と回答した割合は74.8％に上っています。年齢が55歳以上の中小企業の社長は、事業承継対策についてアドバイスする良いタイミングであることが分かります。

　廃業を予定している中小企業が20％弱ある点も見逃せません。住んでみたい街ナンバー1にランクされる吉祥寺などで9店舗を展開する高級スーパーの三浦屋が、2012（平成24）年に同業のいなげやに事業を売却するニュースは耳目を集めました。

　独自商品を自社工場で製造するなどPB（プライベートブランド）商品でも先行していましたが、71歳の創業家出身社長に後継者が見つからなかったのが最大の理由です。同じ高級スーパー成城石井が1994（平成16）年に、紀ノ国屋も2010（平成22）年に事業譲渡を行っています。事業譲渡できればよいのですが、大した実績のない零細企業では、廃業せざるを得ないことが多いようです。

⑤資産状況

　企業の資産状況を見てみましょう。主要な事業用不動産の所有状況は、以下のとおりです。

〔従業員数19名以下の企業〕

・経営者や家族の名義で所有	51.1%
・法人の名義で所有	37.7%
・第三者から借用	30.2%

〔従業員数20名以上の企業〕

・経営者や家族の名義で所有	25.7%
・法人の名義で所有	86.6%
・第三者から借用	27.4%

　従業員数19名以下の小企業では、個人所有比率が高く相続税の納税資金準備、事業継承者以外の相続人への遺産分割が課題となります。従業員数

図表87　株式の保有状況

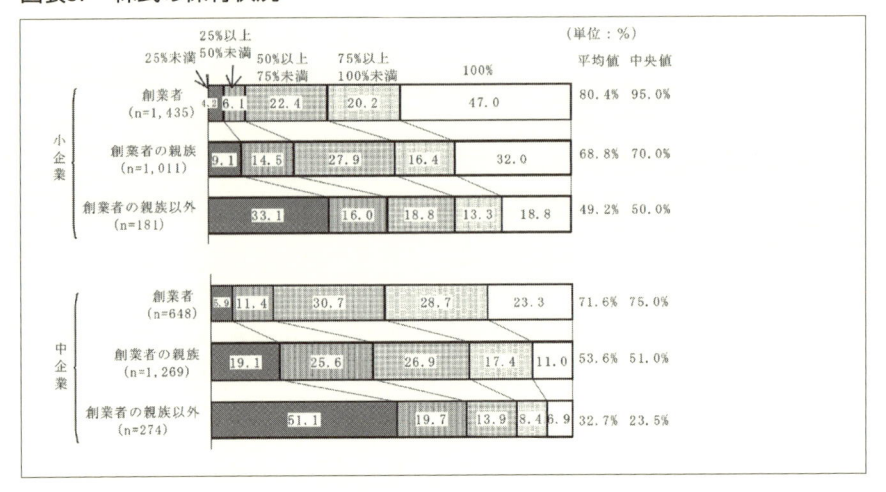

図表88　資産・負債の継承に関する課題

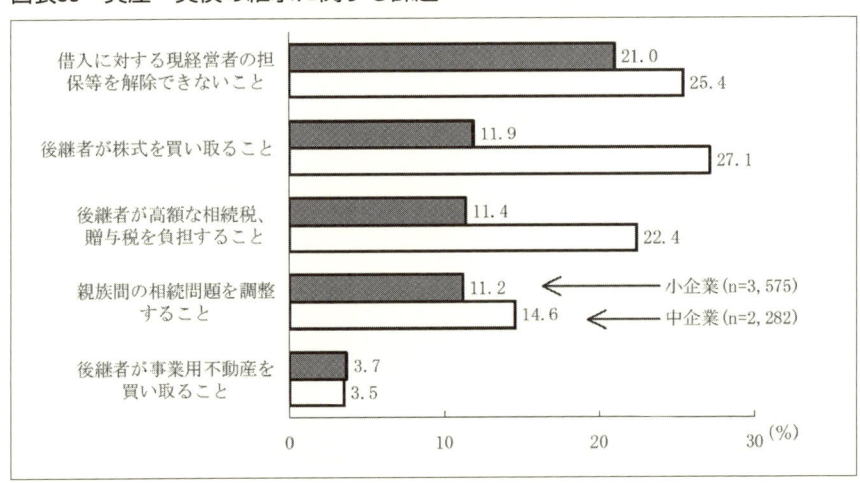

20名以上になると、法人所有の比率が約9割となり、自社株評価の引下げなどが必要になります。

　株式の保有状況を見てみると、創業者が保有する割合の中央値は、

・従業員数19名以下の企業　　95.0%

・従業員数20名以上の企業　　75.0％

となっています（図表87）。

　創業者の親族が株式を保有している場合、その株式が次世代に相続される際のポイントは、株式の買取の請求とその価格、配当金の増額、経営への無用な介入、第三者への転売などです。創業者の親族以外が所有している場合にはなおさらです。同族以外の株主が所有する株式は、後で解説する「配当還元額」にて評価しますが、これは相続税評価であり、実際に買い取る場合はこの価格で決着するとは限らず、後継者の経営に課題を残すことになりかねません。

2．事業承継に関する経営者の悩みと問題点

　資産・負債の継承に関する課題については、

・借入に対する現経営者の担保等を解除できないこと

・後継者が株式を買い取ること

・後継者が高額な相続税・贈与税を負担すること

などが挙げられています（図表88）。

　特に、従業員数19名以下の小企業では、「現経営者の担保等を解除できないこと」が21.0％と突出しています。経営権を後継者に委ねた後も、銀行からの借入金については創業者の連帯保証が継続させられていることが推測されます。「企業の信用＝創業者の信用」と言えるでしょう。

　創業者が死亡した場合、事業承継が円滑に済み、業容も拡大していないと、銀行から貸付金の一括返済や貸付条件の変更を迫られたり、新規貸付の停止など、厳しい状況に追い込まれる可能性が高くなります。

　従業員数20名以上の中企業では、いずれの課題も高い割合となっており、事業の健全な永続性については、早い段階から検討する必要があります。

　図表89は、東京商工会議所荒川支部「荒川区内事業承継問題アンケート調査（2009年）」の一部を抜粋したものです。

　株式・財産の分配に関する具体的な悩みの回答数は、「株式・経営権…14、相続・遺産分割…21、相続税…16、その他…1」です。相続税につい

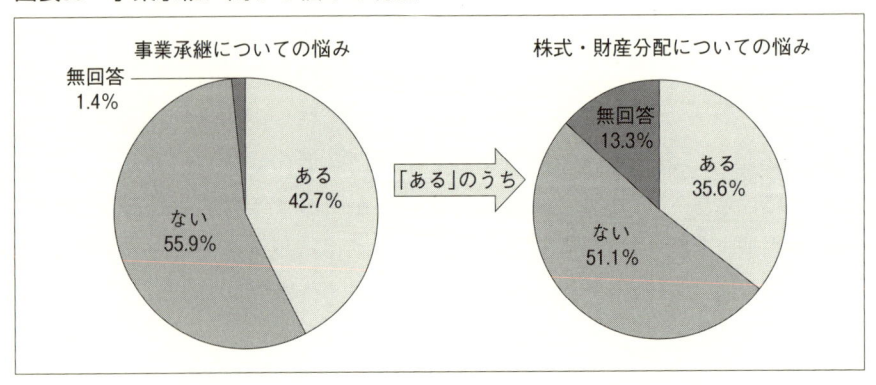

図表89　事業承継に関する悩みの有無

事業承継についての悩み

- 無回答 1.4%
- ある 42.7%
- ない 55.9%

「ある」のうち

株式・財産分配についての悩み

- 無回答 13.3%
- ある 35.6%
- ない 51.1%

ての具体的な悩みの回答数は、「相続税額…7、自社株評価…3、土地の評価…3、その他…0」となっています。

　質問に対する回答が複数回答可能であること、サンプル数が少ないことを勘案しても、相続・事業承継にかかる事項、言い換えれば金銭的な悩みが大宗を占めていることが分かります。

　ある程度は資産があると思われる中小企業一族では、遺産相続で"争族"の発生が予見されます。これは、株式・財産の分配の具体的な悩みで「株式・経営権」の回答よりも「相続・遺産分割」の回答数が上回っていることが象徴しています。

　中小企業経営者の個人資産に占める事業用資産は、

- ・自社株式　　　　　30.6％
- ・事業用土地　　　　21.8％
- ・事業用家屋　　　　 8.9％
- ・その他事業用資産　 6.8％

と、計68.1％に上ります（中小企業庁「中小企業の事業承継の実態に関するアンケート調査」2006年）。相続税、自社株評価に、関心が高くなるのも分かるでしょう。

■中小企業にとってM＆Aや事業売却は容易でない

　同族承継の割合は、小規模会社でも53％にまで落ち込んでいるという
データもあります。後継者探しあるいは、子供に会社を継ぐ決心をさせる
のも一苦労な状況にあります。廃業、M＆Aを検討する中小企業の社長も
少なからずいます。とはいえ、他社に買い取ってもらうだけの技術力など
企業自体の魅力がなければ話になりません。

　M＆Aの仲介手数料は取引額によりますが某メガバンクでは、

・5億円まで　　　　　　　　　　2,500万円
・5億円超10億円以下の部分　　　4％
・10億円超50億円以下の部分　　 3％
・50億円超100億円以下の部分　　2％
・100億円超の部分　　　　　　　 1％

と言われています。

　事業売却にも、高額の費用がかかります。

　そのほか、中小企業投資育成株式会社による投資（株式、新株予約権付
社債）を活用する方法などもあります。

　2008（平成20）年に、「経営承継円滑化法」が施行されました。経済産
業大臣の認可を受けた非上場中小企業の株式等に係る課税価格の80％に対
応する相続税を、贈与税は100％を納税猶予するものです。この「自社株
納税猶予制度」により、株式が後継者以外の者に分散相続されるリスクを
軽減することが可能です。施行当初は、認定要件が厳格なため、申請件数
が限られていました。

　2015（平成27）年1月からは、税制改正により、

・経済産業大臣への申請は事後でも可能
・後継者は現経営者の親族以外でも可能
・雇用の8割維持は、毎年から5年間の平均

とすると、要件緩和が実施され使い勝手がよくなり注目されています。

［6］　自社株の評価額を把握する

1．自社株評価の基本的な考え方

　長男などが事業承継を承諾した場合にすべきことは、以下の3点に絞られるでしょう。

・株式の分散を防止する

・自社株の相続税評価額を引き下げる

・納税資金を準備する

　この前提としては、自社株の相続税評価額を把握し、対応策を講じることが必要です。

　事業承継が視野に入った中小企業は、今まで見てきたデータからも推測できるように、

・過去に取得した簿価の安い土地や借地権を保有していることが多い

・金融機関の与信を高めるため、内部留保を厚くしていることが多い

・好業績が続く会社では損金算入による節税にも限度があり、特に内部留保が厚い

といった理由で、自社株の相続税評価額が額面の数倍どころか数十倍にもなることがあります。

　自社株の相続税評価額には様々な規定があり、生命保険のセールスパーソン・代理店では、財務諸表を入手したとしても、正確な金額を算出することは難しいものです。評価自体は、提案先企業の顧問税理士に依頼すれば、専用ソフトを使って数日のうちに算出してくれます。多くの生命保険会社では、税理士と提携して「自社株評価」を実施していますので、これらの活用も検討しましょう。

図表90　株主の判定

会社区分	取得者区分				評価方法
	同族グループ単位	個人単位			
同族株主のいる会社	同族株主	取得後の議決権割合5％以上			・純資産価額 ・類似業種比準価額 ・併用方式
		割合5％未満 取得後の議決権	中心的な同族株主がいない場合		
			中心的な同族株主がいる場合	中心的な同族株主	
				役員	・配当還元額
				その他	
	同族以外の株主				
同族株主のいない会社	議決権割合の合計が15％以上のグループに属する株主	取得後の議決権割合5％以上			・純資産価額 ・類似業種比準価額 ・併用方式
		割合5％未満 取得後の議決権	中心的な同族株主がいない場合		
			中心的な株主がいる場合	役員	・配当還元額
				その他	
	議決権割合の合計が15％未満				

　原則的な考え方と評価引下げの考え方を理解しておくだけでも、法人提案には強力な武器となります。

■手順に従って評価方法を判定する

　自社株の評価は、①株主の判定、②会社規模の判定、③特定評価会社の判定、④評価方法の判定、⑤評価額算出——という手順で行います。

①株主の判定

　まず最初に、株主が会社支配権を有する同族株主グループに属しているか否かを判定します。

　同族株主に属していれば、原則評価方法として「純資産価額」「類似業種比準価額」「併用方式」により算出されます。同族株主に属していない場合は、特例的評価方法として「配当還元額」にて評価します。

　同族株主とは、株主の1人およびその同族関係者の有する議決権の合計数が、その会社の議決権総数の30％以上である場合に、その株主およびその同族関係者を言います。

　ただし、最も多いグループの議決権総数が50％超の会社は、50％超である場合およびその同族関係者を言います。

図表91　会社規模の判定

会社規模の判定					
従業員数が100人以上の会社					
卸売業		小売・サービス業		左記以外の業種	
売上高	総資産 / 従業員数	売上高	総資産 / 従業員数	売上高	総資産 / 従業員数
80億円以上	20億円以上 & 50人超	20億円以上	10億円以上 & 50人超	20億円以上	10億円以上 & 50人超
50億円以上	14億円以上 & 50人超	12億円以上	7億円以上 & 50人超	14億円以上	7億円以上 & 50人超
25億円以上	7億円以上 & 30人超	6億円以上	4億円以上 & 30人超	7億円以上	4億円以上 & 30人超
2億円以上	7千万円以上 & 5人超	6千万円以上	4千万円以上 & 5人超	8千万円以上	5千万円以上 & 5人超
2億円未満	7千万円以下 or 5人以下	6千万円未満	4千万円未満 or 5人以下	8千万円未満	5千万円未満 or 5人以下

※判定手順：①「総資産」と「従業員数」の低いほう、②①の判定と「売上高」の高いほう

②会社規模の判定

　従業員数が100名以上の場合は、すべて「大会社」となります。従業員数が100名未満の場合は、業種を「卸売業」「小売・サービス業」「その他業種」に分け、「総取引額（売上高）」と「総資産額・従業員数」のマトリックスで判定します。両者で区分が異なるときは、大きい区分の会社として評価します（図表91）。

③特定評価会社の判定

　自社株についての極端な節税対策を封じるために、いくつかの決まりがあります。

ア）開業後3年未満である評価会社は、純資産価額のみによって評価する

イ）評価会社の有する子会社株式の評価では、「評価差額に対する法人税額等相当」の控除は行わない

　「評価差額に対する法人税額等相当」の控除とは、純資産価額による場

		評価方法
大会社		類似業種比準価額
中会社	大	類似業種比準価額 ×　0.9　＋　純資産価額 ×　0.1
	中	類似業種比準価額 ×　0.75　＋　純資産価額 ×　0.25
	小	類似業種比準価額 ×　0.6　＋　純資産価額 ×　0.4
小		類似業種比準価額 ×　0.5　＋　純資産価額 ×　0.5

合、資産評価を簿価から時価に置き換えたときの含み益に対して37％の清算法人税率分を控除し、評価する会社の解散価値を算出するものです。子会社株式の評価ではこの控除は行わないことになっています。

ウ）「株式保有特定会社」「土地保有特定会社」については、純資産価額のみによって評価する

　「株式保有特定会社」「土地保有特定会社」の両社は、保有資産のほとんどが株式または土地という、資産構成が特殊な会社です。このような会社は、上場会社に比べて資産構成が著しく偏っており、本来は上場会社レベルの非上場会社の株式に対して適用すべき類似業種比準価額方式により株式評価を行うのは合理的ではない——という趣旨です。

〔株式保有特定会社〕

　評価する会社の有する相続税評価額ベースによる総資産のうち、株式（出資を含む）の所有割合が大会社で25％以上、中・小会社では50％以上

図表92　特定評価会社の判定

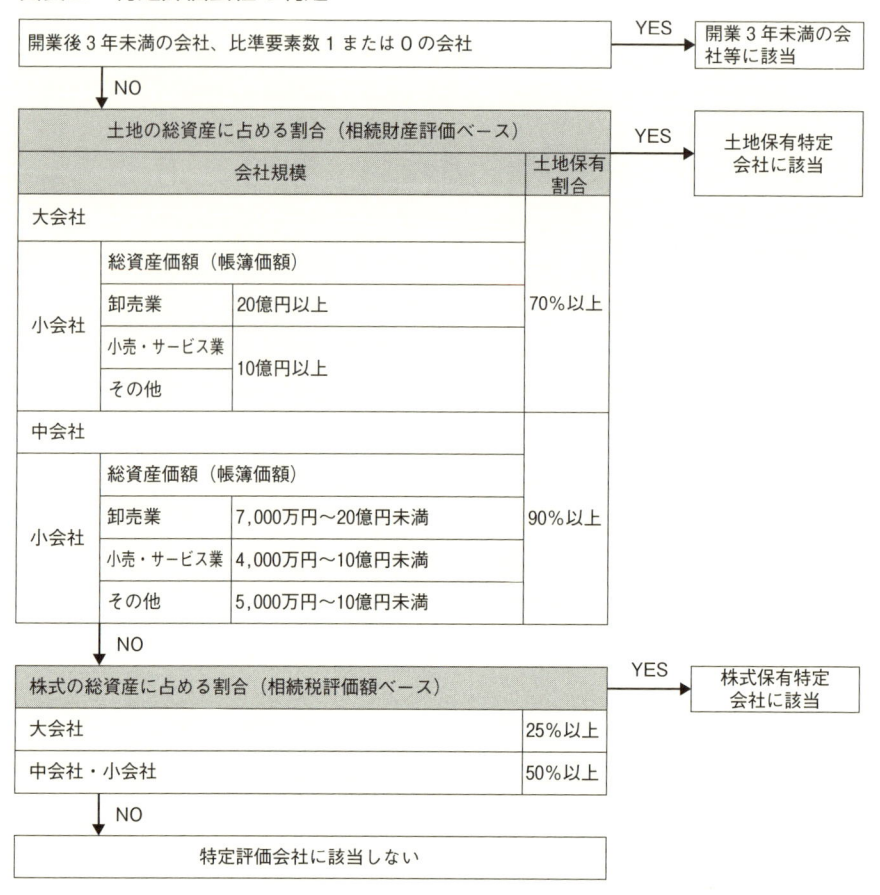

である会社となります。株式保有特定会社では、株式以外の所有資産に対する評価については、類似業種比準方式の手法を取り入れる「Ｓ１＋Ｓ２方式」の選択も認められています。

- ・Ｓ１…評価する会社が保有する株式等やその株式等に係る配当金を除外し、会社規模に応じ類似業種比準価額、純資産価額、または併用方式により評価した金額
- ・Ｓ２…評価する会社が保有する株式等に相当する部分を純資産価額によ

図表93　評価の手順

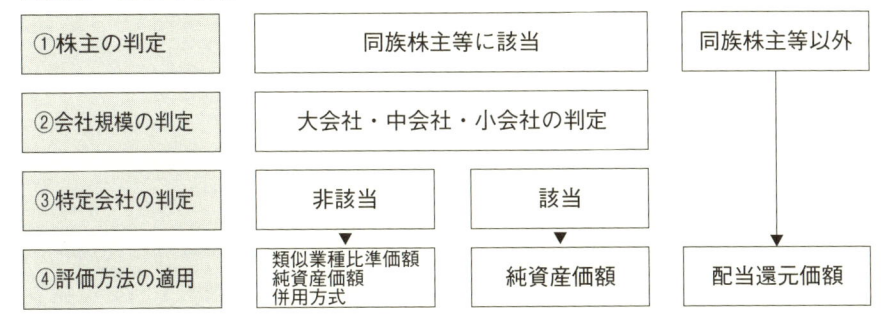

　　　　り評価した金額

　「Ｓ１」の金額と「Ｓ２」の金額の合計額が、「Ｓ１＋Ｓ２」方式による評価額となります。

　この方式を採用しても、株式評価において純資産価額の占めるウエイトが高くなるため、含み益のある株式を多数保有している場合、株価が高額になることがあります。

〔土地保有特定会社〕

　評価する会社の有する相続税評価額ベースによる総資産のうち、土地（建物は対象外）の所有割合が大会社で70％、中会社で90％以上である会社となります。

④評価方法の判定

　以上の判定方法を整理し、評価方法を選択します（図表93）。

２．評価額の算出方法を理解する

⑤評価額算出

　それぞれの評価方法に従って、評価額を算出します。

〔純資産価額〕

　ありていに言えば、「評価会社を解散した場合、株主にいくら分配できるか」を計算するものです。図表94にあるように、

ア）貸借対照表（B／S）の資産を、相続税評価額（時価評価）に置き換える

イ）含み益から清算法人税37%（法人実効税率＋1%）を控除する

ウ）ア・イから負債を引いた純資産価額を算出する

エ）ウを発行株式数で除する

という計算を行います。

　イは、会社清算のために会社財産を売却すると、売却益に対して清算法人税が課せられるためです。清算法人税は「法人実効税率＋1%」で概算計算します。これによって算出された金額が「残余財産分配可能額」となります。「純資産価額」の特徴は以下のとおりです。

・評価会社の財産時価（相続税評価額）を算定するため、含み益を反映する

・評価会社が赤字決算であっても、含み益のある場合は、株価は高額評価される

　事例を見てみましょう（図表95）。「まだ地価の安い時期に、首都圏郊外の駅前という好立地で商売をしている」というよくあるパターンです。

> 例）金物商X社
> 　　法人設立：1963（昭和38）年
> 　　資本金1,000万円（額面50円）、剰余金1,000万円、負債2,000万円
> 　　資産（簿価）4,000万円（諸資産1,000万円、不動産3,000万円）
> 　　資産（時価）4億円（諸資産1,200万円、不動産3億8,800万円）

　不動産価格は、取得時には（簿価）3,000万円ですが、時価（相続税評価額）は約13倍の3億8,800万円になっています。

　したがって純資産額「資産（時価）－含み益×37%－負債」は、

＝4億円－3億6,000万円×37%－2,000万円

＝4億円－1億3,320万円－2,000万円＝2億4,680万円

となります。

　1株あたり評価額は、純資産価額を発行済株式数（50円額面）で除しますので、1,234円。つまり、額面50円に対して24.68倍にもなります。

図表94　純資産価額による評価

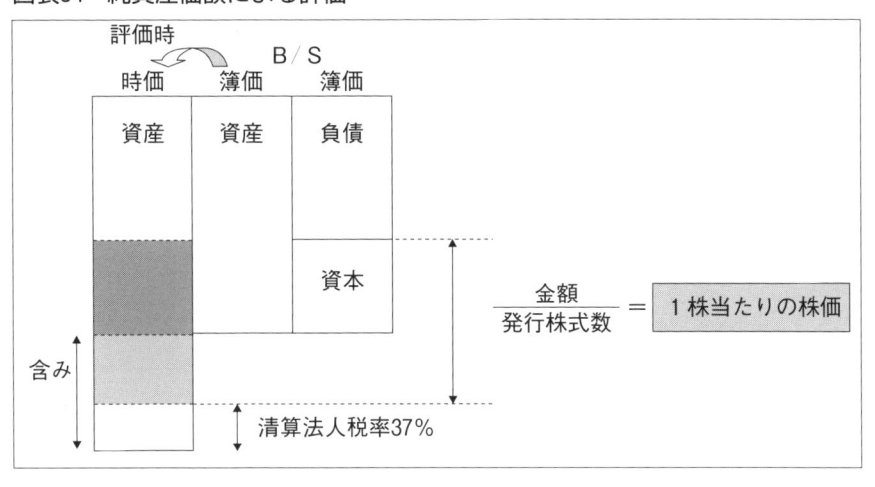

図表95　純資産価額による評価例

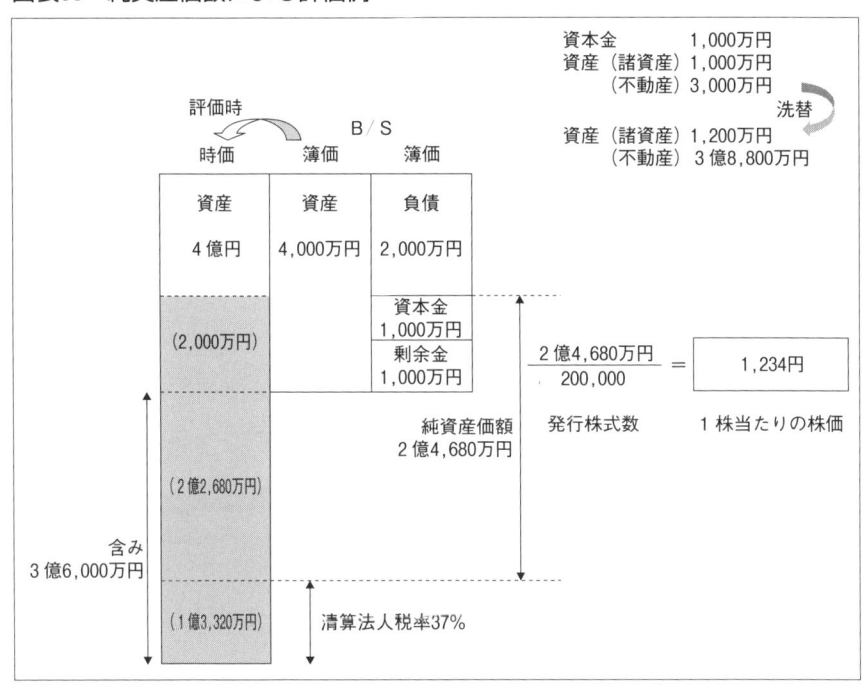

図表96　類似業種比準価額による評価

$$A \times \dfrac{\dfrac{b}{B} + 3 \times \dfrac{c}{C} + \dfrac{d}{D}}{5} \times \text{斟酌率} \times \dfrac{1\text{株当たり資本金等額}}{50\text{円}} = \boxed{1\text{株当たりの株価}}$$

　　　　　　　　　　大会社0.7
　　　　　　　　　　中会社0.6
　　　　　　　　　　小会社0.5

A・・・類似業種の株価
B・・・類似業種の配当金額　　　　　b・・・評価会社の配当金額
C・・・類似業種の利益金額　　　　　c・・・評価会社の利益金額
D・・・類似業種の純資産価額（簿価）　d・・・評価会社の純資産価額

＊すべて1株（50円額面換算）当たりの金額
＊類似業種の数値は2ヵ月ごとに国税庁が発表している

　資本金額は少なくても、保有する資産に大きな含み益がある場合、評価額が額面の20〜50倍程度になることは珍しくありません。

　本例では、主要財産は、店舗兼住宅ですから、後継者と後継者以外の相続人との間で遺産分割時に“争族”が発生する可能性が高くなります。

〔類似業種比準価額〕

　小規模な会社では、創業者の死亡時や後継者がいない場合に廃業となるケースも多くあります。会社清算価値をもって自社株評価を行う純資産価額は、理にかなっているといえます。

　しかし、従業員数が数十名を超える規模になった場合には、簡単に廃業することはできません。事業の永続性（ゴーイング・コンサーン）を目的に法人設立した趣旨とも相容れません。社会的にも、独自の技術や経営ノウハウを持った中小企業が、事業承継問題によって経営を途絶えさせるのは大きな損失となります。

　そこで、この規模では、業種の類似している上場会社の株価を基準に評価する方法をとります。

　上場企業の株価の平均値に、評価する会社と上場企業の3要素（配当、利益、純資産）とを比較することで上場企業の株価を修正し、評価額とします（図表96）。

図表97　計算上の業種目および業種目別株価等（平成23年分）　　　　（単位：円）

業種目					A（株価）				
大分類	番号	B 配当金額	C 利益金額	D 簿価純資産価額	平成22年平均	22年11月分	12月分	23年1月分	2月分
鉱業、採石業、砂利採取業	1	4.5	36	426	372	293	311	344	382
建設業	2	2.8	14	207	99	94	101	106	107
総合工事業	3	2.1	12	159	71	69	75	80	82
建設工事業（木造建築工事を除く）	4	2.8	19	148	91	90	100	106	106
その他の総合工事業	5	1.9	9	162	64	61	65	70	72
職別工事業	6	1.9	10	198	72	64	69	73	74
設備工事業	7	4	18	280	145	136	145	150	152
電気工事業	8	3	17	341	139	125	132	136	137
電気通信・信号装置工事業	9	4.7	13	277	152	145	155	161	159
その他の設備工事業	10	4.2	21	244	144	138	146	153	157

　各構成要素のうち、大文字は同業種の上場会社の数値を表します。

A…類似業種の株価（①課税時期の月、②前2ヵ月の各月の平均株価、③前年株価、のうち最も低い額）

B…1株当たり配当額

C…1株当たり年利益額

D…1株当たり純資産額（簿価）

　これらの数値は、国税庁のホームページに掲載されています。

　小文字は、評価する会社の1株当たりの数値で、50円額面に修正した数値を表します。

b…直前期以前2年間の1株当たり年平均配当金額（特別配当、記念配当を除く）

c…直前期以前1年間の1株当たり利益金額（法人税申告書・別表四の所得金額から、非経常的な利益等一定額を控除します。概算計算では、特別損失を除く税引前当期利益を充てればよいでしょう）

d…直前期末の法人税法上の1株当たりの純資産額（資本金＋資本積立金＋利益積立金）

　「類似業種比準価額」の特徴は以下のとおりです。

・利益が出ていて配当金も支払っている場合、株価は高額評価される

・過去利益の蓄積が大きい場合、株価は高額評価される

・評価会社の財産時価（相続税評価額）による含み益は株価算定に反映しない

事例を見てみましょう。

例）電気工事業Ｙ社
　　会社規模：中会社（斟酌率0.6、評価時期：平成23年１月）
　　資本金5,000万円、剰余金計２億5,000万円、税引前利益１億円
　　ｂ…１株当たり配当５円（過去２年とも10％）
　　ｃ…１株当たり利益100円（１億円÷50円＝100万株、１億円÷100万株＝100円）
　　ｄ…１株当たり純資産額300円（３億円÷100万株、資本金＋剰余金計の概算数値）
　　類似業種の上場企業の数値
　　Ａ…株価125円（①課税時期の月136円、②前２ヵ月の各月の平均株価132円・125円、③前年株価139円のうち最も低い額）
　　Ｂ…１株当たりの配当3.0円
　　Ｃ…１株当たりの年利益額17円
　　Ｄ…１株当たりの純資産価額341円

　よって、Ｙ社の１株当たり評価額は302.5円、額面50円に対し6.05倍となります。

　税法上では、電気工事業（小分類）を包括する設備工事業（中分類）を選択することもできますから、両者を算出し、いずれか低い額を適用します。小分類がない場合は、中部類と大分類も基に算出します。

　本例では、「中分類」の設備工事業の数値を使った場合、算定株価は309.2円となりますので、302.5円を使用します。

〔配当還元方式〕

　中小企業における少数株主は、友人、一般社員、取引先などですが、会社の支配権には関係なく、単に"お付き合い"で株主となっている場合が

図表98　類似業種比準価額による評価例

$$125 \times \left[\frac{\dfrac{5}{3} + 3 \times \dfrac{100}{17} + \dfrac{300}{341}}{5} \right] \times \ 0.6 \ = \ \boxed{302.5円}$$

※端数処理
・b／B、c／C、d／Dの計算値は、小数点以下第 2 位未満切捨て
・（b／B+3×c/C+d／D）×1／5の計算値は小数点以下第 2 位未満切捨て
・株価は、小数点以下第 1 位未満切捨て

図表99　配当還元価額による評価

$$配当還元価額 \ = \ \frac{1株当たりの年配当金額}{10\%} \times \frac{1株当たりの資本金額}{50円}$$

図表100　配当還元価額による評価例

・資本金　1 億円　（500円額面）　配当金　50円
・少数株主 Z 氏の相続時における評価額

$$配当還元価額 \ = \ \frac{5円（50円額面換算）}{10\%} \times \frac{500円}{50円} \ = \ 500円$$

大半です。非上場株式ですから換金性に乏しく、具体的な株式価値といえば、配当を受け取ることだけです。

　預金に対する利息と同様に、配当から元本を逆算する手法をとるのが配当還元方式です。配当を10％の利回りとして算出します（図表99）。

　計算においては、

・1 株は50円として算出する

・配当金額（配当率）は、直前期以前 2 年間の平均値とする（特別配当等を除く）

・配当率が 5 ％以下および無配当の場合は 5 ％（ 2 円50銭）とすることになっています。

［7］ 事業承継における 自社株の相続対策

　事業承継対策においては、事前に自社株評価額を理解しておくことが必要です。なぜ、この会社の株価は高く評価されるのか、その原因が明らかになってこそ、解決策が見出せるからです。

　事業承継対策も突き詰めれば、経営権を握る筆頭株主である社長個人の相続対策の一環です。常に、社長個人の保有する自社株式以外の財産相続と連動した対応策の検討が必要となります。

　事業承継対策は、「自社株評価額の引下げ」「社長所有株式の移転・分散」の2つに大別されます。

1．自社株評価の引下げ

〔純資産価額〕

　純資産価額による自社株評価では、以下の手順で会社の解散価値をベースにした1株当たりの株価を算出します。

・B／Sのうち、資産を簿価から時価評価（相続税評価額）に評価替えする

・「評価差額に対する法人税額等相当」を算出する（純資産価額による場合、資産評価を簿価から時価に置き換えたときの含み益に対し37％の清算法人税率分を乗じる）

・「時価評価額－評価差額に対する法人税額等相当－負債」を発行済み株数で除する

　事業承継を視野に入れるような社歴の中小企業では、内部留保を厚くすることで金融機関の信用を高めようとする傾向があり、純資産価額による

評価では株価がかさ上げされて評価されます。

　そこで、以下の方法によって評価を引き下げます。

①総資産評価額の引下げ

　土地を購入し賃貸物件を建設する、場合によっては建設費を銀行から借り入れるなど、個人資産の評価額圧縮、負債の増加と同じ手法です。

　賃貸不動産は通常の取引よりも相続税評価額が低くなる資産です。ただし、3年以内に取得した土地建物等は、通常の取引額で評価される点に注意します。

②会社規模の変更

　会社が巨額の含み益を抱えている場合には、従業員数や総資産、売上高の調整によって「大会社」へ移行させ、類似業種比準価額に評価方法を変更させます。大会社に移行することで、含み益が株価算定に反映されなくなるからです。

　「大会社」への移行が難しい場合でも、純資産価額と類似業種比準価額との併用方式であれば、「中会社の小」から「中会社の中」に移行させることで、純資産価額の割合を小さくすることができます。

③生命保険の活用

　①②が難しい小規模な会社、事業承継まである程度時間がある会社では、生命保険契約を使って利益を圧縮しながら含み益の増加を抑える方法を検討します。

　長期平準定期を契約した場合、長期間にわたって払込保険料の2分の1が損金算入されるため、利益を圧縮し、剰余金の積み上げ額を縮小することができます。社長や他の役員が勇退退職する際には、簿価より大きな解約返戻金（含み資産）を勇退退職金として支払うことで、純資産の圧縮となり、自社株の相続税評価額も下がります。

　2分の1損金算入が可能な生命保険としては、ハーフタックス養老保険を活用する方法もあります。福利厚生制度の特例として損金算入が認めら

れているため、契約時に全従業員の同意が必要で、

・被保険者の半数以上が同族の場合は否認される

・中途解約した場合、従業員との間でトラブルとなる可能性がある

といったリスクがある点には留意が必要ですが、優秀な人材が揃ってこそ、企業の発展と永続性が確保されます。

〔類似業種比準価額〕

①配当金額の引下げ

特別配当、記念配当は、評価計算からは除外されるため、配当金を支払う場合には、創業○周年などに記念配当を行います。

②利益の圧縮

自社株評価の算出方法で注目したいのは、構成要素割合が「配当1：利益3：純資産1」と、利益のウエイトが高くなっている点です。利益の引下げには、会社の将来の成長につながる戦略的な経費を支出するのが基本です。

・役員報酬の引上げ

役員報酬をコロコロ変えると、税務当局から指摘を受けることがありますが、正式な手続きを踏んでいれば特段の問題はありません。事業承継者に対する役員報酬は、相続税の納税資金にもなりますから、可能な限り支払うようにします。

・役員退職金の支給

役員退職金を支払うことで、利益はもとより、純資産までも減らすことができます。

社長の勇退退職まである程度時間がある場合には、長期平準定期保険や逓増定期保険を活用します。長期平準定期保険、逓増定期保険では、払込保険料の2分の1を損金処理できるため、利益の圧縮が可能です。

現社長が50歳台で事業承継まで10年から20年という場合であれば、長期平準定期保険に加入することで、勇退退職までは相当大きな含み資産を形成することになります。死亡退職金原資の確保、契約者貸付あるいは解約

返戻金活用による運転資金等の確保といった、経営のバッファーとしても有効です。

　勇退退職する際には、簿価より大きな含み資産となっている解約返戻金を勇退退職金として支払うことで、純資産の圧縮となります。自社株の相続税評価額も下がり、相続税も圧縮されます。

　中小企業の社長は、長期平準定期保険の名義変更を行ったり、名義変更を受けた契約の全部または一部を一時払終身保険に変更することで、納税資金準備も行うことができます。

　役員勇退退職金は、社長以外の役員への支給も可能です。社長夫人が役員となっている場合は、同様に生命保険契約で勇退退職金準備を提案しておきます。事業継承者も同様に、生命保険に加入することで、次の事業継承対策にもなります。

・含み損のある不動産の売却

　バブル経済期などに購入した不動産で、時価が簿価を下回り、含み損を抱えているものがある場合には、売却して譲渡損失を計上することで、利益を小さくできます。売却先が同族会社や関連会社の場合は、税務上問題とならないように注意します。

・法人税法上の利益圧縮

　貸倒引当金など各種引当金、不良在庫の破棄、不良債権の放棄、準備金の設定や圧縮記帳など、顧問税理士と相談しながら進めます。

　類似業種比準価額は、法人税法上の利益をベースにしています。企業会計上の利益とは異なる点を活用します。

・高収益部門の分社化

　製造販売であれば、製販を分離させ、販売部門を事業継承者の出資会社に移転させる方法などもあります。この場合には、以後の利益の大半を販売会社に移転させることができます。

③純資産の圧縮

　これに関して特効薬はなく、新たな資産増加を長期間にわたって心がけるしかありません。その意味では、生命保険を活用した利益の引下げなど

が効果的と言えます。

　類似業種比準価額では、配当金と同様に株価算定への影響は少ないこと、配当金は経営者の裁量で調整ができますが、純資産は如何ともしがたいのが現状です。

・類似業種の変更

　「業種目株価表」における類似業種により、算定基礎となる数値が大きく異なります。高収益部門の分離や、逆に別会社の合併を検討することもあります。兼業となる場合には配分も可能です。

　株式保有特定会社、土地保有特定会社では、自社株評価は類似業種比準価額は使えず、純資産価額が強制適用されます。特定評価会社に該当しないほうが株価が低くなる場合には、脱出策を講じる必要もあります。

　持株会社を設立している場合には、

・不動産投資、生命保険加入（長期平準定期保険の保険料積立金勘定額の増加）、貸付債券、投資信託商品、リース資産などへの投資を行う

・持株会社に事業を営ませ、事業資産を取得する

・持株会社に企業会社の事業遂行に必要な資産を保有させ、事業会社に貸付ける

などの対策が考えられます。

　土地保有特定会社でも、上記に準じた対応が可能です。

２．社長所有株式の移転・分散

　社長の持株数を減少させることも検討します。むやみに社外流出させては、経営権の掌握、事業継承者への移転に課題を残すことになります。

①事業継承者への贈与

　自社株の評価額を下げた段階で、社長が事業継承者である長男などに所有株式を贈与します。

・基礎控除（110万円）

　毎年、贈与を行いますが、連年贈与と認定されないためにも、毎年の贈

与額、贈与時期を変更する、贈与契約書を交わすなどの注意が必要です。

・相続時精算課税制度

　会社業績が好調で、将来的に自社株の評価額上昇が見込まれる場合に選択します。非課税枠の2,500万円にこだわらず、20％の低税率で贈与を行い、自社株の評価額が上昇する前（贈与時点）に相続時の評価額を固定します。

・孫への贈与

　一部では、祖父母から孫への代飛ばしで贈与する手法も取られています。

②事業承継者への譲渡（売却）

　自社株を社長から事業承継者に売却します。

　贈与の場合は、贈与税を受贈者側が支払いますが、譲渡（売却）の場合には、譲渡側に譲渡所得が発生します。譲渡税は20％（所得税15％、住民税5％）で、上場株式の譲渡税10％（所得税7％、住民税3％）とは異なります。

　株式を買い取る事業承継者には、買取資金が必要となります。通常は、事業承継者は役員となっていますから、あらかじめ役員報酬を可能な限り引き上げておき、原資を用意させます。

　贈与の場合と同様に、売買契約書を取り交わす、譲渡代金決済を行う、譲渡所得の確定申告を行うなど、譲渡の事実を証明できるようにしておきましょう。

　譲渡価格も大幅なディスカウントは否認されますから、相続税評価額（時価）ベースで行うのが基本です。

③従業員持株会

　従業員持株会へ自社株を譲渡しますが、譲渡価格は一般的には配当還元方式となります。配当還元方式が適用されれば、譲渡所得は少なくて済みます。

　従業員が持株会を脱退する（通常は退職）場合は、配当還元方式による株価に多少のプレミアムをつけることが多いようです。

④第三者割当増資・譲渡

同族以外の従業員（従業員持株会など）、取引先、銀行、あるいは中小企業投資育成会社などに新株を発行します。

経営権を掌握するために必要な持株割合は、最低50％以上必要ですが、3分の2以上保有することで、重要事項を自らの意思で実行することができます。このため、80％以上を社長および配偶者、事業継承者で確保するのが一般的です。

中小企業投資育成会社は、資本金3億円以下であること（特例あり）、事業内容が公序良俗に反するものでないこと、投機的なものでないことが求められます。当然に相応の事業規模、内容であることも求められます。現有株式を譲渡することも可能です。

長期保有であること、ビジネスマッチング、経営相談、上場支援などの様々なサービスが受けられること、有望企業としての評価が定着し知名度・信用力の向上にもつながります。

なお、原則として買戻しを想定していない制度である点には留意しておきましょう。

発行する株式を議決権制限種類株式、譲渡制限種類株式などの種類株にすることもできます。ちなみに、種類株式は9種類あります。

中小企業の社長の中には魚色家で、正妻以外の女性との間に認知した子がいることもままあります。相続が発生した際、通常は相応の財産分与で解決しますが、会社株式の相続を要求し譲らないことがあります。事業継承者としては、経営に関与されたくないため、議決権制限種類株式、配当優先株で対応した例もあります。

種類株式は、事業承継対策でも様々な活用法があるようです。

⑤金庫株

社長が保有する自社株式を、自社自身に買い取らせる（自己株式の取得）方法もあります。譲渡価格は、時価（相続税評価額）であること、財源は「配当可能利益＋準備金」となっています。社長が譲渡する場合には、

定時株主総会での決議を経るなど、商法上の規定に則して行う必要があります。

　自社株式を購入すると、現金が支出されるため、利益積立金が取り崩されます。会社の現金預金が減少することとなり、将来の資金繰りに影響が生じる可能性には留意します。

　金庫株制度を利用する場合、逓増定期保険の解約返戻金を活用することが、よく行われています。社長は、現金を入手することで、相続発生時に納税資金原資をあらかじめ手当てしておくことができます。

　金庫株は、相続が発生した時点でも活用できます。事業承継者が先代社長所有の株式を相続した後、自社に相続株式の買取を請求します。

　会社に買い取るだけの資金準備ができていることが必要ですから、

・先代社長を被保険者とした長期平準定期保険、逓増定期保険の解約返戻金

・事業承継者が役員時代に加入していた逓増定期保険の解約返戻金

などを活用する手法があります。

　事業承継対策は、中小企業の社長が50歳台に入った頃からスタートすることが多いので、将来の様々な対応策の原資となる生命保険契約の提案が有効です。

　事業承継対策については、中小企業庁が詳細なハンドブックを発行しています。商工会議所でも小冊子からガイドブックの発行、セミナー・相談会を実施しています。時間を見つけ、これらに目を通しておくとよいでしょう。

[8] 社長の関心事①
決算前後の経理処理

１．短期前払費用の当期損金算入要件と決算処理

　法人が節税を目的として生命保険に加入する場合、どうしても決算月に契約することが多くなります。決算月に、年払で定期保険等に加入した場合、当該保険料の保険期間が当期と翌期にまたいでいても、支払保険料の全額を当期に損金処理することが可能だからです。

　年払は、保険期間12ヵ月分の保険料をまとめて支払っているため、本来であれば支払保険料の12分の１のみが損金算入となるべきです。しかし、法人税基本通達２-２-14で、特例的に「短期前払費用」として全額の損金算入が認められています。

　全額の損金算入が認められるためには、以下の要件を満たす必要があります。

・一定の契約に基づいて「継続的に提供を受ける」役務であること
・翌期以降、時の経過に応じて費用化されるものであること
・１年以内の短期のものであること
・現実に支払ったものであること

　「当期分の保険料に該当するのは支払保険料の12分の１だが、翌期以降も契約が継続し同じことが繰り返されるなら、特例として認めよう」ということです。

　保険料は「全期払・年払」契約であることが必要で、半年払、短期払、一時払、前納は対象外となります。

　生命保険の保険料は、保険期間の経過に応じて対応する金額が経理処理されることになっていますが、「保険期間20年・保険料払込期間10年」な

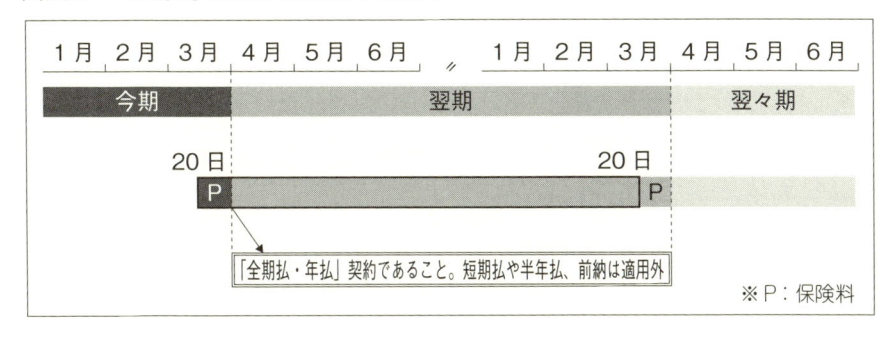

図表101　決算期をまたぐ保険料の処理

図表102　短期前払費用として経理処理した場合

借　方		貸　方	
生命保険料	×××	当座預金	×××

※年払保険料の11/12を前払保険料として計上する必要はない

どの短期払では、支払った保険料の全額が1年以内に費用化（保険料として経理処理）されないからです。

　一時払契約では、翌期以降に時間の経過に応じて費用化されますが、1年を超える長期の前払費用となるため認められません。

■経理処理のタイミングと修正の手続き

　決算直前の契約では、保険料の経理処理のタイミングにも注意します。経理処理のタイミングとしては、①契約成立日、②保険料払込日（保険料払込日が申込書取付日・診査日と異なる場合）、③契約日（申込書取付日・診査日・保険料入金日のうち最も遅い日）の3つが考えらますが、①の契約成立日とするのが原則です。

①契約成立日

　生命保険契約の申込、診査、保険料払込が完了した後、生命保険会社から契約引受の承諾通知が届いた時点で経理処理します。当決算期中に契約が成立し、保障もスタートしているため、何ら問題は生じません。

生命保険会社が発行する領収書は、「第1回保険料充当金領収書」となっています。保険料払込が完了しても、契約が成立するまではあくまでも「預り金」であり、領収書の発行時点で契約者が保険料として経理処理するのは適切ではありません。

②保険料払込日

　診査結果によっては、特別条件付、謝絶となるケースもあり適切とはいえません。

③契約日

　年払契約では、責任開始日と同一であり問題なさそうですが、診査結果によっては、特別条件付、謝絶となるケースもあり適切とはいえません。

　保険料払込日や契約日に経理処理をしても、引受承諾通知が決算期をまたいで届いたとしても、"実務上の"問題は生じません。そのため、多くの法人は保険料払込日をもって経理処理しているのが実情です。

　問題となるのは、これらの時点で経理処理（損金算入）を行ったものの承諾されず、翌期に入ってから特別条件付、謝絶などの決定が下った場合です。

　新事業年度に入って謝絶等により契約不成立となった場合、返金された保険料相当額を単純に益金として処理すれば足りるように考えがちですが、前事業年度での損金算入は認められていないため、この処理は適切ではありません。

　前事業年度の決算処理（伝票処理）の修正が可能であれば、修正伝票を発行します。

　すでに決算処理が完了している場合は、修正申告が必要となります。まずは返金を受けた保険料相当額を雑収入で受け入れ、前事業年度の確定申告書の別表四で損金不算入の加算処理（支払保険料損金否認）を行います。次に、新事業年度の確定申告書の別表四では、損金算入（支払保険料損金容認）として減算処理を行い申告調整します。

　通常の契約では、申込から諾否決定・成立まで遅くとも2週間以内には完結するため、決算処理の修正が可能であり、ほとんど問題は発生しませ

図表103 承諾通知を受け取る前の仮勘定処理

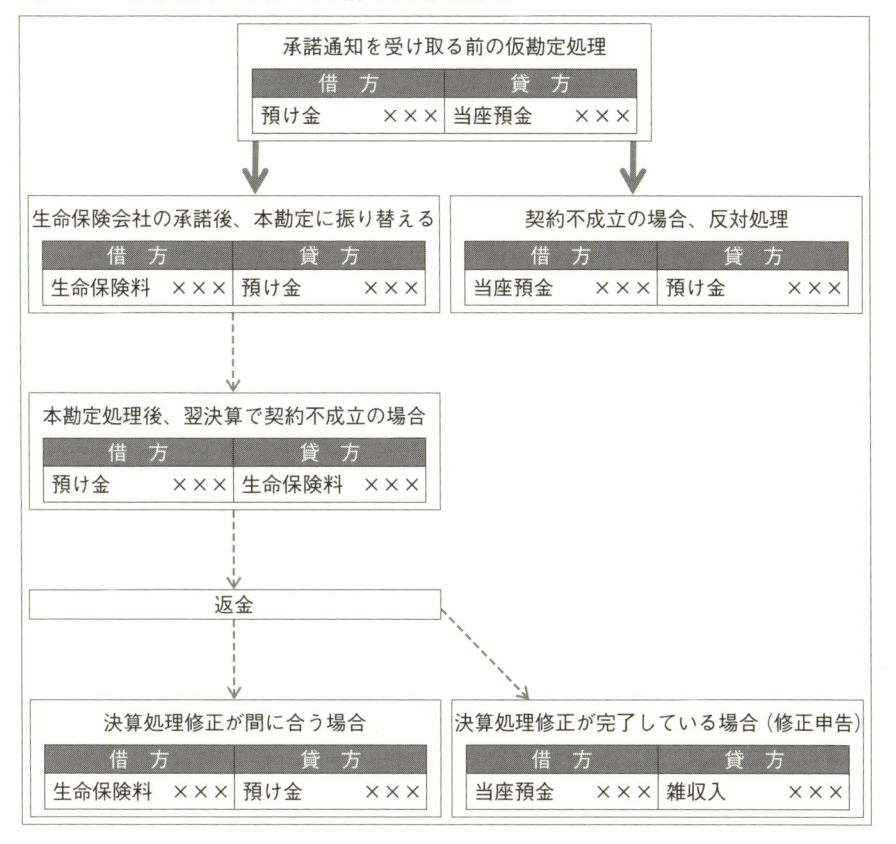

ん。ただし、法人契約の必要書類の取付、決定条件変更等に時間を要した場合などでは、契約成立までに相当の時間がかかることもあるため注意が必要です。

　決算期ぎりぎりの契約申込となった場合には、当期年度中の経理処理は、原則に従って当初は仮勘定処理しておき、承諾通知を受けてから「保険料」として本勘定処理をします。こうすれば、決算期をまたいで承諾通知があった場合も、謝絶等の通知があった場合も修正申告する必要はありません。

■仮申込や申込前診査等の制度利用も有効

多くの生命保険会社では、「仮申込」「諾否決定後入金」などと呼ばれる制度を導入しています。これは、申込書取付、診査のみを先行実施し、引受承諾通知が入った時点で保険料を払い込む制度です。

契約申込を仮定したうえで、診査のみを先行実施し、引受承諾予定の連絡が入った時点で申込書、保険料払込を行う「申込前診査」を導入している生命保険会社もあります。

法人は効率的な資金運用、運転資金手当てに腐心しており、数百万円、場合によっては千万円単位にも及ぶ保険料を、無条件、割増保険料による特別条件付、謝絶などが不明な段階で払い込むことを嫌います。諾否決定が出た段階で保険料の払込ができる、これらの制度を活用するのもよいでしょう。

体況と血圧が一定範囲内、喫煙の習慣がないなど、健康状態が優良と認められる場合に、保険料を割引く生命保険会もあります。

具体的には、
・BMI　…18.0〜27.0
　　　　　＊体重（kg）÷身長（m）÷身長（m）
・血圧　…最高血圧139mmhg以下、最低血圧89mmhg以下
・喫煙　…過去1年以内に喫煙歴がない
　　　　　＊ニコチン含有量が一定以下
が1つの目安となっています。

逓増定期保険は、大きな金額を損金処理する目的で加入することが多いため、採用している生命保険会社はありません。

提案の際には、まず標準体で説明します。すべての説明が終了した段階で、体況・血圧・喫煙歴等をヒアリングし、診査がクリアした場合には、保険料が割り引かれ、解約返戻率もアップする可能性があると伝えます。

最初から割り引かれた保険料で説明したものの、診査で優良体割引が適用されなかった場合に、思わぬトラブルとなります。特に決算直前の提案

では、経理処理等への影響があり得ます。

2．申込限度額や複数社同時申込の注意点

　生命保険会社によっては1被保険者につき自社5億円を引受上限とし、かつ他社契約と合算して10億円を限度とする内規を設けていることがあります。複数社同時申込の場合などでは、引受上限を超えてしまい、保険金額の減額、他社契約の解約意思の確認、あるいは解約処理の実施を求めるケースもあります。事前に、内規の確認と契約者へのヒアリングを徹底しておきましょう。

　複数社同時申込の場合、「報状転用」「報状回し」と呼ばれる制度を利用することもあります。代表する生命保険会社が診査を実施し、その診査報状を他の生命保険会社でも利用する制度です。診査が1回で済み便利ですが、最近ではこの制度の利用を認めない生命保険会社が増えてきていますから、事前にチェックしておきましょう。

　また従来は、代表して診査実施した生命保険会社の諾否決定に他社が従うことが多かったのですが、最近では各生命保険会社独自で諾否決定しています。ほぼ同じ申込内容にもかかわらず、A社では無条件、B社では割増保険料の特別条件付などとなるケースもあり、契約者への説明に神経を使う事例も生じています。

［9］ 社長の関心事②　配当金の仕訳

1．生保の配当方法と配当金の仕訳

　生命保険には、配当が支払われる「有配当商品」「5年ごと利差配当商品」と、配当が支払われない「無配当商品」があります。

　本書では理解しやすいように、「無配当商品」をベースに解説していますが、「有配当商品」「5年ごと利差配当商品」を契約し、配当が支払われた場合の経理処理について解説します。

　配当の方法は、以下のとおりです。

・配当金を実際に支払う

・「積立配当」として生命保険会社が一般勘定で預かり運用する

・配当金で保険金を買い増しする

・保険料と相殺する

　一般的には、「積立配当」が行われています。配当金が契約者の銀行口座に振り込まれることはなく、配当金額の通知のみが行われています。契約者は、いつでも生命保険会社に請求することで、配当金を引き出すことができます。

　中小企業が生命保険会社から配当金の通知を受けた場合には、通知を受けた事業年度の「益金」として計上します。仕訳は、借方に「配当金積立金」、貸方に「雑収入」となります。

　生命保険契約の配当金は株式配当金のような利益分配ではなく精算ですから、「受取配当金」は使用しません。「雑収入」の消費税区分は、「対象外取引」です。

　長期間契約している場合には「特別配当」が支払われることがあります。

図表104　積立配当金の仕訳

配当金、配当金に対する利息の通知を受けた場合

借　方		貸　方	
配当金積立金	×××	雑収入	×××

※生保の配当金は、利益分配ではないため「受取配当金」は使用しない

養老保険で死亡・満期保険金受取人が法人の場合

借　方		貸　方	
配当金積立金	×××	保険料積立金 雑収入	××× ×××

※益金に計上せず、資産計上してある保険料積立金を取り崩す方法も認められている。この場合も、すでに積み立てられた配当金に対する利息は雑収入とする

配当金を現金で受け取った場合

借　方		貸　方	
現金	×××	配当金積立金	×××

また、解約や満期を迎えたときに「消滅時（特別）配当」が支払われることがありますが、いずれも仕訳は同じです。

2．有配当・無配当商品の変遷と現状

①有配当・利差配当

　有配当商品の生命保険料は、「予定利率」「予定事業比率」「予定死亡率」をもとに計算され、予定率と実際の差を配当金として契約者に精算する仕組みとなっています。

　1995（平成7）年までは、この有配当商品を国内生保会社が、無配当商品を外資系生保会社が中心となって販売していました。

　生命保険会社は、単年度黒字を達成するまでは有配当商品を販売できません。そのため、営業開始後間もない外資系生保会社は必然的に無配当商

品を販売することになります。

　国内生保会社は、高めの保険料を設定するが配当金も高くする「高料高配」政策をとっていました。配当金を考慮すれば保険料は割安となり、契約者からも高い支持を得ていました。

　一方、外資系生保の無配当商品は、予定利率を少し高くすることで有配当商品よりも保険料を割安に設定していますが、一番大きい死差配当（予定死亡率との差）がありませんから、配当を勘案すると、有配当商品と比べて保険料は割高に見えます。

　有配当商品では、配当金を年金移行、主契約の保険料払込満了以後の入院特約保険料の支払原資に活用できるなど、商品設計上も無配当商品よりも有利でした。外資系生保が変額保険の販売に力を入れた一因は、無配当商品では契約者への訴求力に限界があったためとも言われています。

■有配当・割安保険料を目的に「5年ごと利差のみ配当」を開発

　1996（平成8）年には、損保系生保13社（現在は合併等により4社）が営業を開始します。そして無配当商品の限界を前に、東京海上あんしん生命（当時）は、「5年ごと利差のみ配当」商品の開発を行いました。これには、

・予定死亡率と予定事業費率はあらかじめ予測できるが、予定利率は市場の影響を受け予測できないこと
・全国に巡らした損保代理店を開業当初から主要販売チャネルとし、損保会社の営業拠点が業務受託を行うことから、経営は安定しており単年度黒字達成時期は外資系生保に比べて早くなること
・単年度黒字達成まで無配当商品しか販売できないのは、当局の指導であり明文化された規定ではないこと

などを前提に、予定利率についての配当を出す商品を販売することで、有配当商品に対抗したいという思惑があったようです。

　他方、日本生命は、バブルの崩壊により保険設計書などに記載した配当金額が出せず、「高料高配」ではなく「高料無配」商品とまで陰口をたたかれる状況にありました。国内生保の大半は相互会社ですが、相互会社は

新契約の3割までしか無配当商品を販売できません。保険料の安い商品開発を目指す中で、東京海上あんしん生命と同様に「5年ごと利差のみ配当」商品を開発することになります。

「配当のある商品が欲しい」「保険料が割安な商品が欲しい」と目的は異なりますが、「5年ごと利差のみ配当」商品が時期をほぼ同じくして販売開始となりました。

　現在では、貯蓄性商品は「5年ごと利差のみ配当商品」が販売の中心となり、「有配当商品」の販売は少なくなっています。

　その後、商品のバリエーションも増え、「予定利率変動型」「積立利率変動型」などもラインナップされようになりました。

②法人と無配当商品

　配当金は、生命保険会社の運用と経費削減、適切な契約引受の努力によって支払いが可能となります。かつては、大手生保会社と中小生保会社間では配当に差がありましたが、大手8社間では同額の配当を行っていました。現在では、生命保険会社によって配当金額は異なります。

　中小企業の側から配当金を眺めるとどうなるでしょうか。

・配当は必要なときに自由に引き出せるので得だ
・金額が決まっていないし、配当が出ないこともあり不安定であてにできない
・配当金の通知があるたびに益金計上しなければならず、面倒だ
・節税プランだから契約したのに、益金計上になるのは変だ

など、様々な声が挙がります。いずれももっともな意見です。

　かつては相互会社であった大同生命は、太陽生命と「T&D保険グループ」を結成し、株式会社に転換しています。相互会社の頃は、主力商品である定期保険も有配当商品しかありませんでしたが、株式会社に転換後の新契約は無配当商品に変更しています。

　相互会社は新契約の3割までしか無配当商品を販売できませんが、株式会社にはその縛りがないこと、生命保険契約の配当と株式配当とでは相反関係にあることなどが要因と思われます。

［10］社長の関心事③
中小企業倒産防止共済

貸付と節税を両立する「経営セーフティ共済」

逓増定期保険や長期平準定期保険等は、死亡保障があると同時に、解約返戻金を原資とした契約者貸付制度を活用することで、運転資金などの一時的資金需要を賄うこともできます。そして、単純返戻率が100%を超えていなくても、実質返戻率が100%を超えていれば節税プラン（損金話法）は成立しました。

実は、掛金で節税しながら貸付を受けることができ、一定の条件は必要ですが解約時に単純返戻率が100%を超える制度があります。

独立行政法人中小企業基盤整備機構（中小機構）の「中小企業倒産防止共済制度（経営セーフティ共済）」です。

規模の小さい企業では、「連鎖倒産」に陥る可能性が高いため、それを防ぐ目的で設立された共済制度です。連鎖倒産とは、取引先や親会社の倒産などで売掛金等が回収できなくなり、そのせいで経営が行き詰まり立て続けに企業が倒産することを言います。

貸付の条件は、加入企業の取引先が取引停止処分になったり破産手続きの申立てを行ったときなどとなっています。2011（平成23）年の制度改定では、災害による不渡、私的整理、特定非常災害による支払不能が追加されています。

貸付は8,000万円を上限に、取引先の倒産で回収が困難になった売掛金等と掛金総額の10倍のいずれか低い額となります。返済期間は貸付金額により5〜7年の毎月均等返済となります。

無担保・無保証・無利子ですが、貸付を受けた場合に、それまでの掛金

総額から10%が差し引かれる点には注意しましょう。

2014（平成26）年3月末時点で約35万社が加入していますが、貸付累計件数約27万件、貸付累計額は約1兆8,000億円に上っています。

事業資金（設備資金・運転資金）として一時貸付を受ける場合には、機構解約の割合までとなっています。金利は、2009（平成21）年4月に従来の1.5%から0.5%に引き下げられ、2011（平成23）年4月からは0.9%となっています。金利情勢等を勘案して、見直されることがあります。

毎月の掛金は5,000円から20万円の範囲（5,000円単位）で設定でき、毎月27日に金融機関の口座振替となります。前納も年間最高240万円（20万円×12ヵ月）まで可能です。掛金総額800万円が上限となります。税法上、掛金は法人は損金に、個人事業主は必要経費に算入することができます。

240万円を決算月に前納すれば、全額を損金算入することが可能となります。40ヵ月以上経過した段階で解約（任意解約）すれば、掛金が100%戻ってきますから、単純返戻率100%の節税プランとなります。短期解約の場合には、一定割合が控除されますが、12ヵ月以上経過していれば、80%が戻ってきます。

診査も不要で、使い勝手はかなり良いでしょう。

■「小規模企業共済制度」も人気が高い

中小企業基盤整備機構（中小機構）では、「小規模企業共済制度」も扱っています。毎月の掛金は1,000円〜7万円の範囲（500円単位）で設定できます。掛金は個人で支払いますが、全額が「小規模共済等掛金控除」となり節税できることから人気があり、2014（平成26）年3月末時点の在籍件数は約157万件となっています。

中小企業の社長と面談する際には、中小企業基盤整備機構（中小機構）の制度についても知っていると話の幅が広がります。

図表105　中小企業倒産防止共済制度（経営セーフティ共済）の概要

根拠法	中小企業倒産防止共済法		
運営	独立行政法人中小企業基盤整備機構		

加入資格	引き続き1年以上事業を行っている中小企業者（法人・個人）		

業種	資本金	従業員数
ゴム製品製造業（＊）	3億円以下	900人以下
製造業・建設業・運送業など		300人以下
ソフトウェア業・情報処理サービス業		
卸売業	1億円以下	100人以下
旅館業	5,000万円以下	200人以下
サービス業		100人以下
小売業		50人以下

（＊）自動車・航空機用タイヤ・チューブ製造業、工業用ベルト製造は除く

解約	任意解約	契約者が任意に行う解約
	機構解約	延滞、不正行為等に対して機構が行う解約
	みなし解約	契約者の死亡、会社解散等による解約
	解約手当金	掛金納付月数に応じて以下の率を掛金総額に乗じた金額が支給される

掛金納付月数	任意解約	機構解約	みなし解約
1〜11ヵ月	0%	0%	0%
12〜23ヵ月	80%	75%	85%
24〜29ヵ月	85%	80%	90%
30〜35ヵ月	90%	85%	95%
36〜39ヵ月	95%	90%	100%
40ヵ月以上	100%	95%	100%

掛金	掛金月額	5,000円〜20万円（5,000円単位）
	積立限度額	800万円
	掛金の納付	金融機関の口座振替（27日）
	掛金の前納	年間最大240万円限度（20万円×12ヵ月）
	掛金の税務	個人：事業所得の必要経費扱い 法人：損金扱い

共済金の貸付	貸限度額	8,000万円（回収困難な売掛金債権等の額と掛金総額の10倍の額とのいずれか低い額）
	共済事由	取引先が倒産し売掛金債権等の回収困難が生じたとき

	貸付条件	・取引停止処分、法的整理 ・災害による不渡、私的整理、特定非常災害による支払不能（2011年の法改正で追加）
	償還方法	無担保、無保証、無利子 　貸付金額の10分の1に相当する額が納付された掛金から控除される 貸付額に応じて ・5,000万円未満　　　　　　　　　5年(54回均等分割) ・5,000万円以上6,500万円未満　　6年(66回均等分割) ・6,500万円以上8,000万円以下　　7年(78回均等分割) （据置期間6ヵ月を含む毎月均等償還）
一時貸付金の貸付	貸付限度額	機構解約時の解約手当金の95％
	貸付金の使途	事業資金（設備資金、運転資金）
	貸付利率	年0.9％（金利情勢等により変更する）
	利息支払方法	貸付時に一括前払い
	貸付期間	1年
	担保・保証人	不要
	償還方法	期限一括償還

PART 4

資料集

［1］保険料・保険金・解約返戻金等の経理処理

1．定期保険（長期平準定期保険等に該当しない場合）

〔契約形態〕
契約者……………法人
被保険者…………役員・従業員
死亡保険金受取人…法人

❶保険料

定期保険料……損金算入

特約保険料……損金算入

※保険料を短期払した場合の経理処理についてはP288〜289を参照。

例）年払保険料として定期保険料300万円、特約保険料30万円を支払った。

借　方	貸　方
定期保険料　300万円 特約保険料　　30万円	現金または預金 330万円

（注）特約保険料とは災害・疾病関係特約等の保険料をいう（以降のページも同様）。

❷死亡・高度障害保険金

死亡保険金・高度障害保険金……雑収入

例）死亡保険金6,000万円を受け取った。

借　方	貸　方
現金または預金 6,000万円	雑収入 6,000万円

〔死亡による退職の場合〕

例）死亡退職金3,000万円、弔慰金600万円を支払った。

借　方	貸　方
退職金　　　3,000万円 弔慰金（注）600万円	現金または預金 3,600万円

（注）一定限度を超える弔慰金は、死亡退職金とみなされる。

〔障害による退職の場合〕

例）退職金3,000万円、見舞金15万円を支払った。

借　方	貸　方
退職金 　　　　　3,000万円 見舞金（注1） 　　　　　15万円	現金または預金 　　　○○○○万円 預り金（注2） 　　　　○○万円

（注1）社会通念上妥当な額は損金として認められる。
（注2）退職金に対する源泉徴収税額。

3 給付金

入院・手術等給付金……雑収入

例）入院給付金5万円を受け取った。

借　方	貸　方
現金または預金 5万円	雑収入　　　5万円

例）役員（被保険者）に見舞金5万円を
　　支払った。

借　方	貸　方
見舞金 (注)　5万円	現金または預金 5万円

(注) 社会通念上妥当な額は損金算入、これを超える
　　部分は賞与。なお役員賞与は損金算入できない。

4 解約返戻金

解約返戻金……雑収入

例）解約返戻金200万円を受け取った。

借　方	貸　方
現金または預金 200万円	雑収入　　200万円

(注) 保険期間や保険料払込期間等により、解約返戻
　　金がわずかであったり、全くない場合もあるので注
　　意が必要。

〔勇退退職金支給の場合〕

例）勇退退職金2,800万円を支払った。

借　方	貸　方
退職金　　2,800万円	現金または預金 〇〇万円 預り金 (注)　〇〇万円

(注) 退職金に対する源泉徴収税額。

2．長期平準定期保険（低解約返戻金型を含む）

　長期平準定期保険とは、保険期間満了
時における被保険者の年齢が70歳を超
え、かつ、契約時における被保険者の年
齢に保険期間（年数）の2倍を加えた数
が105を超える定期保険のことをいう（長
期平準定期保険等に該当する定期保険特
約を含む）。

※無解約返戻金型は、定期保険として仕訳する。

〔契約形態〕
　　契約者……………法人
　　被保険者…………役員・従業員
　　死亡保険金受取人…法人

1 保険料

定期保険料	保険期間の 当初60% 相当期間 （前払期間）	保険料の1／2 ＝損金算入 保険料の1／2 ＝前払保険料とし て資産計上
	保険期間の 残り40% 相当期間	保険料の全額を損 金算入し、さらにそ れまでに資産計上 した前払保険料を、 残りの期間の経過 に応じ、均等に取り 崩して損金算入
特約保険料	全期間	損金算入

(注) 前払期間に1年未満の端数がある場合には、そ
　　の端数を切り捨てた期間を前払期間とする。
※保険料を短期払した場合の経理処理についてはP
　289〜290を参照。

例）保険期間30年（50歳契約）の長期平準定期保険の年払保険料として定期保険料180万円、特約保険料30万円を支払った。

保険期間の当初60%相当期間（18年目まで）

借　方	貸　方
定期保険料　　90万円 前払保険料　　90万円 特約保険料　　30万円	現金または預金 　　　　　　　210万円

保険期間の残り40%相当期間（19年目以降）

借　方	貸　方
定期保険料（注） 　　　　　　315万円 特約保険料　30万円	現金または預金 　　　　　　210万円 前払保険料　135万円

(注)　保険料全額を損金の額に算入するとともに、すでに資産に計上した前払保険料累計額を残りの期間で均等に取り崩す。
90万円×18年÷12年＝135万円
180万円＋135万円＝315万円

2 死亡・高度障害保険金

前払保険料の資産計上額を取り崩す。
死亡・高度障害保険金と前払保険料との差額……雑収入

例）死亡保険金5,000万円を受け取った。
　　前払保険料は500万円。

借　方	貸　方
現金または預金 　　　　　5,000万円	前払保険料　500万円 雑収入　　　4,500万円

〔死亡による退職の場合〕

例）死亡退職金3,500万円、弔慰金800万円を支払った。

借　方	貸　方
退職金　　　3,500万円 弔慰金(注)　　800万円	現金または預金 　　　　　　4,300万円

(注)　一定限度を超える弔慰金は、死亡退職金とみなされる。

〔障害による退職の場合〕

例）退職金4,000万円、見舞金10万円を支払った。

借　方	貸　方
退職金　　　4,000万円 見舞金(注1) 　　　　　　10万円	現金または預金 　　　　　○○○○万円 預り金(注2) 　　　　　　○○万円

(注1)　社会通念上妥当な額は損金として認められる。
(注2)　退職金に対する源泉徴収税額。

3 給付金

入院・手術等給付金……雑収入

例）入院給付金5万円を受け取った。

借　方	貸　方
現金または預金 　　　　　　5万円	雑収入 　　　　　　5万円

例）役員（被保険者）に見舞金5万円を支払った。

借　方	貸　方
見舞金(注)　　5万円	現金または預金 　　　　　　5万円

(注)　社会通念上妥当な額は損金算入、これを超える部分は賞与。なお役員賞与は損金算入できない。

４解約返戻金

前払保険料の資産計上額を取り崩す。

解約返戻金と前払保険料との差額……雑収入（差額がマイナスの場合は雑損失）

例）解約返戻金2,600万円を受け取った。
　　前払保険料は1,000万円。

借　方	貸　方
現金または預金 　　　　　　2,600万円	前払保険料 　　　　　　1,000万円 雑収入　　1,600万円

〔勇退退職金支給の場合〕

例）勇退退職金3,200万円を支払った。

借　方	貸　方
退職金 　　　　　　3,200万円	現金または預金 　　○○○○万円 預り金（注） 　　　　○○万円

（注）退職金に対する源泉徴収税額。

３．逓増定期保険（下記①～③のいずれかに該当する場合）

　　逓増定期保険は、保険期間の経過により保険金額が５倍までの範囲で増加する定期保険をいい、次の①②③の要件によって損金算入割合が異なる。

| 平成20年2月28日以降の契約 | ①保険期間満了の時における被保険者の年齢が45歳を超えるもの（②または③に該当するものを除く）

②保険期間満了の時における被保険者の年齢が70歳を超え、かつ、当該保険に加入した時における被保険者の年齢に保険期間の２倍に相当する数を加えた数が95を超えるもの（③に該当するものを除く）

③保険期間満了の時における被保険者の年齢が80歳を超え、かつ、当該保険に加入した時における被保険者の年齢に保険期間の２倍に相当する数を加えた数が120を超えるもの | 平成20年2月27日以前の契約 | ①保険期間満了の時における被保険者の年齢が60歳を超え、かつ、当該保険に加入した時における被保険者の年齢に保険期間の２倍に相当する数を加えた数が90を超えるもの（②または③に該当するものを除く）

②保険期間満了の時における被保険者の年齢が70歳を超え、かつ、当該保険に加入した時における被保険者の年齢に保険期間の２倍に相当する数を加えた数が105を超えるもの（③に該当するものを除く）

③同　左 |

〔契約形態〕
　　契約者……………法人
　　被保険者…………役員・従業員
　　死亡保険金受取人…法人

■1保険料

定期保険料	保険期間の当初60％相当期間（前払期間）	①に該当する場合 保険料の1／2 ＝損金算入 保険料の1／2 ＝前払保険料として資産計上 ②に該当する場合 保険料の1／3 ＝損金算入 保険料の2／3 ＝前払保険料として資産計上 ③に該当する場合 保険料の1／4 ＝損金算入 保険料の3／4 ＝前払保険料として資産計上
	保険期間の残り40％相当期間	保険料の全額を損金算入し、さらにそれまでに資産計上した前払保険料を、残りの期間の経過に応じ、均等に取り崩して損金算入
特約保険料	全期間	損金算入

（注）前払期間に1年未満の端数がある場合には、その端数を切り捨てた期間を前払期間とする。

例）保険期間30年の逓増定期保険の年払保険料として定期保険料240万円を支払った。

①に該当する場合

保険期間の当初60％相当期間（18年目まで）

借　方	貸　方
定期保険料　120万円 前払保険料　120万円	現金または預金 240万円

保険期間の残り40％相当期間（19年目以降）

借　方	貸　方
定期保険料（注） 420万円	現金または預金 240万円 前払保険料　180万円

（注）保険料全額を損金の額に算入するとともに、すでに資産に計上した前払保険料累計額を残りの期間で均等に取り崩す。
120万円×18年÷12年＝180万円
240万円＋180万円＝420万円

②に該当する場合

保険期間の当初60％相当期間（18年目まで）

借　方	貸　方
定期保険料　80万円 前払保険料　160万円	現金または預金 240万円

保険期間の残り40％相当期間（19年目以降）

借　方	貸　方
定期保険料（注） 480万円	現金または預金 240万円 前払保険料　240万円

（注）保険料全額を損金の額に算入するとともに、すでに資産に計上した前払保険料累計額を残りの期間で均等に取り崩す。
160万円×18年÷12年＝240万円
240万円＋240万円＝480万円

③に該当する場合

保険期間の当初60％相当期間（18年目まで）

借　方	貸　方
定期保険料　60万円 前払保険料　180万円	現金または預金 240万円

保険期間の残り40％相当期間（19年目以降）

借　方	貸　方
定期保険料（注） 510万円	現金または預金 240万円 前払保険料　270万円

（注）保険料全額を損金の額に算入するとともに、すでに資産に計上した前払保険料累計額を残りの期間で均等に取り崩す。
180万円×18年÷12年＝270万円
240万円＋270万円＝510万円

2 死亡・高度障害保険金

前払保険料の資産計上額を取り崩す。

死亡・高度障害保険金と前払保険料との差額……雑収入

例）死亡保険金5,000万円を受け取った。前払保険料は500万円。

借　方	貸　方
現金または預金 　　　　　5,000万円	前払保険料　500万円 雑収入　　4,500万円

〔死亡による退職の場合〕

例）死亡退職金4,200万円、弔慰金1,000万円を支払った。

借　方	貸　方
退職金　　　4,200万円 弔慰金(注)1,000万円	現金または預金 　　　　　5,200万円

(注)　一定限度を超える弔慰金は、死亡退職金とみなされる。

〔障害による退職の場合〕

例）退職金4,000万円、見舞金10万円を支払った。

借　方	貸　方
退職金　　　4,000万円 見舞金（注1） 　　　　　　10万円	現金または預金 　　　　○○○○万円 預り金（注2） 　　　　　○○万円

(注1)　社会通念上妥当な額は損金として認められる。
(注2)　退職金に対する源泉徴収税額。

3 解約返戻金

前払保険料の資産計上額を取り崩す。

解約返戻金と前払保険料との差額……雑収入（差額がマイナスの場合は雑損失）

例）解約返戻金2,500万円を受け取った。前払保険料は1,000万円。

借　方	貸　方
現金または預金 　　　　　2,500万円	前払保険料　1,000万円 雑収入　　1,500万円

〔勇退退職金支給の場合〕

例）勇退退職金2,800万円を支払った。

借　方	貸　方
退職金　　　2,800万円	現金または預金 　　　　○○○○万円 預り金　(注)○○万円

(注)　退職金に対する源泉徴収税額。

> (注)　災害・疾病関係特約等を付加した場合、および給付金を受け取った場合の経理処理は「2.長期平準定期保険（P267）」を参照。

4．収入保障保険

◆1 保険料

収入保障保険料……損金算入

特約保険料…………損金算入

※保険料を短期払した場合の経理処理についてはP288〜290を参照。

例）年払保険料として収入保障保険料300万円、特約保険料15万円を支払った。

借　　方	貸　　方
収入保障保険料 300万円 特約保険料　15万円	現金または預金 315万円

(注1) 収入保障保険が長期平準定期保険に該当する場合の経理処理については、P267を参照。
(注2) 収入保障保険（払込期間中無解約返戻金型）の全期払や無解約返戻金型総合収入保障保険の場合は、保険期間を通じて解約返戻金がないので、契約年齢や保険期間にかかわらず長期平準定期保険には該当しない。法人税基本通達9－3－5により、期間の経過に応じて損金算入することが認められている。

◆2 収入保障年金・高度障害年金

収入保障年金・高度障害年金……雑収入

〔年金受取している場合〕

例）収入保障年金300万円を10年間受け取った（年金を受け取るつど、その金額を雑収入として益金に計上）。

借　　方	貸　　方
現金または預金 300万円	雑収入 300万円

〔年金を一括受取した場合〕

例）収入保障年金300万円の10年間分の年金2,800万円を一括で受け取った。

借　　方	貸　　方
現金または預金 2,800万円	雑収入 2,800万円

<参考>生協協会の照会に対する国税庁からの回答
収入保障保険、年金払特約付養老保険（法人受取契約）の税務取扱について
　支払事由発生前から年金で支払う旨を約定している収入保障保険並びに年金払特約付契約（法人受取契約）については、年金受取の都度、益金計上して差し支えない。
　ただし、年金支払開始時または年金支払開始後に年金の一部を一括受取した場合には、利益操作を抑止する観点から、その時点の未払年金現価を全額益金計上※する。
※年金の一部一括払が約款に規定されているかどうかは問わず、実際に一部一括払した契約について、未払年金現価を益金計上する。

◆3 給付金

入院・手術等給付金……雑収入

例）入院給付金5万円を受け取った。

借　　方	貸　　方
現金または預金 5万円	雑収入 5万円

例）役員（被保険者）に見舞金5万円を支払った。

借　　方	貸　　方
見舞金（注） 5万円	現金または預金 5万円

(注) 社会通念上妥当な額は損金算入、これを超える部分は賞与。なお役員賞与は損金算入できない。

④解約返戻金

解約返戻金……雑収入

例）解約返戻金200万円を受け取った。

借　方	貸　方
現金または預金 　　　　　　200万円	雑収入　　　200万円

(注1)　保険期間や保険料払込期間等により、解約返戻金がわずかであったり、全くない場合もあるので注意が必要。

(注2)　収入保障保険（払込期間中無解約返戻金型）の全期払や無解約返戻金型総合収入保障保険の場合は、保険期間を通じて解約返戻金がないので、解約時の経理処理は不要。

〔勇退退職金支給の場合〕

例）勇退退職金2,500万円を支払った。

借　方	貸　方
退職金　　　2,500万円	現金または預金 　　　　　　○○○○万円 預り金（注）○○万円

(注)　退職金に対する源泉徴収税額。

5．終身保険

〔契約形態〕
　契約者………………………法人
　被保険者………………役員・従業員
　死亡保険金受取人……法人

①保険料

終身保険料……資産計上
特約保険料……損金算入

例）年払保険料として終身保険料300万円、特約保険料15万円を支払った。

借　方	貸　方
保険料積立金 　　　　　　300万円 特約保険料　15万円	現金または預金 　　　　　　315万円

(注)特別条件特約が付加された場合の特別保険料は、付加される主契約・特約の取扱いに準じる。

②死亡・高度障害保険金

保険料積立金の資産計上額を取り崩す。死亡・高度障害保険金と保険料積立金との差額……雑収入

例）死亡保険金3,200万円を受け取った。
　　保険料積立金は520万円。

借　方	貸　方
現金または預金 　　　　　　3,200万円	保険料積立金　520万円 雑収入　　　2,680万円

〔死亡による退職の場合〕

例）死亡退職金2,500万円、弔慰金500万円を支払った。

借　方	貸　方
退職金　　　2,500万円 弔慰金（注）　500万円	現金または預金 　　　　　　3,000万円

(注)　一定限度を超える弔慰金は、死亡退職金とみなされる。

〔障害による退職の場合〕

例）退職金3,200万円、見舞金15万円を
　　支払った。

借　方	貸　方
退職金　　3,200万円 見舞金（注1）15万円	現金または預金 　　　　○○○○万円 預り金（注2） 　　　　　○○万円

（注1）社会通念上妥当な額は損金として認められる。
（注2）退職金に対する源泉徴収税額。

❸給付金

入院・手術等給付金……雑収入

例）入院給付金5万円を受け取った。

借　方	貸　方
現金または預金 　　　　　5万円	雑収入　　　　5万円

例）役員（被保険者）に見舞金5万円を
　　支払った。

借　方	貸　方
見舞金（注）　5万円	現金または預金 　　　　　5万円

（注）社会通念上妥当な額は損金算入、これを超える
　　部分は賞与。なお役員賞与は損金算入できない。

❹解約返戻金

保険料積立金の資産計上額を取り崩す。
解約返戻金と保険料積立金との差額……
雑収入（差額がマイナスの場合は雑損失）

例）解約返戻金350万円を受け取った。
　　保険料積立金は400万円。

借　方	貸　方
現金または預金 　　　　　350万円 雑損失　　50万円	保険料積立金 　　　　　400万円

〔勇退退職金支給の場合〕

例）勇退退職金3,000万円を支払った。

借　方	貸　方
退職金　　3,000万円	現金または預金 　　　　○○○○万円 預り金（注）○○万円

（注）退職金に対する源泉徴収税額。

6．ハーフタックス養老保険

〔契約形態〕
　契約者…………法人
　被保険者………役員・従業員の全員
〔保険金受取人〕
　満期保険金……法人
　死亡保険金……役員・従業員の遺族

❶保険料

養老保険料の1／2……資産計上
養老保険料の1／2……損金算入
特約保険料………………損金算入

例）年払保険料として養老保険料260万
　　円、特約保険料15万円を支払った。

借　　方	貸　　方
保険料積立金　130万円 福利厚生費（注） 　　　　　　145万円	現金または預金 　　　　　　275万円

（注）役員または部課長、その他特定の従業員のみを
　　　被保険者とする場合には、当該保険料の額は当該役
　　　員または従業員の給与となる。
※特別条件特約が付加された場合の特別保険料は、付
　加される主契約・特約の取扱いに準じる。

❷満期保険金

保険料積立金の資産計上額を取り崩す。
満期保険金と保険料積立金との差額……
雑収入

例）満期保険金2,500万円を受け取った。
　　保険料積立金は1,000万円。

借　　方	貸　　方
現金または預金 　　　　　2,500万円	保険料積立金 　　　　　　1,000万円 雑収入　　1,500万円

〔勇退退職金支給の場合〕

例）勇退退職金として3,000万円を支払
　　った。

借　　方	貸　　方
退職金　　3,000万円	現金または預金 　　　　○○○○万円 預り金（注）○○万円

（注）退職金に対する源泉徴収税額。

❸死亡・高度障害保険金

保険料積立金の資産計上額を取り崩し、
同額を雑損失として損金に算入する。

例）被保険者が死亡し、保険金を遺族が
　　直接受け取った。保険料積立金は340
　　万円。

借　　方	貸　　方
雑損失　　　340万円	保険料積立金 　　　　　　340万円

❹給付金

入院・手術給付金等の受取人は役員・従
業員なので、法人の経理処理は必要ない。

❺解約返戻金

保険料積立金の資産計上額を取り崩す。
解約返戻金と保険料積立金との差額……
雑収入（差額がマイナスの場合は雑損失）

例）解約返戻金300万円を受け取った。
　　保険料積立金は150万円。

借　　方	貸　　方
現金または預金 　　　　　　300万円	保険料積立金 　　　　　　150万円 雑収入　　　150万円

〔勇退退職金支給の場合〕

例）勇退退職金2,500万円を支払った。

借　　方	貸　　方
退職金　　2,500万円	現金または預金 　　　　○○○○万円 預り金（注）○○万円

（注）退職金に対する源泉徴収税額。

7. 医療保険

Ⅰ．定期保障タイプ	
①保険料	死亡保障以外の保険料·········損金算入 死亡保障の保険料············損金算入（ただし、保険期間等から判断して長期平準定期保険に該当する場合は、1／2損金となる）
②死亡・高度障害保険金	雑収入
③給付金	雑収入
④解約返戻金	雑収入
Ⅱ．終身保障タイプ（終身払）	
①保険料	死亡保障以外の保険料······損金算入 死亡保障の保険料············資産計上
②死亡・高度障害保険金	保険積立金との差額を雑収入
③給付金	雑収入
④解約返戻金	保険積立金との差額を雑収入または雑損失
Ⅲ．終身保障タイプ（有期払）	
①保険料	ⅰ）死亡保障以外の保険料 ・保険料払込期間······「105歳」を「計算上の満期到達年齢」とみなして、払込保険料に「保険料払込期間を105歳と加入時年齢の差で除した割合」を乗じた金額を損金の額に算入し、残りの金額を資産計上 ・保険料払込満了後···保険料払込満了時点の資産計上額を「105歳と払込満了時年齢の差」で除した金額を資産計上額より取り崩して損金の額に算入 ⅱ）死亡保障の保険料·········資産計上（全期間）
②死亡・高度障害保険金	保険積立金・前払保険料との差額を雑収入
③給付金	雑収入
④解約返戻金	保険積立金、前払保険料との差額を雑収入または雑損失
Ⅳ．終身保障タイプ（有期払）／無解約返戻金型・保険料払込期間中無解約返戻金型 （平成25年3月21日以降が契約日となる契約に適用）	
①保険料	損金算入
②給付金	雑収入
③解約返戻金	雑収入
④名義変更 （契約者：法人⇒役員・従業員）	保険料払込期間中　···　処理不要 　＊以後の保険料は名義変更後の契約者が支払 保険料払込満了後　···　解約返戻金額を法人に支払

Ⅰ. 定期保障タイプ
❶保険料
主契約および以下の特約以外の保険料
……損金算入
がん診断給付特約保険料……損金算入
死亡保障特約保険料（注）……損金算入

例）年払保険料として保険料50万円を支
　　払った。

借　　方	貸　　方
保険料　　　　50万円	現金または預金 　　　　　　　50万円

（注）保険期間等から判断して長期平準定期保険に該
　　当する場合、死亡保障特約にかかる保険料について
　　は、長期平準定期保険と同様の取扱いとなるので、
　　P267を参照。
※特別条件特約が付加された場合の特別保険料は、付
　加される主契約・特約の取扱いに準じる。

❷死亡・高度障害保険金
死亡保険金・高度障害保険金……雑収入

例）死亡保険金200万円を受け取った。

借　　方	貸　　方
現金または預金 　　　　　　200万円	雑収入　　　200万円

❸給付金
入院・手術等給付金……雑収入

例）入院給付金5万円を受け取った。

借　　方	貸　　方
現金または預金　5万円	雑収入　　　　5万円

例）役員（被保険者）に見舞金5万円を
　　支払った。

借　　方	貸　　方
見舞金（注）　5万円	現金または預金　5万円

（注）社会通念上妥当な額は損金算入、これを超える
　　部分は賞与。なお役員賞与は損金算入できない。

❹解約返戻金
解約返戻金……雑収入

例）解約返戻金100万円を受け取った。

借　　方	貸　　方
現金または預金 100万円	雑収入　　　100万円

Ⅱ．終身保障タイプ（終身払）

1 保険料

主契約および以下の特約以外の保険料……損金算入

がん診断給付特約保険料（注）……がん保険Ⅱ．終身保障タイプ（終身払）に準じる（P282）

死亡保障特約保険料……資産計上

<small>（注）契約日が2012年4月26日以前となるがん診断給付特約の保険料については、主契約と同様の取扱いとなる。</small>

例）年払保険料として保険料50万円（うち死亡保障特約保険料5万円）を支払った。

借　方	貸　方
保険料　　　　45万円 保険料積立金5万円	現金または預金 　　　　　　50万円

<small>（注）特別条件特約が付加された場合の特別保険料は、付加される主契約・特約の取扱いに準じる。</small>

2 死亡・高度障害保険金

保険料積立金の資産計上額を取り崩す。

死亡・高度障害保険金と保険料積立金との差額……雑収入

例）死亡保険金200万円を受け取った。保険料積立金は10万円。

借　方	貸　方
現金または預金 　　　　　　200万円	保険料積立金10万円 雑収入　　　190万円

3 給付金

入院・手術等給付金……雑収入

例）入院給付金5万円を受け取った。

借　方	貸　方
現金または預金 　　　　　　5万円	雑収入　　　　5万円

例）役員（被保険者）に見舞金10万円を支払った。

借　方	貸　方
見舞金（注）　10万円	現金または預金 　　　　　　10万円

<small>（注）社会通念上妥当な額は損金算入、これを超える部分は賞与。なお役員賞与は損金算入できない。</small>

4 解約返戻金

解約返戻金……雑収入

<small>（注）死亡保障特約を付加している場合には、保険料積立金の資産計上額を取り崩す。</small>

例）解約返戻金100万円を受け取った。

借　方	貸　方
現金または預金 　　　　　　100万円	雑収入　　　100万円

Ⅲ．終身保障タイプ（有期払）

1 保険料

■契約日が平成25年3月21日以降の無解約返戻金型、保険料払込期間中無解約返戻金型……損金算入

■それ以外の仕訳

例）保険料払込期間10年（45歳契約）、年払保険料として保険料70万円（うち死亡保障特約保険料10万円）を支払った。

保険料払込期間中

借　方	貸　方
保険料（注）　　10万円 前払保険料　　50万円 保険料積立金10万円	現金または預金 　　　　　　　　70万円

(注) 60万円×10年÷（105歳－45歳）＝10万円

保険料払込期間満了後

借　方	貸　方
保険料（注）　10万円	前払保険料　　10万円

(注) 50万円×10年÷（105歳－55歳）＝10万円
(注) 特別条件特約が付加された場合の特別保険料は、付加される主契約・特約の取扱いに準じる。

2 死亡・高度障害保険金

保険料積立金・前払保険料の資産計上額を取り崩す。
死亡・高度障害保険金と保険料積立金・前払保険料との差額……雑収入

例）死亡保険金200万円を受け取った。前払保険料は100万円、保険料積立金は20万円。

借　方	貸　方
現金または預金 　　　　　　　200万円	保険料積立金20万円 前払保険料　100万円 雑収入　　　　80万円

3 給付金

入院・手術等給付金……雑収入

例）入院給付金5万円を受け取った。

借　方	貸　方
現金または預金 　　　　　　　　5万円	雑収入　　　　5万円

例）役員（被保険者）に見舞金5万円を支払った。

借　方	貸　方
見舞金（注）　5万円	現金または預金 　　　　　　　　5万円

(注) 社会通念上妥当な額は損金算入、これを超える部分は賞与。なお役員賞与は損金算入できない。

4 解約返戻金

保険料積立金・前払保険料の資産計上額を取り崩す。
解約返戻金と保険料積立金・前払保険料との差額……雑収入（差額がマイナスの場合は雑損失）

例）解約返戻金250万円を受け取った。保険料積立金は50万円、前払保険料が250万円。

借　方	貸　方
現金または預金 　　　　　　　250万円 雑損失　　　　50万円	保険料積立金50万円 前払保険料　250万円

8. がん保険

がん保険に関する通達

●終身払

契約者	被保険者	保険金受取人		保険料の取扱い	
		給付金	死亡保険金 がん死亡保険金	主契約 がん死亡保障 特約以外	がん死亡保障 特約
法人	役員・従業員 （普遍的加入）	法人	法人	【A】 前払期間（契約年齢から105歳までの期間の当初50％） ・保険料の１／２＝損金算入 ・保険料の１／２＝前払保険料として資産計上 前払期間経過後 ・保険料の全額を損金算入 ・それまでに資産計上した前払保険料を期間按分して損金算入	
			役員・従業員の遺族		
		役員・従業員	法人		
			役員・従業員の遺族		
	役員・従業員 （差別的加入）	法人	法人		
			役員・従業員の遺族	【A】と同じ	給与
		役員・従業員	法人	給与	【A】と同じ
			役員・従業員の遺族	給与	

●有期払

保険料 払込期間	保険料払込期間中	保険料払込期間満了から前払期間まで	前払期間経過後の期間 （残り50％に相当する期間）
前払期間 より 短い期間 の場合	・当期分保険料の１／２損金算入 ・当期分保険料の１／２資産計上 ・支払保険料－当期分保険料を資産計上	・当期分保険料の１／２損金算入 （資産計上した前払保険料累計額からの取崩しによる処理）	・当期分保険料の全額を損金算入 （資産計上した前払保険料累計額からの取崩しによる処理）
前払期間 と 同一の 場合	前払期間		前払期間経過後の期間 （残り50％に相当する期間）
	・当期分保険料の１／２損金算入 ・当期分保険料の１／２資産計上 ・支払保険料－当期分保険料を資産計上		・当期分保険料の全額を損金算入 （資産計上した前払保険料累計額からの取崩しによる処理）
前払期間 より 長い場合	前払期間	前払期間経過後から 保険料払込期間満了まで	保険料払込期間満了以降の期間
	・当期分保険料の１／２損金算入 ・当期分保険料の１／２資産計上 ・支払保険料－当期分保険料を資産計上	・当期分保険料の全額を損金算入 ・取崩損金算入額全額を損金算入 （資産計上した前払保険料累計額から取崩しによる処理） ・支払保険料－当期分保険料を資産計上	・当期分保険料の全額を損金算入 （資産計上した前払保険料累計額からの取崩しによる処理）

〔契約形態〕
　契約者……………………法人
　被保険者…………………役員・従業員
　死亡保険金・給付金受取人…法人

Ⅰ．定期保障タイプ
1 保険料

主契約保険料・特約保険料……損金算入

（注）普通死亡を保障する特約の保険料については、保険期間等から判断して長期平準定期保険に該当する場合、長期平準定期保険と同様の取扱いとなるので、P 267を参照。

例）年払保険料として保険料20万円を支払った。

借　方	貸　方
保険料　　　20万円	現金または預金　　　　　　　　20万円

2 がん死亡・がん高度障害保険金

がん死亡保険金・がん高度障害保険金……雑収入

例）がん死亡保険金100万円を受け取った。

借　方	貸　方
現金または預金　　　　　　　100万円	雑収入　　　100万円

3 給付金

がん入院・がん手術等給付金……雑収入

例）がん入院給付金10万円を受け取った。

借　方	貸　方
現金または預金　　　　　　　10万円	雑収入　　　10万円

例）役員（被保険者）に見舞金5万円を支払った。

借　方	貸　方
見舞金（注）　5万円	現金または預金　　　　　　　5万円

（注）社会通念上妥当な額は損金算入、これを超える部分は賞与。なお役員賞与は損金算入できない。

4 解約返戻金

解約返戻金……雑収入

例）解約返戻金12万円を受け取った。

借　方	貸　方
現金または預金　　　　　　　12万円	雑収入　　　12万円

Ⅱ．終身保障タイプ（終身払）

終身保障タイプ（有期払）の経理処理についてはＰ290～291を参照。

◼1保険料

主契約・特約	
前払期間 （契約年齢から105歳までの期間の当初50％に相当する期間）	前払期間経過後の期間（残り50％に相当する期間）
保険料の１／２ ＝損金算入 保険料の１／２ ＝前払保険料として資産計上	保険料の全額を損金算入し、さらにそれまでに資産計上した前払保険料を、残りの期間の経過に応じ、均等に取り崩して損金算入

（注）前払期間に１年未満の端数がある場合には、その端数を切り捨てた期間を前払期間とする。

例）契約年齢45歳、年払保険料として保険料50万円を支払った。

前払期間（30年目まで）

借　方	貸　方
保険料　　　25万円 前払保険料　25万円	現金または預金 　　　　　　　　50万円

前払期間経過後の期間（31年目以降）

借　方	貸　方
保険料　　　75万円	現金または預金 　　　　　　　　50万円 前払保険料　25万円

（注）保険料全額を損金の額に算入するとともに、すでに資産に計上した前払保険料累計額を残りの期間で均等に取り崩す。
25万円×30年÷30年＝25万円
50万円＋25万円＝75万円

◼2がん死亡・がん高度障害保険金

前払保険料の資産計上額を取り崩す。
がん死亡・がん高度障害保険金と前払保険料との差額……雑収入

例）がん死亡保険金300万円を受け取った。前払保険料は80万円。

借　方	貸　方
現金または預金 　　　　　　300万円	前払保険料　80万円 雑収入　　　220万円

◼3給付金

がん入院・がん手術等給付金……雑収入

例）がん入院給付金５万円を受け取った。

借　方	貸　方
現金または預金 　　　　　　　５万円	雑収入　　　　５万円

例）役員（被保険者）に見舞金５万円を支払った。

借　方	貸　方
見舞金（注）　５万円	現金または預金 　　　　　　　５万円

（注）社会通念上妥当な額は損金算入、これを超える部分は賞与。なお役員賞与は損金算入できない。

◼4解約返戻金

前払保険料の資産計上額を取り崩す。
解約返戻金と前払保険料との差額……雑収入（差額がマイナスの場合は雑損失）

例）解約返戻金100万円を受け取った。前払保険料は170万円。

借　方	貸　方
現金または預金 　　　　　　100万円 雑損失　　　　70万円	前払保険料　170万円

9．契約者貸付を利用した場合

❶契約者貸付を受けた場合

借入金として負債に計上する。

例）800万円の契約者貸付を受けた。

借　方	貸　方
現金または預金 　　　　　800万円	借入金　　　800万円

❷利息が元本へ繰り入れられた場合

利息を元本に繰り入れて負債に計上する。

例）年単位の契約応当日に利息5万円が元本に繰り入れられた。

借　方	貸　方
支払利息　　5万円	借入金　　　5万円

❸契約者貸付を返済した場合

負債に計上していた借入金を取り崩し、利息は損金に算入する。

例）契約者貸付元利金420万円（借入金400万円、利息20万円）を返済した。

借　方	貸　方
借入金　　　400万円 支払利息　　20万円	現金または預金 　　　　　420万円

❹保険金（解約返戻金）で精算した場合

契約者貸付金を返済しないまま、満期・死亡・解約等により契約が消滅した場合は、保険金・解約返戻金等から貸付元利金を精算したあとの金額が支払われる。

例）死亡保険金5,000万円を受け取った。受取額は、借入金500万円、利息16万円を精算し、4,484万円だった。保険料積立金は950万円。

借　方	貸　方
現金または預金 　　　　　4,484万円 借入金　　　500万円 支払利息　　16万円	保険料積立金 　　　　　　950万円 雑収入　　4,050万円

10．保険料の自動振替貸付を受けた場合

❶自動振替貸付を受けた場合

例）自動振替貸付を受けた終身保険の立替保険料が100万円、立替利息は8万円。

借　方	貸　方
保険料積立金 　　　　　100万円 支払利息　　8万円	借入金　　　108万円

❷利息が元本へ繰り入れられた場合

利息を元本に繰り入れて負債に計上する。
（次ページ）

例）年単位の契約応当日に利息8万円が
　　元本に繰り入れられた。

借　方		貸　方	
支払利息	8万円	借入金	8万円

❸自動振替貸付金を返済した場合

例）自動振替貸付を受けたため生じた借
　　入金108万円を返済した。

借　方		貸　方	
借入金	108万円	現金または預金	108万円

11.　名義変更した場合

❶法人契約を個人契約に変更して勇退退職金の一部として支給する場合

		変更前	変更後
契約者		法人	役員・従業員
受取人	満期保険金（養老保険の場合）	法人	役員・従業員
	死亡保険金	法人	役員・従業員の遺族

保険契約上のすべての権利を被保険者である役員・従業員に譲渡することになるので、保険料積立金（長期平準定期保険等の場合は前払保険料）の資産計上額を取り崩す。
被保険者に譲渡される保険契約の権利の価額は、変更時の解約返戻金相当額であり、退職金規程等の範囲内であれば原則として他の退職金とともに損金に算入可能。

ただし、被保険者が役員の場合には損金算入額に限度がある。また資産の取り崩し額と譲渡される権利の価額との差額は、雑収入（雑損失）として益金（損金）処理する。

例）勇退退職金として現金1,000万円と
　　会社契約の生命保険を本人に名義変更
　　のうえ支給した。名義変更前の保険料
　　積立金の資産計上額は270万円。なお
　　同契約の解約返戻金額は260万円。

借　方		貸　方	
退職金	1,260万円	現金または預金 ○○○万円	
雑損失	10万円	保険料積立金 270万円	
		預り金（注）○○万円	

（注）退職金に対する源泉徴収税額。

❷被保険者の転籍に伴う法人間の名義変更の場合（保険契約を有償で譲渡する場合）

		変更前	変更後
契約者		法人Ａ	法人Ｂ
受取人	満期保険金 （養老保険の場合）	法人Ａ	法人Ｂ
	死亡保険金	法人Ａ	法人Ｂ

例）従業員が法人Ａより法人Ｂに転籍した。これに伴い法人Ａが契約した同人の生命保険を法人Ｂに370万円で譲渡し、名義変更をした。譲渡時、同契約の保険料積立金の資産計上額は380万円。なお同契約の解約返戻金額は370万円。

〈転出法人Ａの経理処理〉

保険契約の譲渡代金を法人Ｂより受け入れ、保険料積立金（長期平準定期保険等の場合は前払保険料）の資産計上額を取り崩す。
この際、資産の取崩額と譲渡代金との差額は雑収入（雑損失）として益金（損金）処理する。

借　方	貸　方
現金または預金 　　　　　370万円 雑損失　　　10万円	保険料積立金 　　　　　380万円

〈転入法人Ｂの経理処理〉

保険契約の譲渡代金を法人Ａに支払い、変更時の解約返戻金相当額を資産に計上する（解約返戻金相当額は保険料積立金、長期平準定期保険等の場合は前払保険料）。この際、譲渡代金と資産計上額に差額がある場合は雑収入（雑損失）として益金（損金）処理する。

借　方	貸　方
保険料積立金 　　　　　370万円	現金または預金 　　　　　370万円

（注）譲渡代金は、原則として変更時の解約返戻金相当額と同額にする。譲渡代金が変更時の保険契約の価額より大きい場合には転出法人が、譲渡代金が小さい場合には転入法人が、その差額について税務上寄付を受けたとみなされる可能性があるので注意が必要。

❸個人契約から法人契約へ変更の場合

		変更前	変更後
契約者		役員・ 従業員	法人
受取人	満期保険金 （養老保険の場合）	役員・ 従業員	法人
	死亡保険金	役員・ 従業員の遺族	法人

〔①名義変更時に、評価額を会社が個人に現金で支払った場合〕
保険契約上のすべての権利を会社が役員・従業員より買い取ることになるので、解約返戻金相当額を資産に計上する。

例）従業員が個人で契約している生命保険の契約者および満期・死亡保険金受取人を会社に変更のうえ、法人契約とした。変更時の解約返戻金は280万円。

借　方	貸　方
保険料積立金 　　　　280万円	現金または預金 　　　　280万円

（注）個人が受け取る譲渡代金は、一時所得として課税される。課税方式は次のとおり。
（解約返戻金−既払込保険料−50万円）×1／2＝課税一時所得

〔②名義変更のみで評価額を会社が個人に支払わなかった場合〕
保険契約上のすべての権利を会社が役員・従業員より贈与されたことになるので、解約返戻金相当額を資産に計上する。

例）役員が個人で契約している生命保険の契約者および満期・死亡保険金受取人を会社に変更のうえ、法人契約とした。変更時の解約返戻金は100万円。

借　方	貸　方
保険料積立金 　　　　100万円	雑収入　　　100万円

12.　延長保険に変更した場合

■1 生存保険金がない場合
保険料積立金の資産計上額を取り崩す。
解約返戻金額……前払保険料
保険料積立金と解約返戻金との差額……雑損失

例）変更時の保険料積立金が300万円、解約返戻金額が180万円、変更後の保険期間が10年。

変更時の経理処理

借　方	貸　方
前払保険料　180万円 雑損失　　　120万円	保険料積立金 　　　　300万円

毎年の経理処理

借　方	貸　方
定期保険料　18万円	前払保険料 (注) 　　　　18万円

（注）$180万円 \times \dfrac{12ヵ月}{120ヵ月} = 18万円$

■2 生存保険金がある場合
保険料積立金の資産計上額を取り崩す。
生存保険金……保険料積立金
解約返戻金と生存保険金との差額……前払保険料
保険料積立金と解約返戻金との差額……雑損失

例）変更時の保険料積立金が400万円、解約返戻金が280万円、変更後の保険期間が10年で、生存保険金は60万円。

変更時の経理処理

借　　方	貸　　方
険料積立金　　60万円 前払保険料　220万円 雑損失　　　120万円	保険料積立金 　　　　　　400万円

毎年の経理処理

借　　方	貸　　方
定期保険料　22万円	前払保険料（注） 　　　　　　22万円

（注）$220万円 \times \dfrac{12ヵ月}{120ヵ月} = 22万円$

13.　払済保険に変更した場合

■ 定期保険特約が付加されている養老保険・終身保険の場合

■払済保険への変更時

定期保険特約部分が主契約（養老保険・終身保険）に変わる。解約返戻金相当額全額を資産計上（保険料積立金）し、それまで資産計上していた保険料積立金との差額を益金（または損金）算入する。

例）定期保険特約付終身保険を払済保険（終身保険）に変更した。払済変更時までの保険料積立金は15万円、解約返戻金は829万円だった。

借　　方	貸　　方
保険料積立金 　　　　　829万円	保険料積立金15万円 雑収入　　　814万円

■復旧時

変更時点で益金に算入した額は、保険料積立金を取り崩して損金の額に算入する。また、復旧時の保険料のうち主契約保険料は、保険料積立金として資産計上し、定期特約保険料は損金算入する。

例）１年後に復旧した。復旧時の年払保険料は246万円（内訳：主契約保険料３万円、定期特約保険料243万円）で、払済保険への変更時点で益金に算入した額は814万円だった。

借　　方	貸　　方
保険料積立金３万円 定期特約保険料 　　　　　243万円 雑損失　　　814万円	現金または預金 　　　　　246万円 保険料積立金 　　　　　814万円

■ 定期保険特約が付加されていない養老保険・終身保険の場合

洗替処理を行わないこととしても差し支えない。

❸定期保険の場合

■払済保険への変更時

解約返戻金相当額で一時払の定期保険契約をする形式となる。そのため変更時に解約返戻金相当額全額をいったん益金算入し前払保険料として積み立てる。決算時に期間の経過に応じた保険料を前払保険料から取り崩し、損金の額に算入する。

例）定期保険（40歳加入、72歳払込満了、5年後払済）を払済保険に変更した。解約返戻金は280万円だった。

変更時の経理処理

借　方	貸　方
前払保険料　280万円	雑収入　　　　280万円

年度末の経理処理（当年度対応分の取り崩し）

借　方	貸　方
定期保険料（注） 　　　　　10.3万円	前払保険料 10.3万円

(注)　前払保険料　280万円÷（72−45）年≒10.3万円
　　（年度始めに払済保険に変更した場合）

■復旧時

変更時点で益金に算入した額から払済期間中に損金の額に算入した額を控除した額は、前払保険料を取り崩して損金の額に算入する。また、復旧時の保険料は元の契約の保険に基づく税務上の取扱いにより、定期保険料として損金の額に算入する。

例）　1年後に復旧した。復旧時の年払保険料は91万円。払済保険への変更時点で益金に算入した額は280万円で、払済期間中に損金の額に算入した額は10.3万円だった。

借　方	貸　方
期保険料　　　91万円 雑損失（注）269.7万円	現金または預金　91万円 前払保険料　269.7万円

(注)　払済変更時の益金 280万円−払済中の損金10.3万円＝269.7万円
(注)　復旧時の経理処理では、復旧後の保険料は考慮していない。なお、復旧後の保険料の取扱いは元の契約と同じ方法の取扱いになる。

14.　保険料を短期払した場合

　短期払の場合、支払保険料の全額を当年度の損金の額に算入することは認められず、前払保険料として期間の経過に応じて損金の額に算入することになる。定期保険の場合も同様に支払保険料総額を保険期間の経過に応じて損金処理することになる。

　医療保険終身保障タイプで、2013（平成25）年3月21日以降を契約日とする無解約返戻金型、保険料払込期間中無解約返戻金型など、解約返戻金が無いか、あってもごくわずかな契約については、短期払でも全額損金算入が認められている。

〔ハーフタックス養老保険〕

例）3年払込10年満期のハーフタックス養老保険の保険料100万円を支払った。

1年目～3年目の経理処理

借　方	貸　方
保険料積立金 50万円 福利厚生費　15万円 前払保険料　35万円	現金または預金 　　　　　　100万円

（注）損金：300万円（保険料総額）$\times \dfrac{12 \text{ヵ月}}{10 \text{年} \times 12 \text{ヵ月}} \times \dfrac{1}{2} = 15$万円

　　　1～3年目前払保険料：100万円－50万円－15万円
　　　　　　　　　　　　　＝35万円

4年目～10年目の経理処理

借　方	貸　方
福利厚生費　15万円	前払保険料　15万円

（注）前払保険料105万円（35万円×3年）を残りの7年間で取り崩す。前払保険料：105万円÷7年＝15万円

〔定期保険（全額損金タイプ）〕

例）保険期間30年（40歳契約）、保険料払込期間10年の定期保険の年払保険料150万円を支払った。

1年目～10年目の経理処理

借　方	貸　方
定期保険料（注） 　　　　　　50万円 前払保険料 100万円	現金または預金 　　　　　　150万円

（注）1,500万円（保険料総額）$\times \dfrac{12 \text{ヵ月}}{30 \text{年} \times 12 \text{ヵ月}} = 50$万円

11年目～30年目の経理処理

借　方	貸　方
定期保険料　50万円	前払保険料　50万円

（注）前払保険料105万円（35万円×3年）を残りの7年間で取り崩す。前払保険料：105万円÷7年＝15万円

〔長期平準定期保険〕

「保険料払込期間」と「保険期間の当初60％相当期間」の関係により、経理処理が異なる。

保険料払込期間が保険期間の当初60％相当期間より短い期間の場合	保険料払込期間が保険期間の当初60％相当期間と同一の場合	保険料払込期間が保険期間の当初60％相当期間より長い期間の場合
保険料払込期間中	保険期間の当初60％相当期間	
●当期分保険料の1／2を損金算入 ●当期分保険料の1／2を資産計上（前払保険料①） ●年間保険料－当期分保険料を資産計上（前払保険料②）		
保険料払込期間満了から保険期間の当初60％相当期間まで ●当期分保険料の1／2を損金算入 ●当期分保険料の1／2を資産計上（前払保険料①） （資産計上した前払保険料②からの取崩しによる処理）		保険期間の当初60％相当期間から保険料払込期間満了まで ●当期分保険料の全額を損金算入 ●保険期間の当初60％相当期間で資産計上した前払保険料①の累計額を残りの保険期間で均等に取り崩して損金算入 ●年間保険料－当期分保険料を資産計上（前払保険料②）
保険期間の残り40％相当期間		保険料払込期間満了以降の期間
●当期分保険料の全額を損金算入（資産計上した前払保険料②からの取崩しによる処理） ●保険期間の当初60％相当期間で資産計上した前払保険料①の累計額を残りの保険期間で均等に取り崩して損金算入		

■保険料払込期間が保険期間の当初60%相当期間より短い場合

例）保険期間40年（40歳契約）、保険料払込期間10年の長期平準定期保険の年払保険料160万円を支払った。

1年目～10年目の経理処理

借　方	貸　方
定期保険料　　20万円 前払保険料　140万円	現金または預金 　　　　　　　160万円

(注) 当期分保険料　$160万円 \times 10年 \times \dfrac{1}{40年} = 40万円$

11年目～24年目の経理処理

借　方	貸　方
定期保険料　20万円	前払保険料　20万円

25年目～40年目の経理処理

借　方	貸　方
定期保険料　70万円	前払保険料　70万円

(注)・当期分保険料全額を損金の額に算入する。
・保険期間の当初60％相当期間で資産に計上した、「当期分保険料の1／2」の累計額を残りの期間で均等に取り崩す。20万円×24年÷16年＝30万円
・40万円＋30万円＝70万円

(注) 特約保険料を短期払するときは、「定期保険（全額損金タイプ）」の例に準じて、経理処理する。

〔がん保険　終身保障タイプ（有期払）〕

契約日が2012年4月26日以前となるがん保険・終身保険タイプ(有期払)については、課審4-100（P298）の取扱いとなり、医療保険・終身保障タイプ（有期払）に準じる（P279）。

「保険料払込期間」と「前払期間」の関係により、経理処理が異なる。

※「前払期間」とは、「契約年齢から105歳までの期間の当初50％に相当する期間」をいう。
※前払期間に1年未満の端数がある場合には、その端数を切り捨てた期間を前払期間とする。

保険料払込期間が前払期間より 短い期間の場合	保険料払込期間が前払期間と 同一の場合	保険料払込期間が前払期間より 長い期間の場合
保険料払込期間中	前払期間	
●当期分保険料の1／2を損金算入、1／2を資産計上 ●支払保険料－当期分保険料を資産計上		
保険料払込期間満了から 前払期間まで		前払期間経過後から 保険料払込期間満了まで
●当期分保険料の1／2を損金算入（資産計上した前払保険料累計額からの取崩しによる処理）		●当期分保険料の全額を損金算入 ●取崩損金算入額を損金算入（資産計上した前払保険料累計額からの取崩しによる処理） ●支払保険料－当期分保険料を資産計上
前払期間経過後の期間（残り50％に相当する期間）		保険料払込期間満了以降の期間
●当期分保険料の全額を損金算入 ●取崩損金算入額を損金算入（資産計上した前払保険料累計額からの取崩しによる処理）		

※当期分保険料＝支払保険料$\times \dfrac{保険料払込期間}{105歳 - 契約年齢}$

※取崩損金算入額＝$\dfrac{\left(\dfrac{当期分保険料}{2} \times 前払期間 \right)}{105歳 - 契約年齢 - 前払期間}$

■保険料払込期間が前払期間より短い場合

例）45歳契約、保険料払込期間20年のがん保険（終身保障タイプ）の年払保険料60万円を支払った。

1年目〜20年目の経理処理

借　方		貸　方	
保険料	10万円	現金または預金	
前払保険料	50万円		60万円

（注）当期分保険料　$60万円 \times 20年 \times \dfrac{1}{60年} = 20万円$

21年目〜30年目の経理処理

借　方		貸　方	
保険料	10万円	前払保険料	10万円

31年目〜60年目の経理処理

借　方		貸　方	
保険料	30万円	前払保険料	30万円

（注）・当期分保険料全額を損金の額に算入する。
・前払期間で資産に計上した、「当期分保険料の1／2」の累計額を残りの期間で均等に取り崩す。10万円×30年÷30年＝10万円
・20万円＋10万円＝30万円

〔医療保険　終身保障タイプ（有期払）〕

2013（平成25）年3月21日以降を契約日とする無解約返戻金型、保険料払込期間中無解約返戻金型
●全額損金算入
上記以外
●長期平準定期保険の短期払込に準じる

【ご確認ください】

1．死亡保険金・高度障害保険金

　　法人の退職金・弔慰金規定等により死亡保険金・高度障害保険金を財源の一部として退職金・弔慰金（見舞金）を支払った場合、原則としてその金額は損金に算入できます。ただし、役員の場合には損金算入額に限度があるため注意が必要です。

2．解約返戻金

　　法人の退職金規定等により、解約返戻金を財源の一部として勇退退職金を支払った場合、原則としてその金額は損金に算入できます。ただし、役員の場合には損金算入額に限度があるため注意が必要です。

3．入院給付金等

　　法人の慶弔見舞金規定等により見舞金を支払った場合、原則としてその金額は損金に算入できます。

4．役員退職金・見舞金

　　役員退職金の損金算入範囲、見舞金の妥当な額等の詳細については、税理士等の専門家にご相談ください。

［2］ 法人契約関係法令 および通達抜粋

1．法人契約関係法令抜粋

役員給与の損金不算入

（法人税法第34条第2項）

内国法人がその役員に対して支給する給与（前項または次項の適用があるものを除く。）の額のうち不相当に高額な部分の金額として政令で定める金額は、その内国法人の各事業年度の所得の金額の計算上、損金の額に算入しない。

過大な役員給与の額

（法人税法施行令第70条）

法第34条第2項（役員給与の損金不算入）に規定する政令で定める金額は、次に掲げる金額の合計額とする。

（1）次に掲げる金額のうちいずれか多い金額

イ　内国法人が各事業年度においてその役員に対して支給した給与（法第34条第2項に規定する給与のうち、退職給与以外のものをいう。以下この号において同じ。）の額（第3号に掲げる金額に相当する金額を除く。）が、当該役員の職務の内容、その内国法人の収益及びその使用人に対する給与の支給の状況、その内国法人と同種の事業を営む法人でその事業規模が類似するものの役員に対する給与の支給の状況等に照らし、当該役員の職務に対する対価として相当であると認められる金額を超える場合におけるその超える部分の金額（その役員の数が2以上である場合には、これらの役員に係る当該超える部分の金額の合計額）

ロ　定款の規定又は株主総会、社員総会若しくはこれらに準ずるものの決議により役員に対す

る給与として支給することができる金銭の額の限度額若しくは算定方法又は金銭以外の資産（ロにおいて「支給対象資産」という。）の内容（ロにおいて「限度額等」という。）を定めている内国法人が、各事業年度においてその役員（当該限度額等が定められた給与の支給の対象となるものに限る。ロにおいて同じ。）に対して支給した給与の額（法第34条第5項に規定する使用人としての職務を有する役員（第3号において「使用人兼務役員」という。）に対して支給する給与のうちその使用人としての職務に対するものを含めないで当該限度額等を定めている内国法人については、当該事業年度において当該職務に対する給与として支給した金額（同号に掲げる金額に相当する金額を除く。）のうち、その内国法人の他の使用人に対する給与の支給の状況等に照らし、当該職務に対する給与として相当であると認められる金額を除く。）の合計額が当該事業年度に係る当該限度額及び当該算定方法により算定された金額並びに当該支給対象資産（当該事業年度に支給されたものに限る。）の支給の時における価額に相当する金額の合計額を超える場合におけるその超える部分の金額（同号に掲げる金額がある場合には、当該超える部分の金額から同号に掲げる金額に相当する金額を控除した金額）

（2）内国法人が各事業年度においてその退職した役員に対して支給した退職給与の額が、当該役員のその内国法人の業務に従事した期間、その退職の事情、その内国法人と同種の事業を営む

営む法人でその事業規模が類似するものの役員に対する退職給与の支給の状況等に照らし、その退職した役員に対する退職給与として相当であると認められる金額を超える場合におけるその超える部分の金額

（3）使用人兼務役員の使用人としての職務に対する賞与で、他の使用人に対する賞与の支給時期と異なる時期に支給したものの額

役員に対する退職給与の損金算入の時期
（法人税基本通達 9 - 2 -28）

退職した役員に対する退職給与の額の損金算入の時期は、株主総会の決議等によりその額が具体的に確定した日の属する事業年度とする。ただし、法人がその退職給与の額を支給した日の属する事業年度においてその支給した額につき損金経理をした場合には、これを認める。

弔慰金等の取扱い
（相続税法基本通達 3 -20）

被相続人の死亡により相続人その他の者が受ける弔慰金、花輪代、葬祭料等（以下「弔慰金等」という。）については、3 -18及び3 -19に該当すると認められるものを除き、次に掲げる金額を弔慰金等に相当する金額として取り扱い、当該金額を超える部分の金額があるときは、その超える部分に相当する金額は退職手当金等に該当するものとして取り扱うものとする。

（1）被相続人の死亡が業務上の死亡であるときは、その雇用主等から受ける弔慰金等のうち、当該被相続人の死亡当時における賞与以外の普通給与（俸給、給料、賃金、扶養手当、勤務地手当、特殊勤務地手当等の合計額をいう。以下同じ。）の 3 年分（遺族の受ける弔慰金等の合計額のうち 3 -23に掲げるものからなる部分の金額が 3 年分を超えるときはその金額）に相当する金額

（2）被相続人の死亡が業務上の死亡でないときは、その雇用主等から受ける弔慰金等のうち、当該被相続人の死亡当時における賞与以外の普通給与の半年分（遺族の受ける弔慰金等の合計額のうち、3 -23に掲げるものからなる部分の金額が半年分を超えるときはその金額）に相当する金額

保険契約等に関する権利の評価
（所得税基本通達36-37）

使用者が役員又は使用人に対して支給する生命保険契約若しくは損害保険契約又はこれらに類する共済契約に関する権利については、その支給時において当該契約を解除したとした場合に支払われることとなる解約返戻金の額（解約返戻金のほかに支払われることとなる前納保険料の金額、剰余金の分配額等がある場合には、これらの金額との合計額）により評価する。

2．法人契約の保険料関係通達抜粋

短期の前払費用
（法人税基本通達 2 - 2 -14）

前払費用（一定の契約に基づき継続的に役務の提供を受けるために支出した費用のうち当該事業年度終了の時においてまだ提供を受けていない役務に対応するものをいう。以下 2 - 2 -14において同じ。）の額は、当該事業年度の損金の額に算入されないのであるが、法人が、前払費用の額でその支払った日から 1 年以内に提供を受ける役務に係るものを支払った場合において、その支払った額に相当する金額を継続し

てその支払った日の属する事業年度の損金の額に算入しているときは、これを認める。

（注）例えば借入金を預金、有価証券等に運用する場合のその借入金に係る支払利子のように、収益の計上と対応させる必要があるものについては、後段の取扱いの適用はないものとする。

養老保険に係る保険料
（法人税基本通達 9 - 3 - 4 ）

法人が、自己を契約者とし、役員又は使用人（これらの者の親族を含む。）を被保険者とする

養老保険（被保険者の死亡又は生存を保険事故とする生命保険をいい、傷害特約等の特約が付されているものを含むが、9－3－6に定める定期付養老保険を含まない。以下9－3－7までにおいて同じ。）に加入してその保険料（令第135条《確定給付企業年金等の掛金等の損金算入》の規定の適用があるものを除く。以下9－3－4において同じ。）を支払った場合には、その支払った保険料の額（傷害特約等の特約に係る保険料の額を除く。）については、次に掲げる場合の区分に応じ、それぞれ次により取り扱うものとする。

（1）死亡保険金（被保険者が死亡した場合に支払われる保険金をいう。以下9－3－5までにおいて同じ。）及び生存保険金（被保険者が保険期間の満了の日その他一定の時期に生存している場合に支払われる保険金をいう。以下9－3－4において同じ。）の受取人が当該法人である場合　その支払った保険料の額は、保険事故の発生又は保険契約の解除若しくは失効により当該保険契約が終了する時までは資産に計上するものとする。

（2）死亡保険金及び生存保険金の受取人が被保険者又はその遺族である場合　その支払った保険料の額は、当該役員又は使用人に対する給与とする。

（3）死亡保険金の受取人が被保険者の遺族で、生存保険金の受取人が当該法人である場合　その支払った保険料の額のうち、その2分の1に相当する金額は（1）により資産に計上し、残額は期間の経過に応じて損金の額に算入する。ただし、役員又は部課長その他特定の使用人（これらの者の親族を含む。）のみを被保険者としている場合には、当該残額は、当該役員又は使用人に対する給与とする。

定期保険に係る保険料
（法人税基本通達9－3－5）

　法人が、自己を契約者とし、役員又は使用人（これらの者の親族を含む。）を被保険者とする定期保険（一定期間内における被保険者の死亡を保険事故とする生命保険をいい、傷害特約等

の特約が付されているものを含む。以下9－3－7までにおいて同じ。）に加入してその保険料を支払った場合には、その支払った保険料の額（傷害特約等の特約に係る保険料の額を除く。）については、次に掲げる場合の区分に応じ、それぞれ次により取り扱うものとする。

（1）死亡保険金の受取人が当該法人である場合　その支払った保険料の額は、期間の経過に応じて損金の額に算入する。

（2）死亡保険金の受取人が被保険者の遺族である場合　その支払った保険料の額は、期間の経過に応じて損金の額に算入する。ただし、役員又は部課長その他特定の使用人（これらの者の親族を含む。）のみを被保険者としている場合には、当該保険料の額は、当該役員又は使用人に対する給与とする。

定期付養老保険に係る保険料
（法人税基本通達9－3－6）

　法人が、自己を契約者とし、役員又は使用人（これらの者の親族を含む。）を被保険者とする定期付養老保険（養老保険に定期保険を付したものをいう。以下9－3－7までにおいて同じ。）に加入してその保険料を支払った場合には、その支払った保険料の額（傷害特約等の特約に係る保険料の額を除く。）については、次に掲げる場合の区分に応じ、それぞれ次により取り扱うものとする。

（1）当該保険料の額が生命保険証券等において養老保険に係る保険料の額と定期保険に係る保険料の額とに区分されている場合　それぞれの保険料の額について9－3－4又は9－3－5の例による。

（2）（1）以外の場合　その保険料の額について9－3－4の例による。

傷害特約等に係る保険料
（法人税基本通達9－3－6の2）

　法人が、自己を契約者とし、役員又は使用人（これらの者の親族を含む。）を被保険者とする傷害特約等の特約を付した養老保険、定期保険又は定期付養老保険に加入し、当該特約に係る

保険料を支払った場合には、その支払った保険料の額は、期間の経過に応じて損金の額に算入することができる。ただし、役員又は部課長その他特定の使用人（これらの者の親族を含む。）のみを傷害特約等に係る給付金の受取人としている場合には、当該保険料の額は、当該役員又は使用人に対する給与とする。

払済保険へ変更した場合

（法人税基本通達9－3－7の2）

　法人が既に加入している生命保険をいわゆる払済保険に変更した場合には、原則として、その変更時における解約返戻金相当額とその保険契約により資産に計上している保険料の額（以下9－3－7の2において「資産計上額」という。）との差額を、その変更した日の属する事業年度の益金の額又は損金の額に算入する。ただし、既に加入している生命保険の保険料の全額（傷害特約等に係る保険料の額を除く。）が役員又は使用人に対する給与となる場合は、この限りでない。

（注）1　養老保険、終身保険及び年金保険（定期保険特約が付加されていないものに限る。）から同種類の払済保険に変更した場合に、本文の取扱いを適用せずに、既往の資産計上額を保険事故の発生又は解約失効等により契約が終了するまで計上しているときは、これを認める。

　　　2　本文の解約返戻金相当額については、その払済保険へ変更した時点において当該変更後の保険と同一内容の保険に加入

して保険期間の全部の保険料を一時払いしたものとして、9－3－4から9－3－6までの例により処理するものとする。

　3　払済保険が復旧された場合には、払済保険に変更した時点で益金の額又は損金の額に算入した金額を復旧した日の属する事業年度の損金の額又は益金の額に、また、払済保険に変更した後に損金の額に算入した金額は復旧した日の属する事業年度の益金の額に算入する。

契約者配当

（法人税基本通達9－3－8）

　法人が生命保険契約（適格退職年金契約に係るものを含む。）に基づいて支払を受ける契約者配当の額については、その通知（据置配当については、その積立てをした旨の通知）を受けた日の属する事業年度の益金の額に算入するのであるが、当該生命保険契約が9－3－4の（1）に定める場合に該当する場合（9－3－6の（2）により9－3－4の（1）の例による場合を含む。）には、当該契約者配当の額を資産に計上している保険料の額から控除することができるものとする。

> （注）終身保険・定期付終身保険・積立型終身保険・収入保障保険についての通達はありません。したがって、一般的に養老保険・定期付養老保険・定期保険の通達を類推適用しています。

長期平準定期保険等の保険料の取扱いについて

昭62年6月16日直法2－2（例規）、
平8年7月4日課法2－3（例規）、
平20年2月28日課法2－3・課審5－18

1　対象とする定期保険の範囲

　この通達に定める取扱いの対象とする定期保険は、法人が、自己を契約者とし、役員又は使用人（これらの者の親族を含む。）を被保険者

として加入した定期保険（一定期間内における被保険者の死亡を保険事故とする生命保険をいい、障害特約等の特約の付されているものを含む。以下同じ。）のうち、次に掲げる長期平準定期保険及び逓増定期保険（以下これらを「長期平準定期保険等」という。）とする。（平8年課法2－3、平20年課法2－3により改正）

（1）長期平準定期保険（その保険期間満了の時における被保険者の年齢が70歳を超え、かつ、

当該保険に加入した時における被保険者の年齢に保険期間の2倍に相当する数を加えた数が105を超えるものをいい、（2）に該当するものを除く。）

（2）逓増定期保険（保険期間の経過により保険金額が5倍までの範囲で増加する定期保険のうち、その保険期間満了の時における被保険者の年齢が45歳を超えるものをいう。）

（注）「保険に加入した時における被保険者の年齢」とは、保険契約証書に記載されている契約年齢をいい、「保険期間満了の時における被保険者の年齢」とは、契約年齢に保険期間の年数を加えた数に相当する年齢をいう。

2　長期平準定期保険等に係る保険料の損金算入時期

　法人が長期平準定期保険等に加入してその保険料を支払った場合（役員又は部課長その他特定の使用人（これらの者の親族を含む。）のみを被保険者とし、死亡保険金の受取人を被保険者の遺族としているため、その保険料の額が当該役員又は使用人に対する給与となる場合を除く。）には、法人税基本通達9−3−5及び9−3−6《定期保険に係る保険料等》にかかわらず、次により取り扱うものとする。（平8年課法2−3、平20年課法2−3により改正）

（1）次表に定める区分に応じ、それぞれ次表に定める前払期間を経過するまでの期間にあっては、各年の支払保険料の額のうち次表に定める資産計上額を前払金等として資産に計上し、残額については、一般の定期保険（法人税基本通達9−3−5の適用対象となる定期保険をいう。以下同じ。）の保険料の取扱いの例により損金の額に算入する。

〔前払期間、資産計上額等の表〕

	区分	前払期間	資産計上額
（1）長期平準定期保険	保険期間満了の時における被保険者の年齢が70歳を超え、かつ、当該保険に加入した時における被保険者の年齢に保険期間の2倍に相当する数を加えた数が105を超えるもの	保険期間の開始の時から当該保険期間の60％に相当する期間	支払保険料の2分の1に相当する金額
（2）逓増定期保険	①保険期間満了の時における被保険者の年齢が45歳を超えるもの（②又は③に該当するものを除く。）	保険期間の開始の時から当該保険期間の60％に相当する期間	支払保険料の2分の1に相当する金額
	②保険期間満了の時における被保険者の年齢が70歳を超え、かつ、当該保険に加入した時における被保険者の年齢に保険期間の2倍に相当する数を加えた数が95を超えるもの（③に該当するものを除く。）	同上	支払保険料の3分の2に相当する金額
	③保険期間満了の時における被保険者の年齢が80歳を超え、かつ、当該保険に加入した時における被保険者の年齢に保険期間の2倍に相当する数を加えた数が120を超えるもの	同上	支払保険料の4分の3に相当する金額

（注）前払期間に1年未満の端数がある場合には、その端数を切り捨てた期間を前払期間とする。

（2）保険期間のうち前払期間を経過した後の期間にあっては、各年の支払保険料の額を一般の定期保険の保険料の取扱いの例により損金の額に算入するとともに、（1）により資産に計上した前払金等の累積額をその期間の経過に応じ取り崩して損金の額に算入する。

（注）1　保険期間の全部又はその数年分の保険料をまとめて支払った場合には、いったんその保険料の全部を前払金として資産に計上し、その支払の対象となった期間（全保険期間分の保険料の合計額をその全保険期間を下回る一定の期間に分割して支払う場合には、その全保険期間とする。）の経過に応ずる経過期間分の保

　　　　険料について、（1）又は（2）の処理
　　　　を行うことに留意する。
2　養老保険等に付された長期平準定期保険等
特約（特約の内容が長期平準定期保険等と同様
のものをいう。）に係る保険料が主契約たる当
該養老保険等に係る保険料と区分されている場
合には、当該特約に係る保険料についてこの通
達に定める取扱いの適用があることに留意する。
（経過的取扱い…逓増定期保険に係る改正通達

の適用時期）
　　この法令解釈通達による改正後の取扱いは平
成20年2月28日以後の契約に係る改正後の1
（2）に定める逓増定期保険（2（2）の注2
の適用を受けるものを含む。）の保険料につい
て適用し、同日前の契約に係る改正前の1
（2）に定める逓増定期保険の保険料について
は、なお従前の例（※）による。（平20年課法
2−3により追加）

（※）従前の取扱い

〔前払期間、資産計上額等の表〕

区分		前払期間	資産計上額
逓増定期保険	①保険期間満了の時における被保険者の年齢が60歳を超え、かつ、当該保険に加入した時における被保険者の年齢に保険期間の2倍に相当する数を加えた数が90を超えるもの（②又は③に該当するものを除く。）	保険期間の開始の時から当該保険期間の60％に相当する期間	支払保険料の2分の1に相当する金額
	②保険期間満了の時における被保険者の年齢が70歳を超え、かつ、当該保険に加入した時における被保険者の年齢に保険期間の2倍に相当する数を加えた数が105を超えるもの（③に該当するものを除く。）	同上	支払保険料の3分の2に相当する金額
	③保険期間満了の時における被保険者の年齢が80歳を超え、かつ、当該保険に加入した時における被保険者の年齢に保険期間の2倍に相当する数を加えた数が120を超えるもの	同上	支払保険料の4分の3に相当する金額

解約返戻金のない定期保険の取扱いについて

（問）
　　法人が自己を契約者及び保険金受取人と
し、役員又は従業員を被保険者として次の
ような内容の定期保険に加入した場合には、
被保険者の加入年齢等によっては長期平準
定期保険の要件に該当するときもあります
が、契約者である法人の払い込む保険料は、
定期保険の原則的な処理に従って、その支
払時に損金の額に算入して差し支えないで
しょうか。

（定期保険の内容）
1　保険事故及び保険金
・被保険者が死亡した場合…死亡保険金
・被保険者が高度障害状態に該当した場合
　…高度障害保険金
2　保険期間と契約年齢

保険期間	加入年齢
30歳満了	0歳から50歳まで
70歳満了	0歳から65歳まで
75歳満了	0歳から70歳まで
80歳満了	0歳から75歳まで

3　保険料払込期間
保険期間と同一期間（短期払込はない）
4　払戻金

この保険は掛捨てで、いわゆる満期保険金はありません。

　また、契約失効、契約解除、解約、保険金の減額及び保険期間の変更等によっても、金銭の払戻しはありません。

　(注)　傷害特約等が付された場合も解約返戻金等の支払は一切ありません。

【答】

　契約者である法人の払い込む保険料は、その支払時に損金の額に算入することが認められます。

【解説】

（1）定期保険の税務上の取扱い

　定期保険は、養老保険と異なり満期返戻金や配当金がないことから、その支払保険料については、原則として、資産に計上することを要せず、その支払時に支払保険料、福利厚生費又は給与として損金の額に算入することとされています（法基通9-3-5）。

　ただし、定期保険といっても、保険期間が非常に長期に設定されている場合には、年を経るに従って事故発生率が高くなるため、本来は保険料は年を経るに従って高額になりますが、実際の支払保険料は、その長期の保険期間にわたって平準化して算定されることから、保険期間の前半において支払う保険料の中に相当多額の前払保険料が含まれることとなります。このため、例えば、保険期間の前半に中途解約をしたような場合は、支払保険料の相当部分が解約返戻金として契約者に支払われることになり、支払保険料を支払時に損金算入することに課税上の問題が生じます。

　そこで、このような問題を是正するため、一

定の要件を満たす長期平準定期保険の保険料については、保険期間の60％に相当する期間に支払う保険料の2分の1相当額を前払保険料等として資産計上することとされています（平8.7.4付・課法2-3「法人が支払う長期平準定期保険等の保険料の取扱いについて」通達参照）。

　(注)　長期平準定期保険とは、その保険期間満了の時における被保険者の年齢が70歳を超え、かつ、当該保険に加入した時における被保険者の年齢に保険期間の2倍に相当する数を加えた数が105を超えるものをいいます。

（2）解約返戻金のない定期保険の取扱い

　本件の定期保険についても、加入年齢によっては、上記の長期平準定期保険の要件に該当する場合がありますが、当該定期保険は、その契約内容によると、支払保険料は掛捨てで、契約失効、契約解除、解約、保険金の減額及び保険期間の変更等があっても、一切解約返戻金等の支払はなく、純粋な保障のみを目的とした商品となっています。

　したがって、当該定期保険については、保険料の支払時の損金算入による税効果を利用して、一方で簿外資金を留保するといった、課税上の問題は生じることもなく、また、長期平準定期保険の取扱いは本件のような解約返戻金の支払が一切ないものを対象とする趣旨ではありません。

　このため、本件定期保険については、長期平準定期保険の取扱いを適用せず、定期保険の一般的な取扱い（法基通9-3-5）に従って、その支払った保険料の額は、期間の経過に応じて損金の額に算入して差し支えないものと考えられます。

〔国税庁通達等より〕

がん保険（終身保障タイプ）・医療保険（終身保障タイプ）の保険料の取扱いについて

課審4-100

平成13年8月10日

平成24年4月27日課法2-3、課審5-5により

改正

国税局長　殿

沖縄国税事務所長　殿

国税庁長官

　法人契約の「がん保険（終身保障タイプ）・医

療保険（終身保障タイプ）」の保険料の取扱い
について（法令解釈通達）

　標題のことについて、社団法人生命保険協会
から別紙2のとおり照会があり、これに対して
当庁課税部長名をもって別紙1のとおり回答し
たから、平成13年9月1日以降にその保険に係
る保険料の支払期日が到来するものからこれに
よられたい。
　なお、昭和50年10月6日付直審4-76「法人
契約のがん保険の保険料の取扱いについて」
（法令解釈通達）は、平成13年9月1日をもっ
て廃止する。
　おって、この法令解釈通達による保険料の取
扱いのうち、がん保険（終身保障タイプ）に係
る取扱いは、平成24年4月27日をもって廃止す
る。ただし、同日前の契約に係るがん保険（終
身保障タイプ）に係る取扱いについては、なお
従前の例による。

別紙1

　　　　　　　　　　　　　　　課審4－99
　　　　　　　　　　　　　平成13年8月10日
社団法人　生命保険協会
専務理事　諏訪　茂　殿

　　　　　　　　　　　　　国税庁課税部長
　　　　　　　　　　　　　　　村上喜堂

法人契約の「がん保険（終身保障タイプ）・医
療保険（終身保障タイプ）」の保険料の取扱い
について（平成13年8月8日付企第250号照会
に対する回答）

　標題のことについて、貴見のとおり取り
扱って差し支えありません。
　なお、御照会に係る事実関係が異なる場合又
は新たな事実が生じた場合には、この回答内容
と異なる課税関係が生ずることがあります。
　おって、当庁においては、平成13年9月1日
以降にその保険に係る保険料の支払期日が到来
するものから御照会のとおり取り扱うこととし
ましたので申し添えます。

別紙2

　　　　　　　　　　　　　　　企第250号
　　　　　　　　　　　　　平成13年8月8日
国税庁
課税部長　村上喜堂　殿

　　　　　　　　　　　社団法人生命保険協会
　　　　　　　　　　　専務理事　諏訪　茂

がん保険（終身保障タイプ）及び医療保険（終
身保障タイプ）に関する税務上の取扱について

　当協会の加盟会社の中には、下記の内容のが
ん保険（終身保障タイプ）及び医療保険（終身
保障タイプ）を販売している会社があります。
　つきましては、法人が自己を契約者とし、役
員又は使用人（これらの者の親族を含む。）を
被保険者としてがん保険（終身保障タイプ）及
び医療保険（終身保障タイプ）に加入した場合
の保険料の取扱いについては、以下のとおり取
り扱って差し支えないか、貴庁の御意見をお伺
いしたく御照会申し上げます。

　　　　　　　　　　　記
＜がん保険（終身保障タイプ）の概要＞
1．主たる保険事故及び保険金
　　保険事故　　　　　　保険金
　　初めてがんと診断　　がん診断給付金
　　がんによる入院　　　がん入院給付金
　　がんによる手術　　　がん手術給付金
　　がんによる死亡　　　がん死亡保険金
　（注）保険期間の終了（保険事故の発生による
　　　　終了を除く。）に際して支払う保険金は
　　　　ない。
　　　　なお上記に加えて、がん以外の原因によ
　　　　り死亡した場合にごく小額の普通死亡保
　　　　険金を支払うものもある。
2．保険期間　　　　　終身
3．保険料払込方法　　一時払、年払、半年払、
　　　　　　　　　　　月払
4．保険料払込期間　　終身払込、有期払込
5．保険金受取人　　　会社、役員又は使用人
　　　　　　　　　　　（これらの者の親族を含む。）

6．払戻金

　この保険は、保険料は掛け捨てでいわゆる満期保険金はないが、保険契約の失効、告知義務違反による解除及び解約等の場合には、保険料の払込期間に応じた所定の払戻金が保険契約者に払い戻される。これは、保険期間が長期にわたるため、高齢化するにつれて高まる死亡率等に対して、平準化した保険料を算出しているためである。

＜医療保険（終身保障タイプ）の概要＞
1．主たる保険事故及び保険金
　　保険事故　　　　　　　保険金
　　災害による入院　　　　災害入院給付金
　　病気による入院　　　　病気入院給付金
　　災害又は病気による手術　手術給付金
（注）保険期間の終了（保険事故の発生による終了を除く。）に際して支払う保険金はない。
　　　なお上記に加えて、ごく小額の普通死亡保険金を支払うものもある。
2．保険期間　　　　　　終身
3．保険料払込方法　　　一時払、年払、半年払、月払
4．保険料払込期間　　　終身払込、有期払込
5．保険金受取人　　　　会社、役員又は使用人（これらの者の親族を含む。）
6．払戻金

　この保険は、保険料は掛け捨てでいわゆる満期保険金はないが、保険契約の失効、告知義務違反による解除及び解約等の場合には、保険料の払込期間に応じた所定の払戻金が保険契約者に払い戻される。これは、保険期間が長期にわたるため、高齢化するにつれて高まる死亡率等に対して、平準化した保険料を算出しているためである。

＜保険料の税務上の取扱いについて＞
1．保険金受取人が会社の場合
（1）終身払込の場合は、保険期間の終了（保険事故の発生による終了を除く。）に際して支払う保険金がないこと及び保険契約者にとって毎年の付保利益は一定であることから、保険料は保険期間の経過に応じて平準的に費用化することが最も自然であり、その払込の都度損金の額に算入する。

（2）有期払込の場合は、保険料払込期間と保険期間の経過とが対応しておらず、支払う保険料の中に前払保険料が含まれていることから、生保標準生命表の最終の年齢「男性106歳、女性109歳」を参考に「105歳」を「計算上の満期到達時年齢」とし、払込保険料に「保険料払込期間を105歳と加入時年齢の差で除した割合」を乗じた金額を損金の額に算入し、残余の金額を積立保険料として資産に計上する。

（3）保険料払込満了後は、保険料払込満了時点の資産計上額を「105歳と払込満了時年齢の差」で除した金額を資産計上額より取り崩して、損金の額に算入する。ただし、この取り崩し額は年額であるため、払込満了時が事業年度の中途である場合には、月数あん分により計算する。
2．保険金受取人が役員又は使用人（これらの者の親族を含む。）の場合

（1）終身払込の場合は、保険期間の終了（保険事故の発生による終了を除く。）に際して支払う保険金がないこと及び保険契約者にとって毎年の付保利益は一定であることから、保険料は保険期間の経過に応じて平準的に費用化することが最も自然であり、その払込の都度損金の額に算入する。

（2）有期払込の場合は、保険料払込期間と保険期間の経過とが対応しておらず、支払う保険料の中に前払保険料が含まれていることから、生保標準生命表の最終の年齢「男性106歳、女性109歳」を参考に「105歳」を「計算上の満期到達時年齢」とし、払込保険料に「保険料払込期間を105歳と加入時年齢の差で除した割合」を乗じた金額を損金の額に算入し、残余の金額を積立保険料として資産に計上する。

（3）保険料払込満了後は、保険料払込満了時点の資産計上額を「105歳と払込満了時年齢の差」で除した金額を資産計上額より取り崩して、損金の額に算入する。ただし、この取り崩し額は年額であるため、払込満了時が事業年度の中途

途である場合には、月数あん分により計算する。
（4）ただし、役員又は部課長その他特定の使用人（これらの者の親族を含む。）のみを被保険者としている場合には、当該役員又は使用人に対する給与とする。　　　　　　　　以上

がん保険（終身保障タイプ）の保険料の取扱いについて（平成24年 4 月27日以後）

課法 2 － 5
課審 5 － 6
平成24年 4 月27日

各国税局長
沖縄国税事務所長　殿

国税庁長官

法人が支払う「がん保険」（終身保障タイプ）の保険料の取扱いについて（法令解釈通達）

　表題のことについては、当面下記により取り扱うこととしたから、これによられたい。

（趣旨）
　保険期間が終身である「がん保険」は、保険期間が長期にわたるものの、高齢化するにつれて高まる発生率等に対し、平準化した保険料を算出していることから、保険期間の前半において中途解約又は失効した場合には、相当多額の解約返戻金が生ずる。このため、支払保険料を単に支払の対象となる期間の経過により損金の額に算入することは適当でない。そこで、その支払保険料を損金の額に算入する時期等に関する取扱いを明らかにすることとしたものである。

記

1．対象とする「がん保険」の範囲
　この法令解釈通達に定める取扱いの対象とする「がん保険」の契約内容等は、以下のとおりである。
（1）契約者等
　法人が自己を契約者とし、役員又は使用人（これらの者の親族を含む。）を被保険者とする契約。
　ただし、役員又は部課長その他特定の使用人（これらの者の親族を含む。）のみを被保険者としており、これらの者を保険金受取人としていることによりその保険料が給与に該当する場合の契約を除く。
（2）主たる保険事故及び保険金
　次に掲げる保険事故の区分に応じ、それぞれ次に掲げる保険金が支払われる契約。

保険事故	保険金
初めてがんと診断	がん診断給付金
がんによる入院	がん入院給付金
がんによる手術	がん手術給付金
がんによる死亡	がん死亡保険金

（注）　1　がん以外の原因により死亡した場合にごく小額の普通死亡保険金を支払うものを含むこととする。
　　　　2　毎年の付保利益が一定（各保険金が保険期間を通じて一定であることをいう。）である契約に限る（がん以外の原因により死亡した場合にごく小額の普通死亡保険金を支払う契約のうち、保険料払込期間が有期払込であるもので、保険料払込期間において当該普通死亡保険金の支払がなく、保険料払込期間が終了した後の期間においてごく小額の普通死亡保険金を支払うものを含む。）。
（3）保険期間
　保険期間が終身である契約。
（4）保険料払込方法
　保険料の払込方法が一時払、年払、半年払又は月払の契約。
（5）保険料払込期間
　保険料の払込期間が終身払込又は有期払込の契約。
（6）保険金受取人
　保険金受取人が会社、役員又は使用人（これらの者の親族を含む。）の契約。
（7）払戻金

301

保険料は掛け捨てであり、いわゆる満期保険金はないが、保険契約の失効、告知義務違反による解除及び解約等の場合には、保険料の払込期間に応じた所定の払戻金が保険契約者に払い戻されることがある。

（注）上記の払戻金は、保険期間が長期にわたるため、高齢化するにつれて高まる保険事故の発生率等に対して、平準化した保険料を算出していることにより払い戻されるものである。

2．保険料の税務上の取扱い

法人が「がん保険」に加入してその保険料を支払った場合には、次に掲げる保険料の払込期間の区分等に応じ、それぞれ次のとおり取り扱う。

（1）終身払込の場合

イ　前払期間

加入時の年齢から105歳までの期間を計算上の保険期間（以下「保険期間」という。）とし、当該保険期間開始の時から当該保険期間の50％に相当する期間（以下「前払期間」という。）を経過するまでの期間にあっては、各年の支払保険料の額のうち2分の1に相当する金額を前払金等として資産に計上し、残額については損金の額に算入する。

（注）前払期間に1年未満の端数がある場合には、その端数を切り捨てた期間を前払期間とする。

ロ　前払期間経過後の期間

保険期間のうち前払期間を経過した後の期間にあっては、各年の支払保険料の額を損金の額に算入するとともに、次の算式により計算した金額を、イによる資産計上額の累計額（既にこのロの処理により取り崩した金額を除く。）から取り崩して損金の額に算入する。

［算式］

$$資産計上額の累計額 \times \frac{1}{105 - 前払期間経過年齢}$$

＝損金算入額（年額）

（注）前払期間経過年齢とは、被保険者の加入時年齢に前払期間の年数を加算した年齢をいう。

（2）有期払込（一時払を含む。）の場合

イ　前払期間

保険期間のうち前払期間を経過するまでの期間にあっては、次に掲げる期間の区分に応じ、それぞれ次に定める処理を行う。

①保険料払込期間が終了するまでの期間

次の算式により計算した金額（以下「当期分保険料」という。）を算出し、各年の支払保険料の額のうち、当期分保険料の2分の1に相当する金額と当期分保険料を超える金額を前払金等として資産に計上し、残額については損金の額に算入する。

［算式］

$$支払保険料（年額） \times \frac{保険料払込期間}{保険期間}$$

＝当期分保険料（年額）

（注）保険料払込方法が一時払の場合には、その一時払による支払保険料を上記算式の「支払保険料（年額）」とし、「保険料払込期間」を1として計算する。

②保険料払込期間が終了した後の期間

当期分保険料の2分の1に相当する金額を、①による資産計上額の累計額（既にこの②の処理により取り崩した金額を除く。）から取り崩して損金の額に算入する。

ロ　前払期間経過後の期間

保険期間のうち前払期間を経過した後の期間にあっては、次に掲げる期間の区分に応じ、それぞれ次に定める処理を行う。

①保険料払込期間が終了するまでの期間

各年の支払保険料の額のうち、当期分保険料を超える金額を前払金等として資産に計上し、残額については損金の額に算入する。

また、次の算式により計算した金額（以下「取崩損金算入額」という。）を、イの①による資産計上額の累計額（既にこの①の処理により取り崩した金額を除く。）から取り崩して損金の額に算入する。

［算式］

$$\left[\frac{当期分保険料}{2} \times 前払期間\right]$$

$$\times \frac{1}{105-前払期間経過年齢} = 取崩損金算入額$$

②保険料払込期間が終了した後の期間

　当期分保険料の金額と取崩損金算入額を、イ及びこのロの①による資産計上額の累計額（既にイの②及びこのロの処理により取り崩した金額を除く。）から取り崩して損金の額に算入する。

（3）例外的取扱い

　保険契約の解約等において払戻金のないもの（保険料払込期間が有期払込であり、保険料払込期間が終了した後の解約等においてごく小額の払戻金がある契約を含む。）である場合には、上記（1）及び（2）にかかわらず、保険料の払込の都度当該保険料を損金の額に算入する。

3．適用関係

　上記2の取扱いは、平成24年4月27日以後の契約に係る「がん保険」の保険料について適用する。

嶋田 雅嗣（SHIMADA Masatsugu）

CFP®
1級ファイナンシャル・プランニング技能士
MASTER OF TLC／認定生命保険士（CLU）
日本保険学会、生保経営学会、日本FP学会

法人・富裕層への生命保険セールス術

2013年 3月4日　初版発行
2014年 7月23日　第5刷
2015年 2月25日　改訂初版

著　者　嶋田雅嗣
発行者　福地　健

発　行　株式会社　近代セールス社
　　　　http://www.kindai-sales.co.jp
　　　　〒164-8640
　　　　東京都中野区中央1-13-9
　　　　TEL：03-3366-5701　　FAX：03-3366-2706
印刷・製本　三松堂株式会社

①社長の生命保険加入目的

単位：%

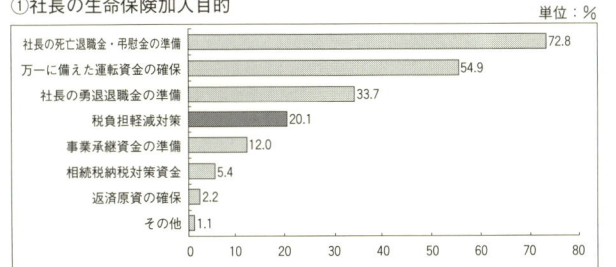

社長の死亡退職金・弔慰金の準備	72.8
万一に備えた運転資金の確保	54.9
社長の勇退退職金の準備	33.7
税負担軽減対策	20.1
事業承継資金の準備	12.0
相続税納税対策資金	5.4
返済原資の確保	2.2
その他	1.1

②年間払込保険料（平準払）

単位：%

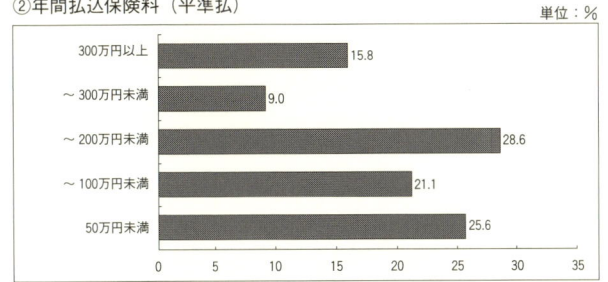

300万円以上	15.8
～300万円未満	9.0
～200万円未満	28.6
～100万円未満	21.1
50万円未満	25.6

③加入保険金額

単位：%

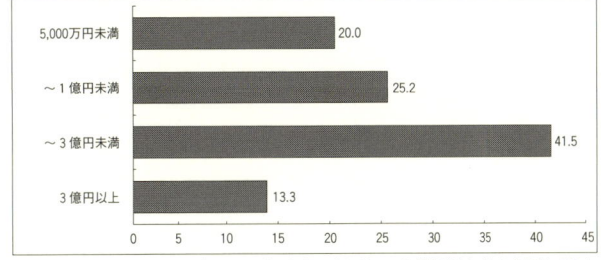

5,000万円未満	20.0
～1億円未満	25.2
～3億円未満	41.5
3億円以上	13.3

①～③セールス手帖社保険FPS研究所「平成24年　企業経営と生命保険に関する調査」

④社長が加入している保険種類

単：%（複数回答）

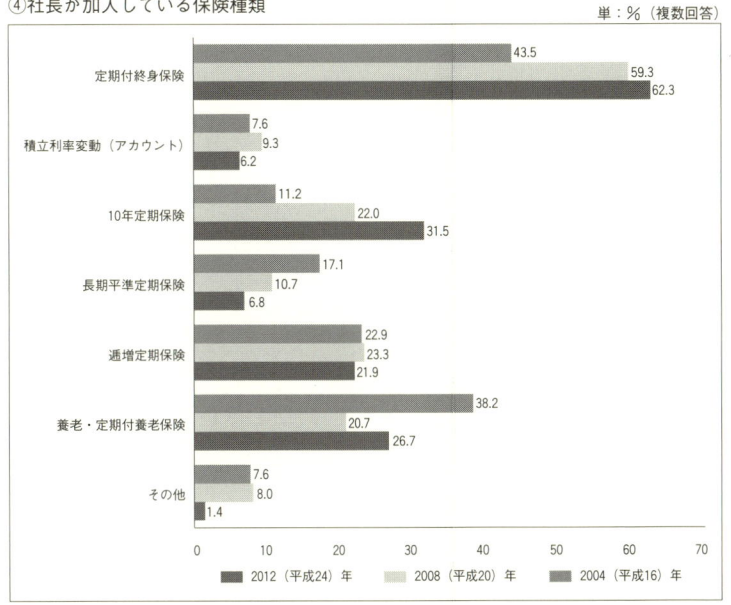

定期付終身保険	43.5 / 59.3 / 62.3
積立利率変動（アカウント）	7.6 / 9.3 / 6.2
10年定期保険	11.2 / 22.0 / 31.5
長期平準定期保険	17.1 / 10.7 / 6.8
逓増定期保険	22.9 / 23.3 / 21.9
養老・定期付養老保険	38.2 / 20.7 / 26.7
その他	7.6 / 8.0 / 1.4

■ 2012（平成24）年　□ 2008（平成20）年　■ 2004（平成16）年

セールス手帖社保険FPS研究所「企業経営と生命保険に関する調査（平成24年、平成20年）」「中小企業経営者アンケート（平成16年）」

⑤今後の加入・見直しの意向

単位：%

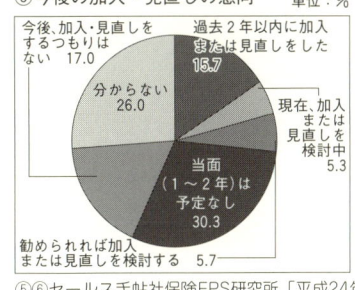

- 今後、加入・見直しをするつもりはない 17.0
- 分からない 26.0
- 過去2年以内に加入または見直しをした 15.7
- 現在、加入または見直しを検討中 5.3
- 当面（1～2年）は予定なし 30.3
- 勧められれば加入または見直しを検討する 5.7

⑥見直しを誰から勧められたか

単位：%

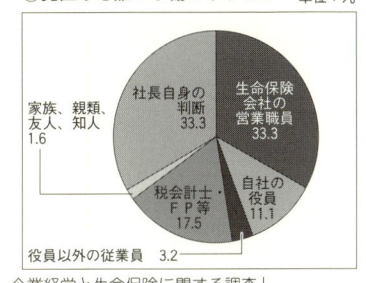

- 社長自身の判断 33.3
- 生命保険会社の営業職員 33.3
- 家族、親類、友人、知人 1.6
- 税会計士・FP等 17.5
- 自社の役員 11.1
- 役員以外の従業員 3.2

⑤⑥セールス手帖社保険FPS研究所「平成24年　企業経営と生命保険に関する調査」

⑦役位別の勇退退職金の平均額

	平均支給額	平均勇退年齢	通算役員在任年数	勇退時報酬月額	平均功績倍率
社　長	5,184万円	66.6歳	17.5年	183.4万円	2.9倍
専　務	3,556万円	62.5歳	13.9年	111.6万円	2.4倍
常　務	1,483万円	64.9歳	12.7年	107.6万円	2.0倍
取締役	1,372万円	63.7歳	16.1年	64.7万円	1.6倍

日本実業出版調べ　2010年7月調査

⑧勇退退職金額の算出方法

		勇退時報酬月額		通算役員在任年数		功績倍率
☐万円	＝	☐万円	×	☐年	×	☐倍

＊創業社長、社業に貢献の大きかった役員は、上記計算で算出された金額に30%を上限に上乗せできる

＊死亡退職の場合は、業務上…勇退時報酬月額×36ヵ月　業務外…勇退時報酬月額×6ヵ月　を弔慰金として支給できる

＊役員勇退退職功労金は功績・責任の度合い、企業の財政事情によって異なる

＊具体的な勇退退職金の算定については、顧問税理士に相談すること（法人税法36条、法人税施行令第72条　等を参照）

長期平準定期の概要（役員勇退退職金準備プラン）

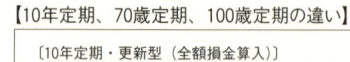

【10年定期、70歳定期、100歳定期の違い】

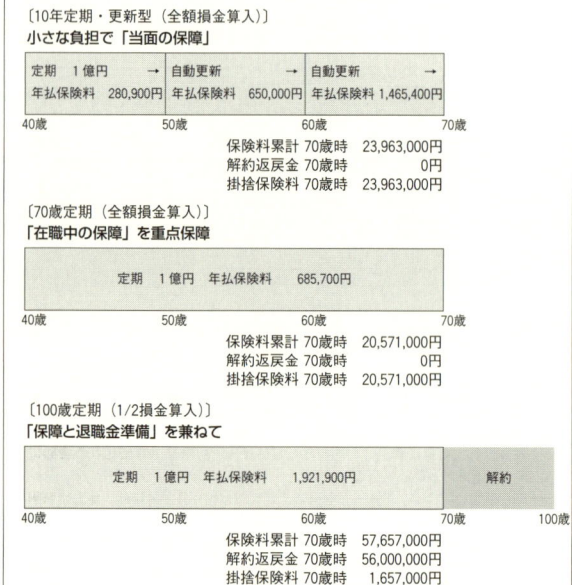

〔10年定期・更新型（全額損金算入）〕
小さな負担で「当面の保障」

定期　1億円	自動更新　→	自動更新　→
年払保険料　280,900円	年払保険料　650,000円	年払保険料　1,465,400円

40歳　　　50歳　　　60歳　　　70歳

保険料累計 70歳時　23,963,000円
解約返戻金 70歳時　0円
掛捨保険料 70歳時　23,963,000円

〔70歳定期（全額損金算入）〕
「在職中の保障」を重点保障

定期　1億円　年払保険料　685,700円

40歳　　　50歳　　　60歳　　　70歳

保険料累計 70歳時　20,571,000円
解約返戻金 70歳時　0円
掛捨保険料 70歳時　20,571,000円

〔100歳定期（1/2損金算入）〕
「保障と退職金準備」を兼ねて

定期　1億円　年払保険料　1,921,900円	解約

40歳　　　50歳　　　60歳　　　70歳　　　100歳

保険料累計 70歳時　57,657,000円
解約返戻金 70歳時　56,000,000円
掛捨保険料 70歳時　1,657,000円

【自然保険料と平準保険料】

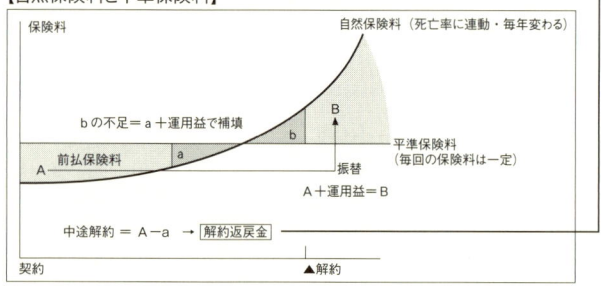

b の不足＝a＋運用益で補填
A＋運用益＝B

中途解約 ＝ A－a → 解約返戻金

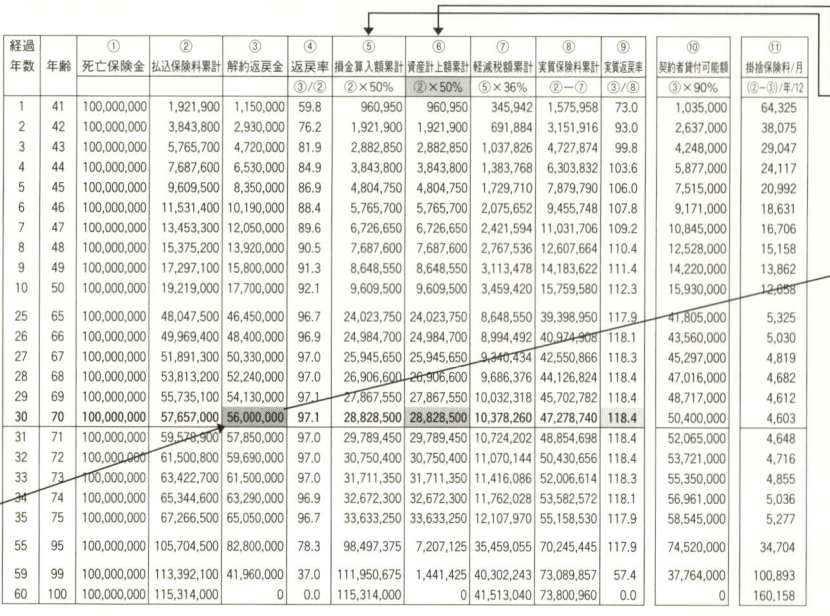

経過年数	年齢	①死亡保険金	②払込保険料累計	③解約返戻金	④返戻率 ③/②	⑤損金算入額累計 ②×50%	⑥資産計上額累計 ②×50%	⑦軽減税額累計 ⑤×36%	⑧実質保険料累計 ②－⑦	⑨実質返戻率 ③/⑧	⑩契約者貸付可能額 ③×90%	⑪掛捨保険料/月 (②－③)/年/12
1	41	100,000,000	1,921,900	1,150,000	59.8	960,950	960,950	345,942	1,575,958	73.0	1,035,000	64,325
2	42	100,000,000	3,843,800	2,930,000	76.2	1,921,900	1,921,900	691,884	3,151,916	93.0	2,637,000	38,075
3	43	100,000,000	5,765,700	4,720,000	81.9	2,882,850	2,882,850	1,037,826	4,727,874	99.8	4,248,000	29,047
4	44	100,000,000	7,687,600	6,530,000	84.9	3,843,800	3,843,800	1,383,768	6,303,832	103.6	5,877,000	24,117
5	45	100,000,000	9,609,500	8,350,000	86.9	4,804,750	4,804,750	1,729,710	7,879,790	106.0	7,515,000	20,992
6	46	100,000,000	11,531,400	10,140,000	88.4	5,765,700	5,765,700	2,075,652	9,455,748	108.7	9,171,000	18,631
7	47	100,000,000	13,453,300	12,050,000	89.6	6,726,650	6,726,650	2,421,594	11,031,706	109.2	10,845,000	16,706
8	48	100,000,000	15,375,200	13,920,000	90.5	7,687,600	7,687,600	2,767,536	12,607,664	110.4	12,528,000	15,158
9	49	100,000,000	17,297,100	15,800,000	91.3	8,648,550	8,648,550	3,113,478	14,183,622	111.4	14,220,000	13,862
10	50	100,000,000	19,219,000	17,700,000	92.1	9,609,500	9,609,500	3,459,420	15,759,580	112.3	15,930,000	12,658
25	65	100,000,000	48,047,500	46,450,000	96.7	24,023,750	24,023,750	8,648,550	39,398,950	117.9	41,805,000	5,325
26	66	100,000,000	49,969,400	48,400,000	96.9	24,984,700	24,984,700	8,994,492	40,974,908	118.1	43,560,000	5,030
27	67	100,000,000	51,891,300	50,330,000	97.0	25,945,650	25,945,650	9,340,434	42,550,866	118.3	45,297,000	4,819
28	68	100,000,000	53,813,200	52,240,000	97.0	26,906,600	26,906,600	9,686,376	44,126,824	118.4	47,016,000	4,682
29	69	100,000,000	55,735,100	54,130,000	97.1	27,867,550	27,867,550	10,032,318	45,702,782	118.4	48,717,000	4,612
30	70	100,000,000	57,657,000	56,000,000	97.1	28,828,500	28,828,500	10,378,260	47,278,740	118.4	50,400,000	4,603
31	71	100,000,000	59,578,900	57,850,000	97.0	29,789,450	29,789,450	10,724,202	48,854,698	118.4	52,065,000	4,648
32	72	100,000,000	61,500,800	59,690,000	97.0	30,750,400	30,750,400	11,070,144	50,430,656	118.4	53,721,000	4,716
33	73	100,000,000	63,422,700	61,500,000	97.0	31,711,350	31,711,350	11,416,086	52,006,614	118.3	55,350,000	4,855
34	74	100,000,000	65,344,600	63,290,000	96.9	32,672,300	32,672,300	11,762,028	53,582,572	118.1	56,961,000	5,036
35	75	100,000,000	67,266,500	65,050,000	96.7	33,633,250	33,633,250	12,107,970	55,158,530	117.9	58,545,000	5,277
55	95	100,000,000	105,704,500	82,800,000	78.3	98,497,375	7,207,125	35,459,055	70,245,445	117.9	74,520,000	34,704
59	99	100,000,000	113,392,100	41,960,000	37.0	111,950,675	1,441,425	40,302,243	73,089,857	57.4	37,764,000	100,893
60	100	100,000,000	115,314,000	0	0.0	115,314,000	0	41,513,040	73,800,960	0.0	0	160,158

【経理処理】（法人税基本通達9-3-5、平成8年7月4日 課法2-3（例規）等による）

●保険料支払時

借　方		貸　方	
前払保険料 ⑥	960,950円	現金または預金 ②	1,921,900円
保険料 ⑤	960,950円		

●被保険者死亡時（5年後）

借　方		貸　方	
現金または預金 ①	100,000,000円	前払保険料 ⑥	4,804,750円
		雑収入 ①－⑥	95,195,250円

●保険契約解約時（30年後）

借　方		貸　方	
現金または預金 ③	56,000,000円	前払保険料 ⑥	28,828,500円
		雑収入 ③－⑥	27,171,500円

※勇退退職金の税務

退職所得＝（退職金－退職所得控除額）×1/2（注）
退職所得控除＝ 勤続年数20年以下……勤続年数×40万円
　　　　　　　　 勤続年数20年超……800万円＋70万円×（勤続年数－20年）

例）35歳で取締役就任、40歳で代表取締役就任、70歳で勇退（通算役員在任年数35年）
・退職金＝100万円×35年×3倍＝1億500万円
・退職所得＝〔1億500万円－{800万円＋70万円×（35年－20年）}〕×1/2＝4,325万円
4,325万円が「退職所得」として、他の所得とは"分離"して課税される

（注）平成25年分以後の所得税および平成25年1月1日以後に支払われる退職金にかかる住民税から、勤続5年以内の者に対する退職所得について2分の1課税が廃止

●優良体による保険料割引と70歳時点での解約返戻率（40歳男性）

	年払保険料	払込保険料累計	割引率	解約返戻金	返戻率	実質保険料	実質返戻率
標準体	1,921,900	57,657,000	—	56,000,000	97.1%	47,278,740	118.4%
非喫煙・優良体	1,826,500	54,795,000	95.0%	56,420,000	102.9%	44,931,900	124.6%
非喫煙・標準体	1,850,600	55,518,000	96.3%	56,340,000	101.4%	45,524,760	123.8%
喫　煙・優良体	1,900,100	57,003,000	98.9%	56,070,000	98.3%	46,742,460	120.0%
ＳＤ・非喫煙・優良体	1,827,700	54,621,000	94.7%	56,460,000	103.3%	44,789,220	126.1%
ＳＤ・非喫煙・標準体	1,846,000	55,380,000	96.1%	56,380,000	101.8%	45,411,600	124.2%
ＳＤ・喫　煙・優良体	1,895,500	56,865,000	98.6%	56,110,000	98.6%	46,629,300	120.3%

優良体	最高血圧 139mmhg以下	最低血圧 89mmhg以下	&	BMI 18.0以上 27.0以下
非喫煙	過去1年間に喫煙経験がない（コチニン含有量が一定以下）			
ＳＤ（セーフティ・ドライバー）	・自動車運転免許証が「ゴールド」・自動車保険の契約等級が「12等級」以上・自動車運転免許証を所有していない			

＊BMI＝体重（kg）÷身長（m）÷身長（m）
＊SDによる割引を実施している生保会社は少ない

●年齢による保険料の差異と70歳時点での解約返戻金（男性）

		年払保険料	払込保険料累計	解約返戻金	返戻率	実質保険料	実質返戻率
25歳	標準体	1,226,200	55,179,000	64,200,000	117.3%	45,246,780	141.9%
30歳	標準体	1,411,300	56,452,000	62,020,000	109.8%	46,290,640	134.0%
35歳	標準体	1,637,900	57,326,500	59,340,000	103.5%	47,007,730	126.2%
40歳	標準体	1,921,900	57,657,000	56,000,000	97.1%	47,278,740	118.4%
45歳	標準体	2,279,600	56,990,000	51,820,000	90.9%	46,731,800	110.9%
50歳	標準体	2,735,000	54,700,000	46,500,000	85.0%	44,854,000	103.7%
55歳	標準体	3,324,900	49,873,500	39,650,000	79.5%	40,896,270	97.0%

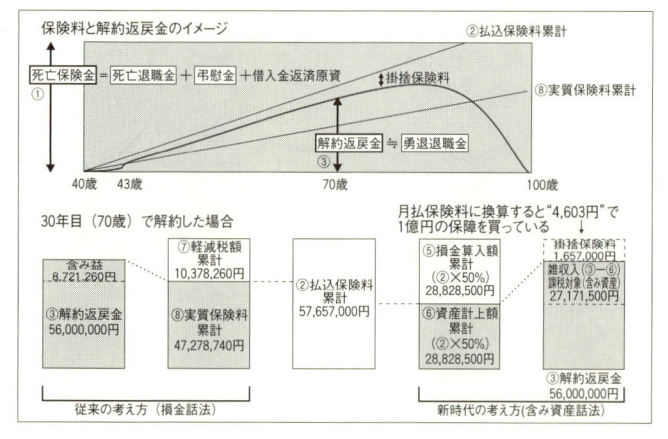

保険料と解約返戻金のイメージ

30年目（70歳）で解約した場合

含み益 8,721,260円
③解約返戻金 56,000,000円
⑦軽減税額累計 10,378,260円
⑧実質保険料累計 47,278,740円
②払込保険料累計 57,657,000円

月払保険料に換算すると"4,603円"で1億円の保障を買っている
⑤損金算入額累計（②×50%）28,828,500円
⑥資産計上額累計（②×50%）28,828,500円
掛捨保険料 1,657,000円
雑収入（③－⑥）課税対象（含み資産）27,171,500円
③解約返戻金 56,000,000円

従来の考え方（損金話法）　　新時代の考え方（含み資産話法）

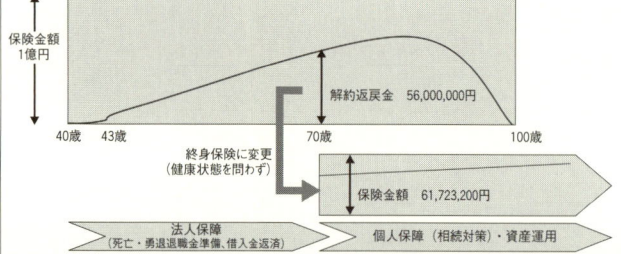

30年目（70歳）で終身保険に変更した場合

保険金額 1億円
解約返戻金 56,000,000円
終身保険に変更（健康状態を問わず）
保険金額 61,723,200円

法人保障（死亡・勇退退職金準備、借入金返済）
個人保障（相続対策）・資産運用

【経過年数（年齢）別の終身保険変更可能金額】

経過年数	年齢	死亡保険金	払込保険料累計	解約返戻金	終身変更後死亡保険金
25	65	100,000,000	48,047,500	46,450,000	52,771,900
26	66	100,000,000	49,969,400	48,400,000	54,643,600
27	67	100,000,000	51,891,300	50,330,000	56,470,300
28	68	100,000,000	53,813,200	52,240,000	58,263,300
29	69	100,000,000	55,735,100	54,130,000	60,014,000
30	70	100,000,000	57,657,000	56,000,000	61,723,200
31	71	100,000,000	59,578,900	57,850,000	63,403,600
32	72	100,000,000	61,500,800	59,690,000	65,056,200
33	73	100,000,000	63,422,700	61,500,000	66,659,900
34	74	100,000,000	65,344,600	63,290,000	68,233,700
35	75	100,000,000	67,266,500	65,050,000	69,766,200

【変更後の終身保険】

経過年数	年齢	解約返戻金	返戻率
1	71	55,087,956	98.3%
2	72	55,402,744	98.9%
3	73	55,711,360	99.4%
4	74	56,019,976	100.0%
5	75	56,322,420	100.5%
10	80	57,723,536	103.0%
15	85	58,908,622	105.1%
20	90	59,846,814	106.8%
25	95	60,538,114	108.1%
29	99	60,926,970	108.7%